U0492301

本书获得国家自然科学基金重大项目（71832011）、国家自然科学基金面上基金（71673220，61976173）、陕西省教育厅专项科学研究计划——人文社科专项（20JK0232，18JK0494，17JK0473）支持

电子商务环境下供应链竞争与协调研究

吴安波 ◎ 著

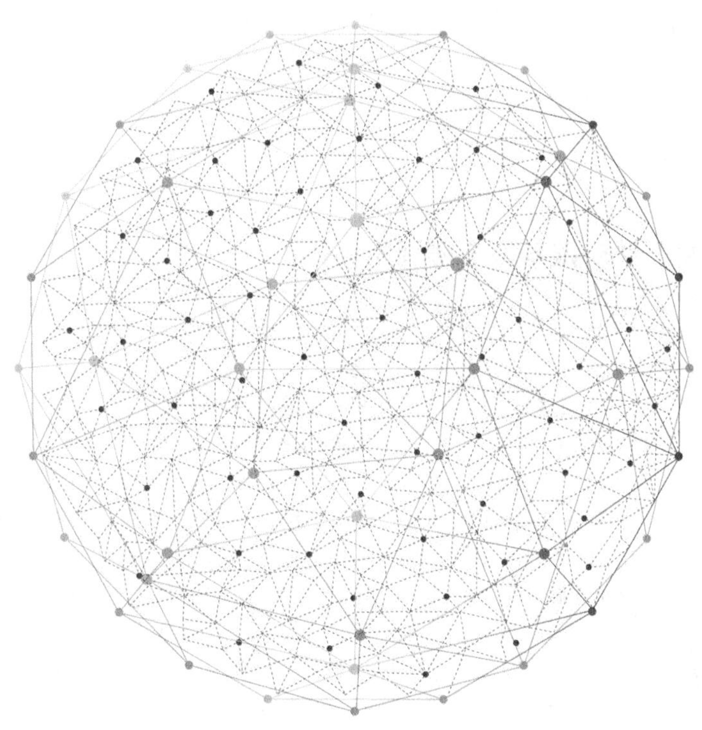

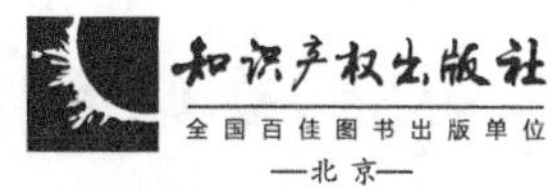

图书在版编目（CIP）数据

电子商务环境下供应链竞争与协调研究/吴安波著. —北京：知识产权出版社，2021.10
ISBN 978-7-5130-7552-7

Ⅰ. ①电… Ⅱ. ①吴… Ⅲ. ①企业管理—供应链管理—研究 Ⅳ. ①F274

中国版本图书馆 CIP 数据核字（2021）第 108218 号

责任编辑： 荆成恭　　**责任校对：** 潘凤越
封面设计： 臧　磊　　**责任印制：** 孙婷婷

电子商务环境下供应链竞争与协调研究

吴安波　著

出版发行： 知识产权出版社有限责任公司　　**网　　址：** http://www.ipph.cn
社　　址： 北京市海淀区气象路 50 号院　　**邮　　编：** 100081
责编电话： 010-82000860 转 8341　　**责编邮箱：** jcggxj219@163.com
发行电话： 010-82000860 转 8101/8102　　**发行传真：** 010-82000893/82005070/82000270
印　　刷： 北京九州迅驰传媒文化有限公司　　**经　　销：** 各大网上书店、新华书店及相关专业书店
开　　本： 720mm×1000mm　1/16　　**印　　张：** 18.75
版　　次： 2021 年 10 月第 1 版　　**印　　次：** 2021 年 10 月第 1 次印刷
字　　数： 246 千字　　**定　　价：** 89.00 元
ISBN 978-7-5130-7552-7

出版权专有　侵权必究
如有印装质量问题，本社负责调换。

前　言

随着互联网与信息技术的发展以及网络经济、服务经济的兴起与繁荣，企业间在产品及服务维度上的竞争不断加剧，从关注产品本身向关注“产品+服务”的一揽子买卖转移，从传统实体零售向实体零售与网络直销并存转移。同时，电子商务环境下消费者追求个性化、定制化的消费心理，使得消费者对终端产品物理属性的需求趋于多变、细化、深入，也为企业的运作管理、营销渠道管理、消费者行为研究带来新的挑战。因此，电子商务和经济管理领域的从业人员以及相关专业的本科生、研究生必须深入了解和全面把握电子商务环境下供应链协调建模的有关知识与规律，有效提高自己识别电子商务消费者需求和解决营销实际问题的能力。

本书可以为电子商务和经济管理领域的从业人员以及相关专业的本科生、研究生系统学习电子商务环境下供应链协调建模知识和电子商务营销实践奠定基础。

目 录

第1章 绪 论

1.1 研究背景

1.1.1 企业竞争环境的变化

随着信息技术的发展，企业间在产品及服务维度上的竞争不断加剧，尤其是基于产品定制的竞争日趋激烈。网络经济、服务经济的兴起与繁荣，迫使企业的核心竞争力从旧有的劳动密集型向技术密集型转移，从关注产品本身向关注产品加定制服务的一揽子买卖转移，从传统实体零售向实体零售与网络直销并存转移。

同时，消费者追求个性化、产品定制化的消费心理，使消费者对终端产品物理属性的需求趋于多变、细化、深入，这些新变化也为企业的运作管理、营销渠道管理带来新的挑战。因而企业增设基于产品差异化的网络直销渠道可以更全面地满足消费者需求，降低生产制造成本，提升企业市场容量，最终提高企业整体利润。

经济全球化带来的激烈竞争使企业面临前所未有的挑战，同时成本的日益高涨、市场频繁的变化、消费者力量的增强等也给企业带来巨大的经营压力。在产品日益同质化、竞争日趋激烈的市场环境中，消费者群体逐渐成熟，其需求更加多样化和个性化。为了适应这一变化，必然要求供应商能够全方位、多方式地洞察、采集、传递消费需求信息，并能够准确、快捷地响应需求变化，提供切合市场需求的产品和服务。因此，越来越多的企业通过供应链体系优化和营销战略调整来细分市场需求，拓展市场份额。

在 2008 年全球金融危机的背景之下，大量企业面临空前的生存危机，尤其是外贸环境的恶化极大地加剧了中小企业的经营困难。随着金融危机在全球的蔓延，大量的企业面对着融资困难、客户流失、劳动力成本和原材料成本不断攀升、人民币升值的巨大压力，而其中又以大量的中小企业遭遇的困难为甚。面对如此艰难的困境，各类企业都在努力寻求进一步降低成本、提高效率、拓展销售市场、加强自身能力建设的有效途径。

2020 年 1 月，新型冠状病毒肺炎疫情暴发，传染人数多，感染强度大，持续时间长，牵动了 14 亿国人的心。截至 2021 年 1 月 25 日，全国累计确诊病例 89197 例、累计死亡病例 4636 例，累计治愈出院病例 82676 例。为打赢这场“战役”，中央和各级地方政府出台了前所未有的封城、限制出行以及延期复工、复学等一系列临时性政策，这些政策纵然会对经济产生一些负面冲击，但犹如刮骨疗伤，它们将是我们最终取胜的关键。然而，除了继续全方位动员应对疫情，必须警惕和预防疫情对社会整体的影响，尤其是对中国的经济、金融、社会发展、企业竞争环境造成的冲击。同时，我们还需要关注如何尽快恢复经济。放眼世界，中国将面临更加紧张的国际形势，西方贸易保护主义抬头，加上企业复工复产，多方面因素致使我国企业发展面临诸多困难。

1.1.2 电子商务的蓬勃发展

电子商务（E-commerce）描述了通过包括互联网在内的计算机网络来购买、销售和交换产品、服务与信息的过程。通过电子商务的应用，企业拓展了市场范围，缩短了产品的经营周期和产品上市时间，通过互联网和企业内部网提升了企业管理效率、降低了成本，促进了员工间的相互协作，帮助企业减少了供应链延迟和库存数量，实现了及时响应顾客个性需求的批量化定制，等等。此外，电子商务的应用还使一系列创新的商业模式成为可能。

我国网络购物市场规模正在高速增长，其增长变化趋势见图1－1和图1－2。国家统计局数据显示，2019年，全国网上零售额达10.63万亿元，比上年增长16.5%。其中，实物商品网上零售额为8.52万亿元，增长19.5%，占社会消费品零售总额的比重为20.7%，对社会消费品零售总额增长的贡献率达45.6%。另外，2020年淘宝（含天猫）“双十一”成交额达4982亿元，打败电商百货平台京东、苏宁，保持中国零售业规模第一，这揭示了网购在我国已经逐渐跻身主流消费模式。第45次《中国互联网络发展状况统计报告》数据显示，截至2020年3月底，中国网民规模达9.04亿，其中网络购物用户规模达7.10亿，占总体网民的78.6%。中国网络购物用户通过电脑（平均使用时长为每天5.16小时）、智能手机（平均使用时长为每天2.99小时）、平板电脑（平均使用时长为每天1.36小时）、电视（平均使用时长为每天1.50小时）、报纸杂志（平均使用时长为每天0.51小时）、户外媒体（平均使用时长为每天0.42小时）等终端媒介接触产品和服务信息，并产生购买。因此，网络购物渠道必然是制造企业产品推广与营销拓展的重要阵地。

由图1－1和图1－2可知，中国网络购物市场自2011年以来整体呈现高速增长态势，尤其是2011年和2012年零售总额度增长率都在50%以上，而在2018年和2019年零售总额度增长率有一个深度调整。另外，2015—2019年中国网购市场的零售总额度增长率正在逐步放缓。

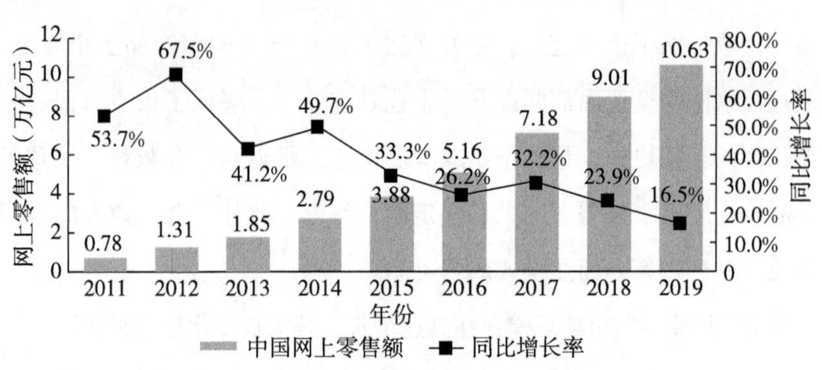

图 1-1 2011—2019 年中国网上零售额变化

资料来源：《中国电子商务报告 2019》，商务部电子商务司。

图 1-2 2015—2020 年中国网络购物用户规模及使用率

资料来源：第 45 次《中国互联网络发展状况统计报告》，CNNIC。

1.1.3 电子商务环境下基于产品差异化的供应链管理新发展

近年来，网络经济的盛行，消费者网购行为的变化，标志着网络购物时代的来临。网络渠道（网络分销渠道、网络直销渠道）对供应链管理的影响不断深入。电子商务时代企业供应链管理是基于 EDI、Internet/Intranet 等信息技术支撑体系，通过协同商务、虚拟电子市场等实现供应链伙伴间的协作，变传统的线性供应链为网络供应链。电子商务这一崭新的商业模式对企业供应链管理的影响为：供应链角色的一体化，供应链上不必要中间环节的消除，企业组织边界的模糊化，企业销售模式由生产者推动型转变为消费者拉动型，企业经营的网络化，在线网络企业的大量涌现，等等。宋华（2003）指出，电子商务环境下企业供应链管理的新特点主要体现在信息化、横向一体化、横向网络化、生产经营的敏捷及柔性化、物流系统化与物流专业化。因此，电子商务对现代供应链管理的影响是非常深远的，它不仅改变了商品交易的形式，也改变了物流、信息流和资金流。

在电子商务环境下，企业开展基于产品差异化的多渠道供应链战略，尤其是基于产品定制的多渠道供应链战略，主要分为两类。一类是传统制造企业通过增设网络直销渠道，在相同物理产品的基础上，将颜色、尺寸、图案、标识等要素开放，供消费者定制。例如，欧派家居、Levi's 牛仔、欧盟服装业、Timissimo 手表。这种横向定制化策略不仅满足了消费者对产品的个性化需求，市场的扩大也提高了企业的利润。另一类则是传统制造企业通过增设网络直销渠道，开放权限给消费者，以提供硬件配置、质量各异的定制化产品，满足消费者多层次、多功能、个性化的产品需求。例如，海尔家电、Dell 电脑、美国家具业、芬兰制鞋业、上汽大通汽车等。这种纵向定制化策略不仅满足了各个消费群体对产品的需要，扩大了市场份额，也提高了企业的利润。

然而，完全定制对制造企业并非毫无弊病。一个典型的例子是，在 iPad 和智能手机时代，Dell 的核心业务已经江河日下。2013 年 1 月 31 日结束的财年里，Dell 台式电脑和笔记本电脑销售额下降了 8.2%，其中，2012 年第四季度的销售额同比暴跌 20%。Dell 公司开始考虑淡化“接单后生产”（Build-to-Order）模式——这是 Dell 的招牌创新，其在 20 世纪 90 年代领先电脑业界的股票表现就与此有关。

Dell公司副总裁Sam Burd认为，Dell很快会建议顾客从几种预置型号中做选择。到了2019年第四季度，Dell台式电脑出货量总计1211万台，比2018年第四季度增长12.1%。部分定制已渐渐成为电脑定制的主旋律。

但是，海尔电视的C2B定制模式大获成功，仅2012年就有超过1000万名用户通过海尔商城参与了电视产品的创意设计，11.8万名用户在线提交了自己的电视订单。同时，海尔辅以个性化量产（大规模定制，即按需定制的进阶版）、自有的日日顺物流的物流升级服务，使得定制体验和驱动用户创新已经成为现实。2018年以来，海尔与迪士尼合作推出了《超能陆战队》《冰雪奇缘》《头脑特工队》和米奇主题定制系列典藏款冰箱，广受迪士尼粉丝的追捧。同样，美的与迪士尼联名款迷你洗衣机首推上市，便大受消费者的欢迎。仅2019年11月此款洗衣机的销量就将近15000台，总销量更是突破了24000台。可以说，电器商品的网络定制将成为未来电商的一大趋势。

作为互联网、大数据、人工智能与制造业深度融合的重要表现形式，大规模个性化定制，自2016年李克强总理在《政府工作报告》中首度提及后，多次出现在党和政府的重要文件中，并被列入《中国制造2025》九项战略任务和十个重点发展产业领域之中。大力发展大规模个性化定制，正在成为我国制造业打造竞争新优势、实现品质革命的重要路径。上汽大通通过数字化平台——“我行MAXUS”平台，真正了解消费者需求，让消费者在SUV汽车产品定义、设计、测试、定价等环节真正拥有决定权。只需手机登录上汽大通D90在线智能配置器，你会发现基础、外观、内饰、装备四大选项。其中，驱动方式有两驱、适时四驱、智能适时四驱以及专业分时四驱四种选择；座椅有从3座到8座的布局，加上不同的材质，总共有200多种配置；而内饰的颜色搭配，大约有400种。上汽大通D90上市6个月来，收获订单近2万辆，70%的订单来自线上，每一个订单都是不同的配置，单车平均售价超过20万元，截至2020年年底，D90已完成交付7133辆。

由此可以看出，产品定制化已成为至关重要的竞争手段，而且它提供了形成巨大竞争优势的潜力。电子商务环境下的多渠道供应链系统给企业提供了新的机遇，但是当企业希望尝试在线销售模式时，不可避免地会遇到诸如此类的问题：在什么样的条件下选择多渠道的供应链体系是合适的？当建立了多渠道体系后，如何避免传统渠道和网络渠道的冲突，如何发挥不同渠道的优势，形成合作共赢的多渠道系统？这些问题给新环境下的企业供应链管理带来了新的挑战，面临着电子商务浪潮冲击的传统企业迫切需要多渠道供应链竞争与合作的理论方法和决策建议。

1.2 研究内容和框架

本书的研究将基于已有的渠道定制化竞争和供应链协调模型，在修正基础模型的基础上，主要探讨了供应链多渠道间的竞争策略与合作模式。考虑以标准产品和定制化产品实现差异化的多渠道对渠道协调的影响，研究了存在转移支付和信息中介的渠道间的合作机制，并通过数值试验进行了验证。

本书的主要内容包括以下13个方面。

①第一章对中国企业竞争环境的变化、电子商务及网购市场的蓬勃发展，以及电子商务环境下供应链管理的新发展进行细致分析，指出了竞争尤其是企业的产品定制化竞争对企业生存发展的重要性，说明了本章所研究问题的社会背景与经济背景。接着给出了本章主要涉及的研究方法，并且具体阐述了本书的研究思路、研究内容和研究创新点。

②第二章为多渠道供应链协调的研究现状与文献综述。本章将从电子商务环境下的供应链管理、多渠道营销与供应链战略、供应链协调的定义及相关文献、传统供应链环境下的多渠道分销协调研究、电子商务环境下多渠道供应链的协调研究、基于产品定制化的多渠道竞争问题的定义与分类，以及供应链成员决策风险偏好的测度研究这几个方面予以综述。

③第三章是单渠道下风险规避供应链的契约设计与协调研究。本章基于条件风险值模型（CVaR），探讨了在一个风险中性制造商和一个风险规避零售商组成的制造商领导的斯塔克伯格博弈供应链中，制造商如何与风险规避零售商订立批发价契约以实现期望利润最大化的问题。设计了价格补贴的契约协调机制，给出了该机制下风险规避程度对零售商和制造商最优决策的影响。证明了在一定的实施条件下，制造商通过设立价格补贴机制，可改善供应链双方利润与供应链效率。最后，用算例验证了模型和理论分析的可行性。

④第四章构建了基于价格竞争的双渠道供应链模型，模型中制造商分别通过传统零售渠道和网络直销渠道销售替代性产品，考虑到制造商在市场中的领导地位，制造商与传统零售商之间采用斯塔克伯格博弈竞争策略。本章探讨了拥有双渠道供应链的制造商分别采取利润整合和利润分割战略时供应链各参与方的定价策略，分析了需求函数参数变化对供应链上决策者定价决策的影响。

⑤第五章是基于横向定制化产品供应链多渠道协调研究。本章以强势制造商和传统零售商组成的单一传统零售渠道为基础，建立了标准化产品的基础需求模型，分析了不同参数影响情形下的供应链均衡决策，在单一渠道模型基础上拓展出提供定制化产品的多渠道 Hotelling 需求模型，给出了供应链分散决策下斯塔克伯格博弈的最优决策，提出供应链中制造商的渠道选择以及开展定制化竞争策略的条件。最

后，使用数值试验予以验证。

⑥第六章是基于纵向定制化产品供应链多渠道协调研究。本章以强势制造商和传统零售商组成的单一传统零售渠道为基础，建立了标准化产品的基础需求模型，分析了不同参数影响情形下的供应链均衡决策，在单一渠道模型基础上拓展出提供定制化产品的多渠道 Hotelling 需求模型，给出了供应链分散决策下斯塔克伯格博弈的最优决策，提出了供应链中制造商的渠道选择以及开展定制化竞争策略的条件。最后，使用数值试验予以验证。

⑦第七章从消费者低碳偏好角度分析与协调机制优化供应商产能决策的问题，构建集中决策和分散决策两种情形下的低碳供应链成员决策模型，比较分析两种情形下最优产能准备量；设计两种协调机制扩大供应商产能准备量，一种是预订合同，零售商在供应商产能确定前提下确定承诺订购量 m；另一种是成本分摊合同，与供应商共同承担产能成本 C_p，在考虑供应商自愿履行合同机制情况下，研究成本分摊系数 ζ 以及承诺订购量 m 对供应商最优产能准备量 K、定制努力程度 r 和低碳供应链利润的影响，比较两种合同对于供应商产能投资的激励效果，实现供应链系统协调。

⑧第八章从动态角度出发，运用线性控制理论构建二级库存系统控制模型，引入区块链技术影响下的校正因子，设计二级库存系统控制模型的系统结构图，利用传递函数、时域响应分析、频域响应曲线和白噪声放大曲线，分析比较顾客固定需求和随机需求信号输入下区块链技术对控制系统的动态响应特性。本研究量化区块链技术对供应链系统中牛鞭效应的影响，描述了不同需求下订单量和库存的动态响应，探究了区块链技术影响下的信息校正因子对牛鞭效应的抑制作用。

⑨第九章为中国电商环境下生鲜农产品仓储配送模式研究。生鲜

农产品易腐、易变质的特点，使其生命周期短、不易保存，仓储及物流运输过程中损失巨大。而生产过程的季节性、区域性，以及市场需求的波动增加了电子零售渠道仓储配送的困难。生鲜农产品电商要真正发展起来，需要满足“鲜”的要求，即生鲜农产品从采摘到直达消费者手中，必须保证零库存状态，所以一般消费性产品或耐用品的仓储配送管理难以适用生鲜农产品电商化的发展。本章总结了生鲜农产品仓储配送管理现状，根据现今生鲜农产品电商运营模式提出了围绕中心城市的区域型生鲜农产品仓储配送模式，从而完善生鲜农产品供应链，实现生鲜农产品电商零售化。

⑩第十章选取销售价格具有上述特点的时变价格产品作为研究对象，按照由浅入深、逐级推进的思路，根据三种不同的市场运作环境（整合型、批发策略下、退货策略下的供应链），对供应链上供应商和销售商企业的订货决策行为进行建模分析，并证明了供应链成员期望利润函数对订货量的凹性，给出了系统绩效整体最优的必要条件。以优化整体供应链系统为目标，考察如何使供销双方获得最大的期望利润。并以单供应商和单销售商组成的分散式决策系统为例，设计适宜参数下的最优退货策略来协调供应商与销售商双方的利润分配，使供应链绩效实现最大化。然后，运用 MATLAB 应用软件的数学分析、画图功能对这三种供应链协调策略下的模型进行算例分析。通过对三种模型最优订货量和供应链期望利润的横向比较，得出了一些便于时变价格产品企业管理者们决策的结论。研究表明：适宜退货比例系数下的退货契约可以确保分散式系统的供应链协调，且具有协调利润可任意分割的特点。

⑪第十一章针对电商背景下双渠道供应链中产能不足的问题，通过报童模型进行建模、以 MATLAB 进行数值仿真，使用博弈论、最优化理论、共享经济理论等方法，阐述了双渠道供应链中产能分配和

订货的问题。本章使用产能共享的方法解决产能不足的问题，分别讨论了集中式决策与分散式决策下的订货策略，并进一步研究了应急情况下的双渠道供应链，得出集中式决策下供应链的利润和零售商的订购量均比分散式决策时要大，只有当零售商缺货损失的变化超过一定幅度时，才有必要对原生产计划进行适当调整来协调双渠道供应链。本章还对以往供应链产能分配策略的研究进行了拓展与完善，并进一步考虑供应链面临突发事件时的情况，具有现实指导和借鉴意义。

⑫第十二章围绕面部特征提取方法，提出基于深度卷积神经网络的颜值估计算法，并以梁玲玉等人提出的 SCUT - FBP5500 作为此模型算法的多样化基准数据库。首先，对人脸图像进行预处理（检测、对齐、归一化等）；其次，利用 DCNN 提取图像脸部特征，标记脸部图像和测试脸部图像深度学习图像，将网络参数限制在有利于进一步学习的区域并防止深层网络降至局部最小值；再次，在初始化深层网络后，利用标记的人脸图像特征作为深度网络的输入再次训练；最后，在面部的特征训练结束后，提取图像，并使用回归分析算法评估消费者客观颜值，构建消费者颜值与偏好相关性模型。为充分发挥卷积神经网络提取特征的能力，提出合适优化的人脸识别损失函数。

⑬第十三章是研究结论和展望，对于多渠道电子网络供应链中的渠道竞争、定制化产品战略、渠道横向合作模式等进行了总结，指出研究中存在的一些问题，展望了未来的研究方向。

本书的研究框架体系如图 1 -3 所示。

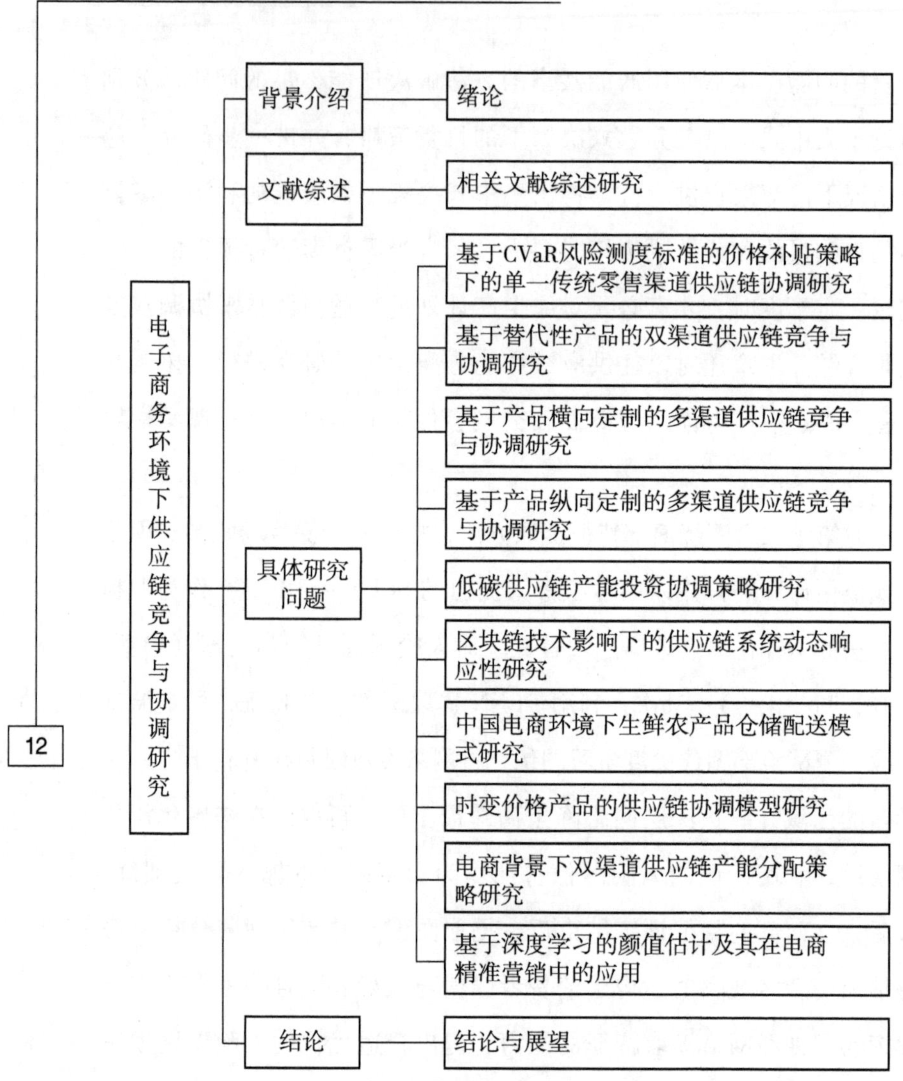

图 1－3　本书的研究框架体系

1.3　研究思路和方法

本书在已有文献研究的基础上，将对基于产品定制的多渠道供应链若干关键问题进行深入分析研究。本书基于博弈理论、供应链协调契约理论、供应链结构等相关理论及文献，在供应链多渠道研究中广泛应用的消费者需求模型的基础上进一步拓展，综合考虑消费者行为偏好、渠道竞争、产品替代、横向定制化、纵向定制化等因素，如消费者对网络直销渠道的接受程度、对产品定制化程度的敏感程度等来构建供应链多渠道需求模型和供应链合作模型，使模型更接近多渠道供应链的真实经济环境，并通过优化理论与方法对该类问题进行协调研究。此外，对渠道竞争和合作的分析采用经济博弈论中的斯塔克伯格博弈分析和 Nash 均衡分析构建供应链不同决策成员间的博弈情况，应用供应链契约协调与机制设计理论研究不同情形下多渠道供应链的协调问题。

通过数值试验对模型证明的推导结果进行验证，得到各个参数对决策目标的影响程度。同时使用 MATLAB 7. 1 软件为上述影响变化趋势画图，直观地验证和表达研究结论。

1.4 研究创新

与现有基于产品定制化的多渠道竞争问题研究相比较，本书的创新点主要体现为四个方面。

①在条件风险值 CVaR 模型的框架下，研究了零售商风险规避属性对单一传统零售渠道供应链中参与双方订货及契约定价决策的影响，构建了价格补贴机制，讨论了供应链系统达到帕累托改进的条件。

②构建了基于价格竞争的双渠道供应链模型，模型中制造商分别通过传统零售渠道和网络直销渠道销售替代性产品，考虑到制造商在市场上的领导地位，制造商与传统零售商之间采用斯塔克伯格博弈竞争策略。探讨了拥有双渠道供应链的制造商分别采取利润整合和利润分割战略时供应链各参与方的定价策略，分析了需求函数参数变化对供应链上决策者定价决策的影响。

③现有的研究大多考虑了渠道对称结构下两个寡头竞争企业如何

制定定制化竞争策略，而本书则是在已有传统零售渠道的基础上，分析制造商新增开设提供定制化产品的网络直销渠道的条件以及定价策略，同时拓展了新的网络直销渠道引入后双渠道结构对市场均衡的影响。

④现有研究已经探讨了基于颜色、尺寸等差异的横向定制协调策略，本书则拓展了多渠道产品定制化策略的维度，刻画了基于质量差异的纵向定制策略，并将其表达在消费者需求效用函数中，得出纵向定制策略下的定价策略。

1.5　本章小结

本章首先对中国制造业企业竞争环境的变化、电子商务及网购市场的蓬勃发展，以及电子商务环境下供应链管理的新发展进行细致分析，指出了竞争尤其是企业的产品差异化竞争对于企业生存发展的重要性，说明了本书研究问题的社会背景与经济背景。其次给出了本书主要涉及的研究方法，并且具体阐述本书的研究思路、研究内容和研究创新点。

第2章　相关文献综述研究

根据第1章的介绍，本书的研究主要是基于供应链协调的相关理论，所以在对相关的文献进行综述时，首先对供应链协调的相关研究进行回顾；其次对目前多渠道供应链差异化竞争的研究进行总结和回顾。

2.1　电子商务环境下的供应链管理概述

近年来，随着信息技术、电子商务的迅速发展，越来越多的消费者开始选择在网上购买各类消费品。著名华尔街证券分析师和投资银行家 Mary Meeker 发布的《2019 互联网趋势报告》显示，2019 年全球互联网用户达 38 亿，同比增加 6%。2020 年 3 月，中国互联网用户已达 9.04 亿，同比增加 4.9%。而网购用户占比为 78.6%，达 7.10 亿。2020 年“双十一”刚落幕，淘宝（含天猫）单日交易额达 4982 亿元，较 2019 年单日增长 85.62%，网购消费者的消费实力再创新高。这也间接说明：①网络购物用户规模及其人均消费额进一步增长；②相比于全国传统零售市场增长放缓态势，网络购物市场一枝独秀，传统企业全面电商化时代即将到来，在社会零售总额中网络购物的份额将进一步提高。以上数据揭示了传统零售渠道与网络直销渠道间的竞争正在不断加剧，渠道冲突（见图 2-1）日益显现，那么研究企业是否开拓网络直销渠道，采用何种渠道协调机制来缓和渠道间冲突就变得尤为重要了。

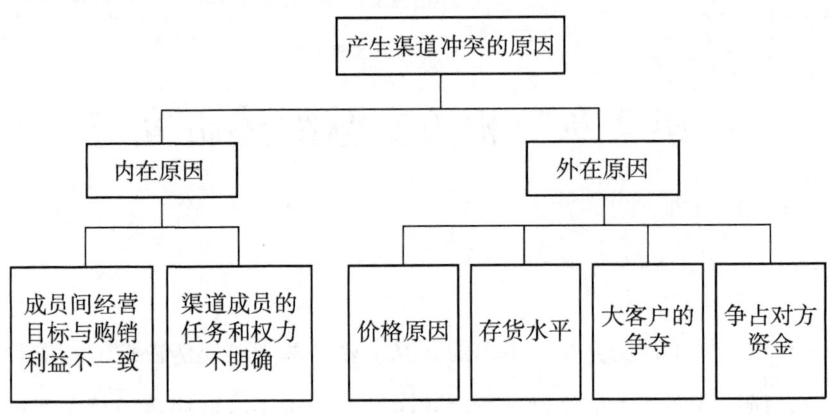

图 2-1 渠道冲突的起因

制造企业增设网络直销渠道，直接对接消费者需求，降低需求管理的信息成本。同时，在网络直销渠道提供合理范围内的产品定制服务，可扩大与其他传统零售渠道标准产品的差异，摆脱同质化产品的价格竞争，满足消费者追求个性化的消费诉求，增强产品的竞争力，进一步加深市场细分，提升企业市场份额。制造企业在网上开展产品定制的典型例子有 Dell 电脑、Levi's 牛仔裤、欧派厨具等。2010 年，国内大型零售企业国美在其网上商城开始为自有品牌 FlyTouch 飞触平板电脑实施定制化服务，吸引了大批个性化消费者。2017 年，海尔加强与用户互动，基于场景面向用户主动变革，依托海尔互联工厂和 COSMO 平台，将用户对定制家电的创意和需求快速落地。

这样一来，由网购带动的电子商务快速发展，消费者潜在消费能力被深入挖掘与开发出来。在供应链运作方面，要求现代供应链能够快速响应、库存信息共享、物流信息共享、供应与需求能力迅速匹配等，也在市场营销方面要求现代供应链提供个性化、定制化的服务，增强产品差异化和品牌竞争力，最终满足消费者日新月异的需求。

2.2 多渠道营销与供应链战略

市场营销渠道按照渠道结构可分为传统零售渠道、传统直销渠道、网络分销渠道、网络直销渠道等。

在电子商务环境下，企业必然会面临复杂的多渠道选择问题，选择直销渠道还是分销渠道，线上渠道还是线下渠道，形成一个电子商务环境下供应链多渠道选择矩阵，如图 2－2 所示。

图 2－2 多渠道选择矩阵

从理论上而言，企业在该矩阵中进行多渠道选择的时候，可以选择两种、三种或四种不同的渠道进行应用。那么，当企业选择两种渠道进行产品销售的时候，最多可以有六种渠道组合战略；当企业选择三种渠道进行产品销售的时候，最多可以有四种渠道组合战略；当企业选择全部四种渠道的时候，仅有一种渠道组合战略。考虑企业多渠道供应链的实际情况，可以发现双渠道战略和三渠道战略较为常见，本章只考虑企业双渠道的战略组合形式。

2.3 供应链协调研究概述

2.3.1 供应链协调的定义

供应链就是从供应商到零售商，再到消费者的贯穿所有节点的“链”，相邻节点表现出一种需求与供应的关系。供应链中有三种流动，一是从上游向下游流动的实物商品的流动，二是下游向上游流动的资金流动，三是从终端消费者向最上游流动的信息流动，见图2－3。

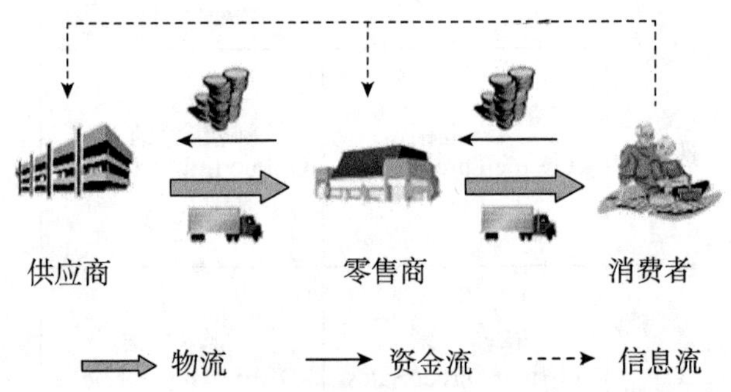

图2－3 单一渠道供应链的“三流一体化”运作示意

资源来源：马士华，林勇．供应链管理［M］．5版．北京：机械工业出版社，2016.

协调源于系统研究。系统协调的目的是希望通过某种方法来组织或调控所研究的系统，使之从无序转换到有序，达到协同状态。系统协同程度越高，输出的功能和效应就越大，结果就越有价值，因而通过协调可以使系统的整体功能大于各部分系统功能之和。

供应链是典型的、需要协调的系统。首先，供应链是由不同利益主体构成的合作型系统，供应链成员在追求自身利润最大化的同时，往往会与其他成员或系统整体目标产生冲突。其次，供应链是动态的，包含许多不确定性因素：消费者订单的改变、运输延迟、价格的变化、设备故障、紧急订单的需求等，处理这些不确定因素需要对销售、财务、物料计划、生产计划、生产控制和运输这些部门的活动和运作进行协调和协作。供应链基于“竞争—合作—协调”，协调是供应链稳定运行的基础。

迄今为止，国内外对供应链协调尚未形成一致的定义，下面是几种比较典型的定义：Malone（1987）认为协调是管理各种行为间的相互依赖关系，是一组成员在执行任务、达到目标的过程中的决策和通信模式，强调相互关系越强，则越需要协调，如果不存在相互依赖关系，则不需要协调。Hewitt（1994）指出，供应链网络协调涉及计划、控制和调整企业内及企业间的物流过程，因为物流过程包含物料运输、供应链网络的信息流和资金流。Romamo（2003）定义，协调是供应链合作伙伴之间的决策、通信和交互模式，可以帮助计划、控制和调整供应链中涉及的物料、零部件、服务、信息、资金、人员和方法之间的交流，并且支持供应链网络中的关键经营过程。Simatupang等（2002）认为供应链协调就是联合（结合、协调、调整、联盟）供应链成员的一系列目标（行动、目标、决策、信息、知识、资金等），使之达到供应链的目标（见图2-4）。另外，研究供应链协调（Supply Chain Coordination）的经济学学派代表人物Cachon（2004）对基于契约的供应链协调如此陈述，“供应链绩效最优化的实现需要一系列行为的精确执行。不幸的是，这些行为的执行不能使供应链成员获得自身最大利益，即供应链成员基本只关注自身利益的最大化，而这种以自身利益为中心的观点最终导致较差的供应链绩效。但是，如果供应链成员企业间通过订立契约（如转移支付契约、价格补贴契约、退货契约）进行协调的话，整条供应链的绩效就会实现最优，此时每个供应链成员企业的利益目标是与供应链目标联结在一起的”。

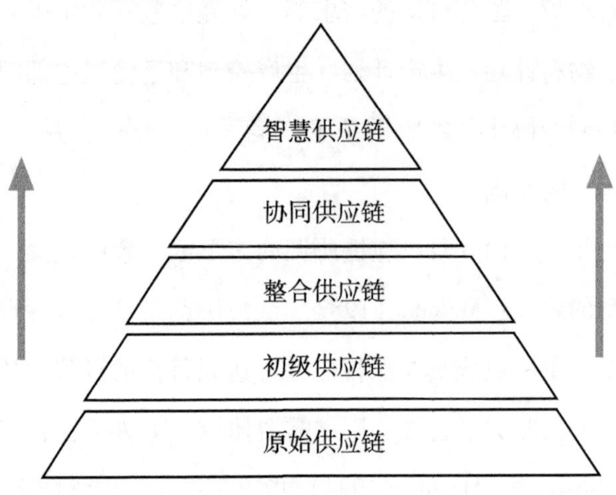

图 2-4 供应链的目标

2.3.2 供应链协调的目的

供应链协调的目的就是减少需求的不确定，以改善和优化供应链的整体绩效。从现有文献来看，构建相应的协调机制是否成功主要看各利益主体能否从协调中既实现个体绩效的最优又实现系统整体绩效的最优。在这种情况下，每个成员的个体利益和系统整体利益是一致的。

一方面，供应链各阶段的独立管理，导致了很差的整体绩效；另一方面，加入世贸组织后中国企业日渐融入国际市场，越来越多的企业变成了跨国企业，这势必增加供应链的复杂性。所以供应链协调管理变得越来越重要。从本章可以看出，较好地实现基于产品定制的多渠道供应链的协调有助于此供应链总体利润的增加，并缓解需求不确定、价格变动等因素导致的“牛鞭效应”（见图 2-5）以及分散决策带来的“双重边际效应”。而随着通信和信息技术的飞速发展以及物流方案选择余地的增加，企业有机会通过协调各个阶段的计划来提高整体绩效。

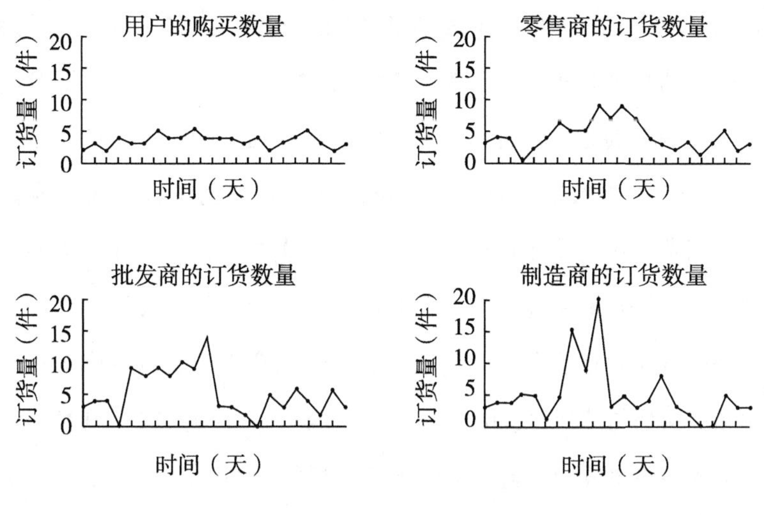

图2-5 供应链的“牛鞭效应”

2.3.3 供应链协调研究的相关文献

近年来，供应链协调的研究受到了许多学科学者的关注，他们从不同的视角研究了生产/分销渠道的契约和系统的纵向控制，如经济学学派着重考察契约的组织或买卖双方的约束问题，经常将非对称信息和道德危害等考虑到所研究的优化问题中；市场营销学派则集中考察渠道协调以实现最大化的共同利润，以及消除渠道冲突；运作管理学派则强调渠道协调的控制，多应用数理或运筹学的方法对提出的协调机制进行建模。

2.4 电子商务环境下多渠道供应链的协调研究

近年来，网络技术的兴起将制造商和零售商的渠道运营与管理研究带入了新的阶段，网络服务特有的便利和快捷使制造商和零售商快速建立直销渠道成为可能，而网络渠道有别于实体渠道的购买和配送方式，为基于传统渠道的竞争模式增添了新的特征。这种特征主要体现在两个层面：一方面，渠道增加和拓展对供应链参与者（制造商、零售商和消费者）的决策影响，围绕定价、库存和促销及其联合决策等问题，制造商考虑是否引入直销渠道和如何运用多渠道的组合，零售商关注是否加入制造商的多渠道系统以及如何调整行为适应该系统，而消费者则在多个渠道中选择交易的卖方。另一方面，当多个渠道共存时，渠道间的竞争与合作机制得到了学术界的关注。对于制造商，替代性渠道的竞争模式、互补性渠道的合作模式以及多渠道间的协调和平衡都与其利益直接相关。而随着渠道力量的崛起，零售商对直销渠道的参与也成为渠道变革中不可忽视的趋势：沃尔玛（Walmart）、苏宁电器等大型零售商纷纷开辟网上购物通道（见图2－6），这种有别于传统的“鼠标加水泥”（click-and-mortar）的零售模式也代表了多渠道研究的一个新方向。下文将从四个方面对基于多营销渠道的供应链运作理论与方法进行综述研究。

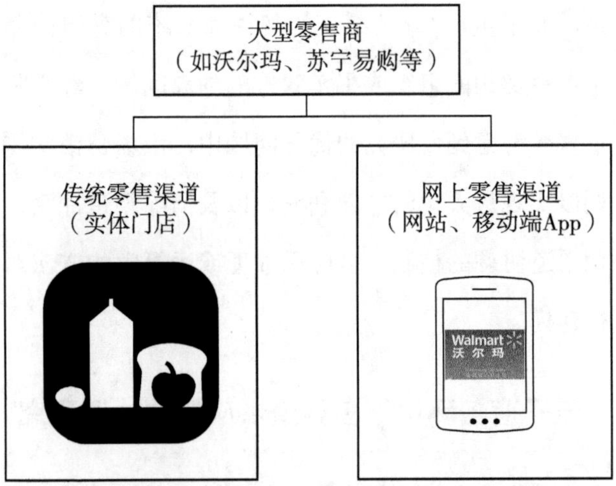

大型零售商
（如沃尔玛、苏宁易购等）

传统零售渠道
（实体门店）

网上零售渠道
（网站、移动端App）

Walmart
沃尔玛

图2－6　大型零售商开辟网上购物通道

2.4.1 基于多渠道的供应链定价问题

目前，渠道的定价问题是多渠道供应链研究领域的热点问题。对多渠道的定价策略的研究主要是围绕供应链决策主体如何定价来达到供应链均衡，保证自己利益的最大化，并且探讨新渠道的引入条件。早期，Balasubramanian（1998）首先从战略的视角探讨了传统零售渠道与直销渠道的价格竞争问题。Lal 和 Sarvary（1999）对网络渠道的引入能否以及如何减轻企业之间的价格竞争问题进行了探讨，指出引入直销渠道会减少消费者的搜索成本以及减缓传统零售渠道与网络渠道的价格竞争，从而削弱双重边际效应。近些年，Chiang 等（2003）基于消费者效用理论研究了传统零售渠道和直销电子渠道的定价问题，研究结果表明：引入网络直销渠道能削弱双重边际效应，增强制造商的讨价还价能力，同时提高制造商的收益。Park 和 Keh（2003）分析比较了混合渠道、单一传统零售渠道、单一直销渠道三种供应链结构下，供应链参与双方的定价策略和利润变化情况。Cattani 等（2006）研究了制造商的定价策略对渠道竞争的影响，指出电子渠道的售价一般低于传统零售渠道的售价。Liu 和 Zhang（2006）研究了零售商利用价格歧视策略以阻止制造商直销渠道的进入。Kurata 等（2007）将单一产品扩展到两种替代竞争性品牌的研究，分析了渠道竞争和品牌竞争共存情况下的多渠道定价策略。Arya 等（2007）通过研究双渠道模式下的制造商和零售商的定价策略，认为制造商增开直销电子渠道在一定条件下能实现制造商与零售商收益的 Pareto 改进。在此基础上，Arya 等（2008）研究比较了供应链分散决策与集中决策下，制造商引入直销电子渠道对供应链参与方定价决策的影响，指出在制造商调整批发价格的策略下，供应链分散决策更符合制造商和渠道整体的利益。Cai 等（2009）讨论了直销电子渠道和传统零售渠道的零售价格保持一致和不一致两种情况下，制造商主导、零售商主导和同时决策的三种博弈模型中的均衡定价问题，指出一致定价策略能够减少渠道冲突和提高零售商的利润，并且价格折扣契约可以提高双渠道供应链的整体绩效。Xiao 等（2009）考虑了供应链参与方的风险规避特性，并且扩展了双渠道供应链的结构；针对两个制造商和两个零售商组成的供应链系统，探讨了零售商的风险规避度对制造商渠道结构和批发价格的影响。

随着传统的基于产品的竞争日益激烈，学术界和产业界越来越关注服务在多渠道供应链竞争中的作用，探讨服务因素对多渠道供应链绩效的影响（见图 2 - 7）。例如，Rhee 和 Park（2000）基于消费者效用理论，将消费者分为两类：价格敏感类型和服务敏感类型，研究了双渠道的定价问题和渠道选择问题，指出当两类消费者对服务的敏感差异性较小时，引入电子直销渠道对制造商更有利。Tsay 和Agrawal（2004）研究了当消费者对销售服务敏感时，制造商是否选择构建直销渠道的决策问题，研究结果表明：在制造商调整定价的情况下，引入新的直销渠道会使制造商和零售商都受益。Yao 和 Liu（2005）考虑了产品同时受价格和零售商服务影响情况下传统零售渠道和直销网络渠道的均衡定价问题，探讨了 Bertrand 均衡定价策略和斯塔克伯格

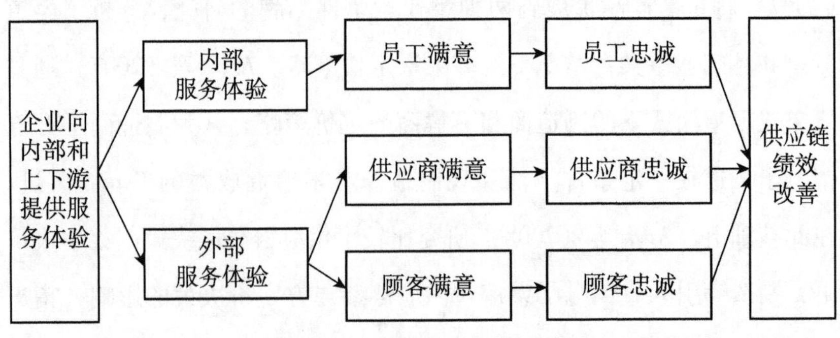

图 2 - 7　服务体验增强供应链绩效

均衡定价策略对市场均衡的影响，指出在两种定价策略下都存在使制造商和零售商均获利的最优批发价格策略。Yan 和 Pei（2009）指出制造商引入直销渠道不但会减轻渠道之间的价格竞争，而且会激励传统零售渠道改善服务水平，服务水平的提高可以改善供应链的整体绩效。Bernstein 等（2009）考虑了信息服务具有溢出效应的情况，研究了制造商引入提供服务的直销实体店，有意让传统零售渠道搭便车的行为，分析了搭便车行为对供应链参与双方的定价策略的影响以及搭便车如何影响制造商引入直销实体店的决策。Yao 等（2005）和 Mukhopadhyay 等（2008）则在考虑零售商为消费者提供增值服务的情形下，针对制造商和传统渠道零售商对服务成本信息非对称的情况，研究了信息共享机制对渠道决策的影响。

2.4.2　基于多分销渠道的供应链库存管理

网络经济与 IT 技术的迅速发展，促使制造商在分销过程中保持传统零售渠道的同时，引入了网络渠道等直销渠道，以增加消费者需求，扩大市场规模，增强企业及品牌的竞争优势。早期，双渠道供应链的库存控制研究可追溯到分销系统中多层库存系统的管理问题，在这个成熟的研究领域很多学者对其做了大量的研究（例如，Aggarwal & Moinzadeh，1994；Grahovac & Chakravarty，2001）。近年来，关于双渠道供应链的库存控制研究主要从集中控制的视角展开研究。Chiang 和 Monahan（2005）从集中控制的视角研究了双渠道库存控制策略可能带来的效率改进和渠道选择的问题。在他们的模型中，上层的仓库不仅向零售商供货也直接满足直销渠道的需求，当库存用完的时候，消费者以一定的概率转移到另一个渠道购买商品。通过数值分析发现，双渠道策略优于单渠道策略。Axsater 等（2007）从集中控制的视角研究了对于制造商的配送中心两类需求的相应的库存优化策略。

Zhao和Cao（2004）建立了两周期模型，研究了e-tailer（网络零售商）的库存策略对他的定价和利润的影响。发现零库存的网络零售商定价低于持有一定库存的传统零售商。Boyaci（2005）研究了多分销渠道中的订货量竞争和协调问题。考虑了价格外生的情况下订货量决策的问题。夏海洋和黄培清（2007）针对混合分销渠道结构下的短生命周期产品供应链，运用报童问题的框架，分析了两种不同运作模式下制造商和零售商的库存策略，并通过数值实验研究了需求不确定性对制造商和零售商最优库存策略的影响。许传永等（2009）研究了一类两层双渠道供应链库存系统的协调问题，给出了制造商和零售商的单位产品平均成本和系统单位时间平均成本的计算方法；提出一种分散控制下的库存决策协调机制，并给出了制造商缺货等待成本参数的计算公式。

上述文献都是假定集中式决策，并且同时决策，然而在实际商业活动中，行为主体并不总是集中式决策，也并不总是同时决策。因而近年来国际上的学者开始将信息共享及博弈论的思想引入双渠道供应链的库存运作管理问题中，进行了一些更贴近实际的研究。Yue和Liu（2005）研究了共享需求预测信息对双渠道库存系统的影响，通过对MTO（make-to-order）与MTS（make-to-stock）两种情景的比较，认为直销渠道的建立对零售商绩效有负向影响，同时在某些特定条件下对制造商和整个供应链有正向影响。Seifert等（2006）基于惠普（HP）各个门店的实际库存数据，研究了制造商建立虚拟零售店作为其直销渠道，与传统的实体零售店共同分销的两级双渠道库存模型，证明了该模型能在批发价契约、终端库存补贴和转移支付三种供应契约的联合协调下得到最优解。Dumrongsiri等（2003）建立双渠道库存模型，证明了制造商与独立零售商分割市场的博弈均衡解条件，同时得到两个渠道间的边际成本差异直接影响着该双渠道均衡的存在性。

王小龙和刘丽文（2009）研究了包含一个制造商和一个零售商的双渠道供应链，制造商既利用自己的销售渠道，也使用零售商销售渠道，消费者在一条渠道缺货时可能部分转至另一渠道，由此导致了渠道之间的库存竞争（见图2－8）；分析了分散决策系统库存博弈均衡的性质，提出了能够反映强势零售商特点并同时有效控制制造商生产行为的契约协调机制，该机制能严格改进双方的期望利润。

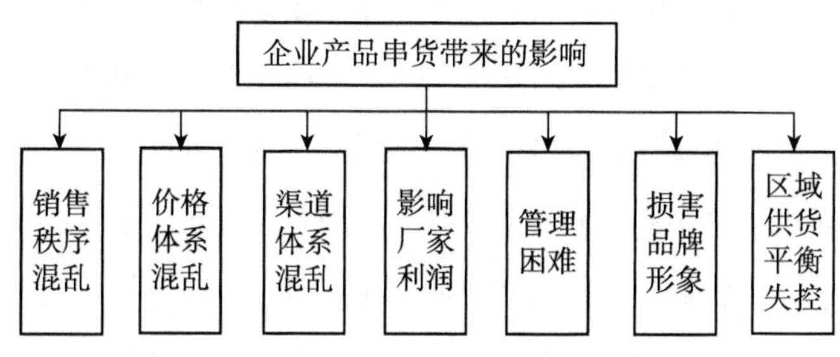

图2－8　渠道间的库存转移——串货

2.4.3　基于多营销渠道的供应链促销协调研究

随着产品竞争的加剧、消费者需求变化速度的加快，制造商和零售商选择通过广告（advertising）、返利（rebates）等多种手段刺激消费者的需求，达到提高销量和利润的目的。当制造商建立直销渠道之后，除了定价问题之外，促销努力（sales effort）是一项无法避免的重要决策。促销努力在双渠道供应链模型的建模过程中，主要体现为价格促销努力及服务促销努力两方面，以下做具体介绍。

早期促销问题的研究，大多集中在传统零售渠道的促销协调机制设计、契约设计及促销费用的分担等方面。例如，Taylor（2002）证明了传统零售渠道中回购契约与销量返利契约相结合可以诱使零售商投入最优的促销努力水平。由于促销会给供应链带来激励不一致的问题，因此必须设计合理的协调机制，以诱使零售商投入更大的促销努力（见图2－9）。Krishnan 和 Kapuscinski（2004）分析了传统零售渠道中假设零售商能够观测到市场的实际需求信号，然后再进行促销努力水平决策情况下的协调问题，并设计了回扣和回购相结合的契约协调机制。Wang 和 Gerehak（2001）在传统零售渠道中设计了一个契约，其中他们把货架空间的大小看作销售商的努力，认为供应商应该补偿这种努力。Li（2002）研究了传统零售渠道中以广告作为合作促销手段情况下，基于博弈理论建立的制造商和零售商的纳什平衡收益模型，设计了促销费用分担方式。Netessine 和 Rudi（2004）则在传统零售渠道下考虑转运配送或直接代发货（drop-shipping）的渠道结构与运营模式，设计了一个合作契约，在这个契约里零售商补贴一部分营销费用（广告费）给供应商，而供应商允许部分退货，他们给出了一些条件，使供应商和零售商共同分担广告费用，并证明了随着广告费补贴的增加，批发价和零售商利润也随之增加。张菊亮和陈剑（2004）通过重新考察报童模型，研究了使传统零售渠道供应链达到合作契约的内在机制，提出设计供应链契约的一般模型，并利用此模

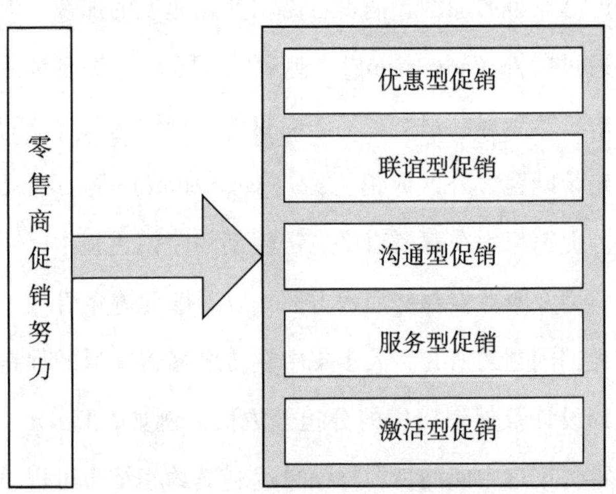

图2－9　零售商销售努力（零售商促销）

型分析在零售商的销售努力影响需求变化的情形下使供应链达到合作契约的设计框架，同时提出一个在零售商的销售努力影响需求变化的情形下使供应链达到合作的契约。

双渠道供应链的价格促销方面，由于网络渠道等直销渠道的引入，主要是对双渠道环境下的促销效率研究，以及促销努力对供应链竞争合作的影响研究。传统零售商基于价格的促销效率被认为是实体渠道区别于网络渠道的重要因素之一。例如，Tsay 和 Agrawal（2004）认为建立网上直销商店，直接向消费者销售商品可以带来多项好处，包括更好地透视市场需求信息、与最终消费者更紧密的联系、更高的边际利润、更宽的产品线、在产品属性实验时具有更大的灵活性等。但是若消除零售商等中介机构则可能会非常危险，因为他们能够更有效地创造和满足消费者需求。Tsay 和 Agrawal（2004）考虑了一个混合渠道供应链，直销渠道和实体渠道具有不同的促销效率，每个渠道的促销努力都会提升总需求，总需求按照一定比例在两个渠道之间分配，促销努力具有外部性。该研究不考虑价格竞争，研究了单一直销渠道、单一零售渠道、双渠道三种形态下的促销努力均衡，并分析了制造商的渠道选择和渠道协调问题，提出了两种渠道协调机制。Yan（2006）在竞争性的双渠道中考虑运用合作性广告策略进行促销（见图2-10），以共同增加制造商与零售商的收益。曲道钢和郭亚军（2008）建立了由一个制造商和一个分销商组成的双渠道供应链模型，考虑了分销商的需求量与其销售努力相关时的协调问题，分别讨论了传统渠道和混合渠道两种情况下供应链的订货量、销售努力的协调问题，并通过改进的收益共享契约使混合渠道供应链同时达到了订货量和销售努力的协调。陈树桢、熊中楷和梁喜（2009）在双渠道模式下对促销-价格敏感需求与促销补偿激励构建了模型，分析比较了集中式与分散式决策下供应链最优的促销投入、促销补偿投资与定价策略，给出了促使双渠道达成协调的合同设计。研究发现两部定价合同与促销水平补偿合同的组合能够实现供应链协调和渠道成员双赢。

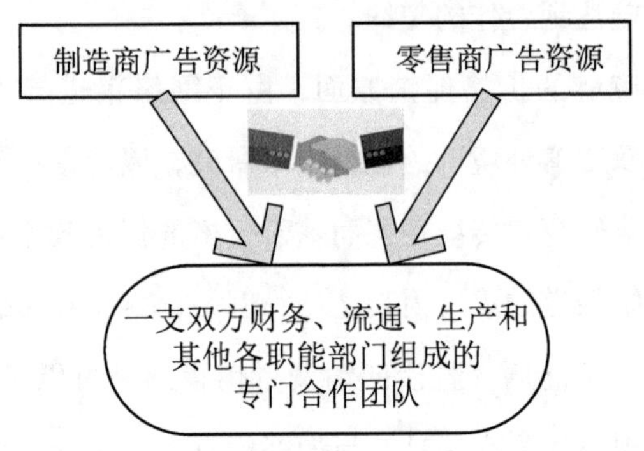

图 2－10　制造商与零售商合作性广告促销

此外，学术界对于多渠道供应链的价格促销研究，关注比较多的是第三方渠道的介入问题，即在传统零售渠道和网络直销渠道销售之外，是否选择在第三方网站上销售，以及如何设计协调机制。Chen 等（2007）研究了拥有直销渠道的网络零售商是否应在出版刊物或第三方购物比较网站上（例如，Yahoo. com）做广告的问题。文中指出，基于行动的支付机制，一旦消费者从第三方网站点击进入该零售网站，网络零售商就支付点击成本给第三方网站。然而点击该零售网站的消费者中仅有一部分最后实际购买，因此讨论了此种情景下最优策略的结构性质，以及动态调整做广告的网站列表对网络零售商收益的影响。Xiao 等（2009）研究了零售商通过自身拥有的相互独立的实体店、网上商店和一个第三方的网站共同售卖季节性产品的问题，其中零售商通过 drop-shipping 方式（见图 2－11）对网络订单予以满足，以吸引易被忽视的小部分需求，达到促进产品销售量的目的。该研究建立了库存和动态进入许可控制的联合决策模型，得到了最优的进入许可策略及其绩效。

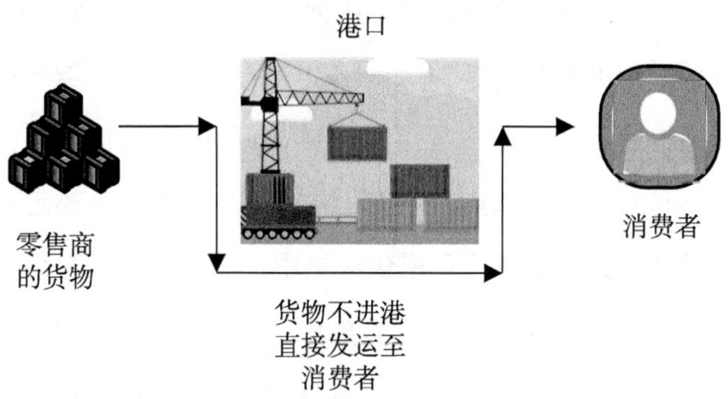

图2－11　转运配送或直接代发货模式（Drop-Shipping）

除了基于价格的促销之外，服务（尤其是增值服务）越来越多地被引入多渠道供应链的促销研究之中，Rohm 和 Swaminathan（2004）的实证研究表明，服务在很大程度上影响消费者选择渠道，所以在线渠道和零售渠道需要提供不同服务吸引拥有渠道偏好的消费者。Yan 和 Pei（2009）讨论了制造商新增的在线渠道对零售服务水平提高的影响以及由此所带来的收益，他们发现新增的在线渠道并不一直损害零售商的利益，因为可以给零售商带来低批发价以及更多的销售量。Hu 和 Li（2010）研究了零售商提供增值服务的双渠道模型，证明了降低增值服务的水平会导致零售商的销售量减少，认为在双渠道情况下，传统零售渠道的竞争优势取决于更多的增值服务（value-added services），而这种增值服务是网络渠道所不能提供的。传统零售渠道增值服务的引入不仅可以增加零售商的销售量，也会促进双渠道供应链的整体绩效。而 Kumar 和 Ruan（2006）的模型中只考虑了零售商提供的服务支持水平或促销努力，没有考虑制造商在直销渠道的服务支持水平。

2.4.4　基于多营销渠道的供应链渠道冲突与协调

渠道冲突是多渠道供应链管理中常见的问题。制造商引入直销渠道导致传统零售媒介的竞争加剧，这种垂直竞争和横向竞争并存的模式也使协调机制更为复杂。Cachon（2017）综述了基于契约的单渠道供应链协调机制设计，但多渠道供应链协调仍然是目前研究的难点。Tsay 和 Agrawal（2004）指出，控制结构和渠道选择是决定供应链绩效的两个最重要因素，在多渠道供应链中，制造商、零售商和消费者的决策都围绕这两个要素进行。早期的研究主要着眼于制造商控制下的渠道选择。Baligh 和 Richartz（1964）考虑由多制造商和多零售商组成的单一产品复杂分销网络，以沟通和接触成本最小化为目标设计了该分销网络的层级结构。Blumenfield 等（1985）研究了制造商选择直销渠道或仓库以最低成本满足确定性消费者需求的决策问题。Jaikumar 和 Rangan（1990）与 Rangan 和 Jaikumar（1991）研究了渠道返利对于分销商和直销渠道竞争的影响，并得出制造商最优的定价和分销策略。Cohen 等（1995）研究了直销和分销商共存的多级分销网络，基于分销商对于零售商的加价得出了制造商通过定价和返利使利润最大化的渠道策略。

早期的研究局限于直销渠道对传统分销渠道的替代性，忽略了制造商使用直销渠道作为战略工具，其后的研究开始关注制造商引入直销渠道的战略意义，以及制造商协调多渠道的均衡策略。Rhee（2001）考虑了使用传统零售渠道的制造商引入直销渠道与使用直销渠道的制造商竞争价格敏感型消费者的市场现象，指出这一策略可能会导致更为激烈的价格竞争并损害自身利润。Chiang 和 Monahan（2005）则认为制造商可以通过直销渠道提升市场地位，降低传统零售商渠道的双重边际效应，避免零售商提高价格而降低销售量。直销渠道作为协调工具的有效性则依赖于消费者对直销渠道的接受程度，如果消费者接受程度过低，则直销渠道不能构成传统零售商的有效威胁。Tsay 和 Agrawal（2004）研究了需求受价格和销售努力影响时制造商的渠道策略，发现引入直销渠道未必会损害零售商的利益，因为制造商会降低批发价格。该研究还分析了渠道的协调机制，如利用消费者在直销渠道的购买记录向实体渠道定向推送该消费者信息，以给予实体渠道相应的补偿。相似地，Bell（2002）也考虑了促销努力对需求的影响，但该研究立足于引入直销渠道并不能扩大总市场需求的情境。该研究发现，当直销渠道和零售渠道平分市场时，零售商会降低销售努力的投入转而借助直销渠道，从而减弱了市场对于价格促销的依赖，因此直销渠道有利于制造商维持较高的零售价格。Wang 等（2009）得到了详细的结论，与制造商直营的销售渠道竞争时，传统零售商倾向于提高价格并增加促销投入。Bernstein 等（2008）强调了这种“搭便车”对于供应链结构优化的意义，提出制造商可以通过建立直销渠道为消费者提供服务和体验，从而促进零售渠道的销售。Boyaci（2005）考虑了随机需求下的渠道冲突问题，设计并检验了一组协调契约的有效性。该研究发现，批发价契约、回购契约和零售商管理库存不能协调整个分销系统，罚金和非线性返利在理论上能够实现协调但可操作性较差。Mukhopadhyay 等（2008）提出采用多渠道分销的制造商可以通过鼓励零售商提高商品附加值实现渠道的差异化，从而解决渠道冲突。该研究提出了信息不对称环境下的协调契约，并与完全信息环境做了对比。Cai（2010）考虑了制造商添加直销渠道和协调多渠道的决策，得到渠道选择和渠道协调两个帕累托区域，在渠道协调的帕累托区域中，制造商基于利润分享契约协调供应链。

尽管现有的研究大多从制造商角度入手，但零售商作为传统分销模式的主要参与者，其渠道力量和话语权也越来越多地在商业实践中体现。因此，学术界逐渐开始尝试发掘零售商的决策和功能在解决渠道冲突问题上的作用。Gulati 和 Garino（2000）指出传统零售商整合直销渠道中最大的问题是如何决策最优的整合水平，这一水平应取决于四个要素，即品牌、管理、运作和资产。Lal 和 Sarvary（1999）认为零售商引入直销渠道能够影响消费者的搜索行为，从而避免对价格竞争的依赖，维持较高的零售价格。Zettelmeyer（2000）考察了竞争性零售商利用网络渠道向消费者提供商品信息的商业模式，整合网络渠道能够以较低的成本向消费者提供更大量的信息。Pauwels 等（2010）考虑了类似的问题，认为零售商使用网络渠道提供信息的效率与商品种类和消费者的群体特征相关，网络使用率高的目标消费者更有利于增加实体销售渠道的利润。Bernstein 等（2008）考虑传统零售商整合网络渠道的“鼠标加水泥”模式，认为在寡头垄断的市场中存在混合分销模式的均衡，但这种模式更类似一种战略布局，不一定能提升零售商利润。Ofek 等（2010）考虑了消费者退货对竞争性零售商引入网络渠道的策略影响，认为当各零售商之间的差异化程度较低时，具有采用多渠道和不采用的零售商共存的不对称均衡，而引入网络渠道的零售商会增加店内服务的投入，降低消费者退货的概率。

2.5 基于产品定制化的多渠道供应链协调

因特网与信息技术的快速发展，使卖方相当便捷地获取消费者的真实需求。卖方通过在线商城与消费者互动，加入消费者个性化设计，创造需求，并将细分市场后的定制产品精确配置给消费者，最终获取企业利润。这在市场竞争日趋激烈的背景下，是供应链模式的新趋势。随着消费者对产品定制概念的认识更客观、更全面，以前一味由广告宣传主导的盲目消费，正转变为更为理性、个性的“按需购买”。

多渠道营销环境下，无论是实体分销渠道，还是网络分销渠道，消费者倾向于选择购买能够很好匹配他们自身偏好的产品，即定制产品。而现有的先进制造技术（例如，柔性制造）与信息技术，尤其是电子商务的发展，使得消费者的这种需求已经成为现实。另外，制造企业通过开展大规模定制策略，采用按订单生产（MTO）模式，能够精确地为消费者提供他们想要的量身定制产品。下面对已有的基于产品定制化竞争的多营销渠道供应链竞争与协调问题研究工作进行梳理总结。

Dewan 和 Seidmann（2000）指出网络技术的发展大大降低了卖家搜集消费者偏好信息和对多种产品定价的成本，先进的制造技术提高了生产制造厂商的制造柔性，产品定制化作为一种产品差异化战略在众多的行业中越来越流行。Dewan 等（2000）基于消费者效用理论，用博弈论的方法研究了两个竞争性的零售商是否应该采取产品定制化策略，从而揭示了产品定制化策略下的“囚徒困境”。

Dewan、Jing 和 Seidmann（2003）基于定制产品的空间模型，研究探讨了电子商务环境下企业的产品定制化策略对产品属性组合、产品定价、消费者剩余的影响。该模型的创新在于对成本结构的假设，即实施产品定制策略需要支付初始固定投资，这与大多数的柔性制造系统环境相一致。由于卖方对定制产品的定价足够高，令消费者购买定制产品和标准产品无差异，因而定制策略会使卖方企业萃取更多的消费者剩余。另外，垄断情境下，卖方企业为了更好地利用定制技术带来的优势，它将两种产品的价格都提高了。而在寡头垄断情境下，定制会导致两卖方企业的利润总是受损，消费者总是从中获益，不过消费者剩余单调递减。此外，开展定制策略的时机也很重要。早期开展该策略将总给企业带来优势，甚至能通过合理投资定制化将潜在竞争对手排除在外。

Syam、Ruan 和 Hess（2005）分析了定制产品在多渠道市场中的竞争问题。该研究没有关注柔性制造成本与价格歧视因素，而是将注意力集中在探讨品牌竞争、消费者在与定制产品制造企业交互所产生的成本对市场均衡的影响。证明了两家制造企业都将选择定制产品两种属性中的一种，并且每个企业都会选择定制同一种属性。相较而言，在全部定制两种属性的情况下，市场不能达到均衡。因为此时制造企业首先选择定制策略，然后选择对定制产品进行定价，在这一过程中为了使定制产品占领市场，又导致定价受到很大的降价压力。另外，讨论了部分定制和完全不定制情形下的市场均衡；在部分定制情形下，两制造企业对定制哪个属性意见一致。因为如果两企业分别定制的属性不同，需求弹性会增加，以及由此导致的价格战，会使定制策略无利可图。最后，作者引入了消费者努力，即交互成本。当交互成本较低时，消费者购买定制产品时会获益更多。

Syam 和 Kumer（2006）基于消费者效用理论，识别了在消费者对产品偏好不同的情况下，两个竞争性厂商是否应该提供定制化产品的条件。

Alptekinoglu 和 Corbett（2004）研究采取大规模定制策略的制造企业与一个采取大规模生产策略的制造企业间基于产品类别数量与价格的竞争问题。引入了生产技术这一供应端的重要因素，并基于横向差异化的 Hotelling（1929）模型，构建了一个三阶段博弈框架。得出一旦一个企业开展大规模定制，另一大规模生产企业将减少其产品类别数，以缓和该寡头垄断下的价格竞争。

Alptekinoglu 和 Corbett（2004）研究了只销售标准化产品的厂商与销售定制化产品的厂商共存于市场的条件，指出只销售标准化产品的企业能够在市场中存活，即使在其生产成本处于劣势的情况下。

Mendelson 和 Parlakturk（2008）研究了在消费者偏好异质的市场中，一个传统制造企业与另一开展大规模定制的制造企业间的价格竞争问题。假定定制企业短期内产能有限，得出寡头垄断竞争下的均衡解及其特征，并与垄断情形下的结论加以比较。同时证明了单位成本差（传统制造企业的单位持有成本与定制企业的单位等待成本之差）极大地影响着定制企业的市场容量、扩大产能的回报率、产品多样性、运作的改进影响绩效的方式。

Xia 和 Rajagopalan（2009）研究了两个制造企业中任意一个都可选择销售标准产品或定制产品的寡头垄断竞争问题，分析了企业进入定制产品市场的准入决策。首先，在消费者选择购买哪家制造企业的产品，以及选择哪种产品属性都具有偏好异质性的情况下，得出模型的均衡结果取决于生产技术成本系数以及消费者对产品是否匹配自身需求和对产品交货期长短的敏感度。其次，辨别出了产品种类和产品交货期在竞争中的战略作用。通过与前人研究的比较，证明了当企业间的差异化足够大时，随着产品种类的增多，价格竞争将不会加剧。相反，由于制造企业更好地满足了消费者需求，获得了更高的价格溢价，因而减缓了它的定价压力。最后，分析了制造企业可变成本、固定成本和品牌声誉对均衡决策的影响。

已有的文献研究了寡头垄断市场结构中，两个制造企业分别向消费者直销定制产品或标准产品，两个制造企业同时决策是否开展定制化服务，以及为产品中的哪一个属性开放定制等问题。第一，已有研究并未提及定制化水平的测度方法，也很少有学者研究定制化水平最大值对市场均衡的影响。第二，几乎没有文献研究基于产品质量差异化的双分销渠道竞争策略。第三，较少文献分析研究基于定制化产品的传统零售渠道与网络直销渠道这两种渠道结构之间的竞争。因而本书将会在第3章~第6章研究：传统零售渠道引入网络直销渠道，同时纵向定制化竞争的问题。

2.6　供应链成员决策风险偏好的测度研究

2.6.1　供应链风险管理

Tang（2006）将供应链风险（Supply Chain Risks）分为供应链运

作风险和供应链破裂风险两种。供应链运作风险（Operational Risks）来源于供应链固有的不确定性，如不确定的客户需求、不确定的供应、不确定的成本等。供应链破裂风险（Disruption Risks）来源于自然和人为灾难，如地震、经济危机、新型冠状病毒肺炎疫情、罢工、恐怖袭击等。一个典型的供应链实例是欧洲著名电信设备制造商爱立信公司，由于其供应商的半导体工厂2000年发生火灾，这一事件给爱立信带来了至少4亿欧元的损失。而2011年3月发生于日本东部的9.0级大地震则造成日本丰田、本田、日产三大汽车制造企业的主要零配件工厂严重毁损停产，导致全球汽车零部件供应链局部断裂。

供应链风险管理（Supply Chain Risk Management，SCRM），是指为保证供应链的获利能力与连贯性，供应链上各合作伙伴通过各种协调合作的方式所达到的缓解并管理供应链风险的活动（Tang，2006）。管理供应链风险的战略战术层规划如表2-1所示。

表2-1　供应链风险管理的战略战术层规划

项目	供应管理	需求管理	产品管理	信息管理
战略层	供应网络设计	产品循环 产品定价	产品多样性	供应链能见度
战术层	供应商选择，供应商订单配置，供应契约（批发价契约、回购契约、基于订货量的契约、价格补偿契约等）	跨时间（如飞机票）、跨市场（产品循环）、跨产品种类（产品替代、产品捆绑）转移需求	延迟交货，加工过程排序	信息共享，供应商管理库存（VMI），合作规划、预测、补货

一般来说，可通过以下四种基本方式降低供应链风险：①下游企业与其上游合作伙伴协调并保证物料有效供应的供应管理；②上游企业以共享利益方式与下游合作伙伴协调并影响最终需求的需求管理；③为使供应与需求匹配而修改产品设计或工艺流程设计的产品管理；④供应链合作伙伴若能获得各种私有信息，他们就能增加协调上努力的信息管理。

传统的供应链管理文献主要侧重研究风险中性的供应链行为主体。然而，许多研究（例如，Kahn，1992；Fisher & Raman，1996；Patsuris，2001）却证实大多数的决策者在做最优决策时并不是风险中性。近年来一些学者（例如，Anupindi，1999；Tsay、Nahmias & Agrawal，1999；Wu、Roundy、Storer & Martion-Vega，1999）致力于研究剔除风险中性假设下的供应链管理问题。其中，考虑了供应链行为主体风险规避特性的有 Agrawal 和 Seshadri（2000），Plambeck 和 Zenios（2000），Gan 等（2004，2005）。他们有些将受限于下行风险限制的零售商期望利润模型作为决策目标，有些将均值－方差收益最大化作为决策目标，有些则是将最大化期望效用函数作为决策目标。此外，还有 Chen、Xu 和 Zhang（2009），Ma 等（2010），Wu 等（2010），Choi 和 Chiu（2010）采用 MDR（Mean-Downside-Risk）和 MV（Mean-Variance）模型刻画报童模型中的风险，并在零售价格外生与内生两种情况下探讨了该决策问题。

2.6.2 供应链成员决策风险偏好的测度

具体来说，供应链研究中对决策风险偏好的测度主要有以下六种数学模型表示方法。

1）期望效用函数模型（Expected Utility Function）

通常表示为

$$u = G(\Pi) \tag{2-1}$$

式中：u 为期望效用；G（Π）为期望效用函数；Π 为期望收益。

2）均值－方差模型（Mean-Variance Model，MV 模型）

这也是国外研究金融工程的通用方法，表示为

$$u = E - \lambda V \tag{2-2}$$

式中：u 为期望效用；E 为期望收益；V 为收益的方差；λ 为一个确

定性系数，表示决策者对风险的规避程度。

该均值－方差模型是由 Markowitz（1950）提出的，起初用于处理投资组合问题，随后它成为处理风险规避行为主体决策问题的经典方法。由于风险厌恶的供应链成员总是追求风险容忍度下的期望收益最大，这就使其面临的问题变成了有约束的优化问题。

在库存优化模型方面：Lau（1980）构建期望利润和利润标准方差的函数取代了利润方差函数，进行了库存分析。随后 Lau（1999）直接讨论了供应链协调当中的风险厌恶问题，他应用均值－方差法分析退货合同（Buy-Back Contract）实现单周期产品的协调问题。Chen（2000）应用均值－方差法分析几个基本的库存模型，并研究了顾客到达率服从泊松分布的基本库存策略和连续盘点库存模型。

使用均值－方差模型分析供应链协调问题的文献较少，这可能是因为应用该方法的复杂性。

3）下行风险模型

以小于目标利润的概率表示风险，数学表示为

$$u = \begin{cases} E, P\{E \leqslant a\} \leqslant \beta \\ -\infty, P\{E \leqslant a\} > \beta \end{cases} \tag{2-3}$$

式中：u 表示期望效用，E 表示期望收益，a 表示供应链行为主体的目标收益值，β 表示给定的获得小于目标收益值的置信水平。

在对供应链行为主体的期望收益函数进行建模时，多采用给该行为主体的期望收益函数加一个下行风险限制的形式。例如，风险规避零售商的期望收益函数可以写为

$$\begin{aligned} &\max \Pi_r \\ &\text{s. t. } P\{\Pi_r \leqslant a\} \leqslant \beta \end{aligned} \tag{2-4}$$

4）VaR 模型（Value-at-Risk，风险值模型）

VaR 模型重点考虑了行为主体想要规避的下行产出，并与行为主

体想要的上行收益分开。VaR 模型允许行为主体给定一个置信水平 $\eta \in (0,1]$ 以获得特定水平的期望收益。一般表达式为

$$q_\eta(\Pi) = \inf\{\pi \mid P(\Pi \leqslant \pi) \geqslant \eta\} \tag{2-5}$$

式中：$q_\eta(\Pi)$ 为收益函数（随机变量的函数）Π 的 η 分位数（相当于一个下界），然后最大化该行为主体 η 分位数的期望收益函数；π 为特定水平的收益。

5）CVaR 模型（Conditional Value-at-Risk，条件风险值模型）

近年来，CVaR 测度方法因能弥补 VaR 的诸多不足正在引起越来越多学者的关注。CVaR 模型具有单调性、次可加性、正齐次性、平移不变性等良好性质，表达式为

$$CVaR_\eta(\Pi(q,D)) = \max_{v \in \mathbf{R}}\{v + \frac{1}{\eta}E[\min(\Pi(q,D) - v,0)]\} \tag{2-6}$$

式中：E 表示期望，$\Pi(q,D)$ 为利润函数，η 为行为主体对风险的态度，q 为零售商对产品的订货量，D 为市场对供应链中产品的随机需求量，v 为给定置信水平 η 下的在险价值即可能的损失上限。

6）其他风险度量模型

除上述风险度量模型外，也有一些学者使用 ES 模型（Expected Shortfall）和 DRM 模型（Distortion Risk-Measure）来测度供应链风险。ES 模型是在 CVaR 模型基础上的改进版，它是一致性风险度量模型。如果损失 X 的密度函数是连续的，则 ES 模型的结果与 CVaR 模型的结果相同；如果损失 X 的密度函数是不连续的，则两个模型计算出来的结果有一定差异。而 DRM 模型则包含了诸如 VaR、CVaR 等风险度量指标，它是一类更广义的风险度量指标。DRM 模型通过构造一类特殊的变换函数，并通过一定的规则得到一类新的风险度量指标。

综合上述几种决策风险偏好的表示方式，除去损失规避模型不在

本书的讨论范围内，其他的模型都可以在本书的研究主题中得到应用。期望效用函数模型是古老也是准确的模型之一，但是它的缺点在于函数难以描述，因此最新的研究大都已经摒弃这种模型。均值－方差模型是金融行为理论常用的模型之一，但是在波动中，均值－方差模型将上行风险和下行风险都以相同的形式衡量，这显然与试验中得到的决策者更注重规避损失的结论相矛盾，因此随着新方法的发展，这种理论也逐渐不受追捧。条件风险值 CVaR 成为新一轮经济学研究的热点，它来源于下行风险的思想，并且演化成多种形式。

作为一种新型的风险测度方式，CVaR 有着比 VaR 更优的性质。Rockafellar 和 Uryasev（2000）证明了最小化的 CVaR 值可由最小化一个易处理的辅助函数得到，而不用去使用凸规划法求得相应的 VaR 值。同时，这两个学者也证明了 CVaR 模型的一致性，并得到对于给定的置信区间 CVaR 有着稳定的连续性。Ogryczak 和 Ruszczynski（2002）证明了 CVaR 模型与同效用理论联系非常紧密的随机优势法则，具有一致性。Bertsimas 等（2004）从实证的角度给出 CVaR 模型比 VaR 模型和均值－方差模型有着更好的计算性能。

因此，总结使用 CVaR 模型的原因如下：①金融工程与运作管理研究中 CVaR 模型的应用越来越广泛；②CVaR 模型比 VaR 模型有更好的计算性能；③使用 CVaR 模型测度供应链行为主体的风险规避程度，比使用效用函数测度更易操作（一个是估计参数置信水平 η；一个是行为主体填有许多问项的问卷）；④CVaR 模型能够比较好地表述行为主体对收益和损失不同的态度。

从研究行为主体以及决策风险偏好的实用性出发，本章采取条件风险值 CVaR 模型的表示方法。一方面，条件风险值 CVaR 模型能够比较好地表述理性人对收益和损失不同的态度，在小于期望利润时产生风险偏好；另一方面，条件风险值 CVaR 模型能够很好地表示决策者的风险偏好状态。

2.7 供应链产能协作共享策略研究

Kafry 和 Kahneman（1977）首次提出产能共享的概念，将产能共享模型在耐火反应中应用，耐火时间得以改进。随后 Acampora（1983）提出资源共享技术是一种能够有效提高数字卫星的电路可用性系统性能的技术，提出资源共享技术在数字卫星方面的应用。Dudley 和 Musgrave（1988）认为水库容量共享的能力会促进长期的经济效率，进而提出水库容量共享的经济效益。在物流停车基础设施方面，Melo、Macedo 和 Baptista（2018）基于共享经济的背景，分析促进公共部门物流停车基础设施共享使用的潜在影响，研究其他用户共享用于城市物流运营的停车位的可能好处。在货物运输方面，Li 和 Zhang（2015）考虑一个由一个承运人和两个运输代理组成的运输系统，提出产能预留模型，使双方实现共赢。在企业库存方面，Feng、Moon 和 Ryu（2017）针对仓库容量约束问题，研究了一个由单一供应商和多个买家组成的通过转运共享仓库容量的集成库存模型。夏海洋和黄培清（2010）探讨存在外部代工厂商的情形，认为设计厂商可以购买即时产能而代工厂商可以实行转包时，在产能预订合同下，设计厂商和代工厂商的最优策略。苏贝贝（2017）提出基于共享理念并且利用产能库存量创造价值的服装制造业协作平台的构想，对平台运行方案进行了设计和论证，提出了基本构想。

不少学者研究了产能共享在降低企业成本方面的作用。如李刚、孙林岩、徐晟和李健（2008）基于转移支付机制，提出产能成本共担策略和协作收益共享策略。Moghaddam 和 Nof（2014）提出最佳匹配（BM）协议，根据客户的需求和企业共享的可用产能，通过企业与客户的动态匹配来最小化需求和能力共享（DCS）成本。Yang、Shan 和 Jin（2017）研究零售商在制造商产能投资策略中的作用，引入全容量成本分担合同（FCCSC）和部分容量成本分担合同（PCCSC）两种容量分担合同。

在促进多个企业利润增长方面，石丹和李勇建（2015）研究在需求不确定的情况下，制造商如何通过有效的机制设计激励供应商扩大产能投资，设计收益共享契约和补偿契约两种激励机制。薄洪光、王兴冕、李焕之和祁连（2020）针对服务型产能共享平台模式演化发展与政府激励机制优化问题，突出平台方的利益主体地位，构建产能共享的平台方、需求方、提供方演化博弈模型。李辉、谭显春、顾佰和和许保光（2018）以两个制造商为研究对象，探讨双方进行产品转移的最优决策问题，建立了碳配额和减排双重约束的利润优化模型。Qin、Wang 和 Wang（2018）为了研究能力共享策略的绩效，考虑在同一市场竞争业务的两个企业都可以选择在收入共享契约下加入水平能力共享战略。

不少学者通过制定合同，探寻竞争企业产能共享的最优策略。谢文明、江志斌、储熠冰和王康周（2016）针对存在多销售渠道的能力计划与分配问题构建产能预订合同，并在此基础上提出了产能再分配模型。吴璐和郭强（2019）则研究在产能不对称的情况下，不进行产能共享以及事前分享合同和事后分享合同两种情况下的竞争企业产能共享的最优策略。Guo 和 Wu（2017）考虑在供求不平衡的情况下，根据在买方市场设定价格之前或之后确定的产能共享价格的情况，研究在事前合同和事后合同下竞争企业间产能共享的最优策略和企业盈利能力。Araneda - Fuentes、Lustosa 和 Minner（2015）提出在企业对企业（B2B）供应链中，通过制定合同从而实现不同企业之间的产能协调。刘家国、王军进、周锦霞和刘璠（2019）针对产出和需求不确定性导致的残值或补货问题，考虑单个制造商和零售商所组成的双边随机供应链，双方采取事前订单形式，构建两种不同现货市场补货策略模型。

2.8 本章小结

本章阐述了电子商务环境背景下多渠道供应链管理的背景、战略和发展现状，供应链协调的含义和目的，多渠道供应链研究的研究现状，电子商务环境下多渠道供应链协调研究的进展，尤其是基于产品定制化策略的多渠道供应链竞争问题的研究现状。此外，还在本章对文献中的供应链成员决策风险偏好测度模型做了归纳与总结。

通过对以往文献的总结发现，国内外学者大量研究了两个制造企业是否开展大规模定制渠道，以及与已有大规模生产渠道的价格竞争问题，以及零售商价格竞争的问题，但是大多数都是对传统契约的研究，在确定性需求假设下的研究大多针对两个零售商的情况，很少涉及基于产品纵向定制的供应链渠道竞争问题，而通过供应链合作模式缓和渠道冲突的研究也不多见。

第 3 章　基于 CVaR 风险测度标准的价格补贴策略下的单一传统零售渠道供应链协调研究

3.1　引言

由于供应链中各参与方分散决策导致供应链整体效率低于集中决策供应链，所以实施契约来协调分散式供应链成为近年来学者的关注焦点。现有供应链协调方面的研究大都假设消费需求为确定的，且供应链决策者为风险中性。而在供应链实践中，随着易逝商品（例如，时装、消费性电子产品）生命周期越来越短，易逝商品的订货量在很大程度上主要依赖于下游的需求波动，以及决策者的风险规避行为。因此，现实中的需求经常随外部环境的变化而产生波动，并且风险中性的假设无法准确反映决策者的偏好。为了能更加准确地描述现实中供应链的运作情况，本章以包含一个风险中性制造商和一个风险规避零售商的易逝产品供应链为研究对象，在 CVaR 风险测度框架下，研究了制造商如何与风险规避的零售商订立批发价契约以最大化其期望利润，给出了风险规避程度对零售商和制造商最优决策的影响，探讨了能够实现该供应链最大利润改善的契约参数条件，并进一步说明了零售商风险规避值信息不对称对供应链绩效的影响。

以往的文献主要从风险中性供应链的契约协调问题、风险规避供应链的订货决策问题以及供应链风险度量准则问题三个方面进行诸多的研究。与本章相关的文献主要有以下三个方面的内容。

一是价格补贴和批发价契约协调供应链的研究。Tsay（2001）研究了不确定需求下的供应链系统，证明了制造商有时特意给零售商以“价格补贴”（Markdown Money），可避免销售期结束后产品退货，以及减少持有成本。此外，Tsay（2002）将退货策略下多个相对策略权利分为多个情景，分析了这些情景下风险敏感度如何影响制造商和零售商的关系。该研究定性地分析了风险规避下的行为与风险中性下的行为的显著差异，同时也从数量上分析了错误估计渠道成员风险规避行为所产生的惩罚成本。Chen（2011）给出了制造商是如何与其零售商订立批发价契约以最大化自身利润，并提出了一个退货契约与批发价契约相结合的机制（退货折扣契约）以实现供应链协调。Gurnani、Sharma 和 Grewal（2010）通过引入对品牌和质量投资的销售努力，基于加法需求模型证明了部分退货对制造商而言是最优的。但与制造商不提供退货相比，制造商将得不到更高的订货量。上述文献从不同的角度利用不同的契约形式对单期供应链的订货决策问题进行了研究，但并未讨论引入风险规避特性后对零售商订货量和供应链双方利润的影响。

二是风险规避供应链主体的订货决策研究。Chen 等（2007）将风险规避特性引入多期库存模型，建立了协调库存与定价联合决策的多期模型框架，以指数型效用函数模型刻画了决策者的风险规避特性，证明了最优策略的结构几乎等同于风险中性下的最优库存策略。Gotoh 和 Takano（2007）将 CVaR 风险测度标准引入传统的单期报童模型，使用两个不同的损失函数定义了 CVaR 测度标准的最小值，并得到了 CVaR 最小值的解析解或线性规划方程，最后通过数值实验给出了线性规划解的有效性。Chen、Xu 和 Zhang（2009）研究了风险规避情形下报童模型的最优定价订货决策问题，选取 CVaR 作为风险度量标准，分别基于加法需求模型、乘法需求模型探讨了最优策略存在与唯一的充分条件，比较了研究结果与风险中性情形下报童模型的异同。Chiu、Choi 和 Li（2011）基于均值－方差模型建立了包含一个风险中性制造商和一个风险规避零售商的供应链模型，得出了制造商施行柔性的目标销售回扣契约可以协调该供应链渠道。进一步地，作者通过引入零售商的销售努力决策，使模型得到了完善。国内学者熊恒庆和施和平（2011）也对零售商风险规避下的一对一结构供应链的订货时机进行分析，通过引入利润保证契约提高制造商生产量，实现供应链的协调。

三是供应链风险规避度量准则的研究。近 20 年来，受金融市场迅猛发展及较强波动性的影响，如何准确合理地度量金融风险，长期以来备受金融领域学者的关注，使用范围较广的主要有以下四种：效用函数模型（Utility Function）（Eeckhoudt、Gollier & Schlesinger，1995；Agrawal & Seshadri，2000）、均值－方差模型（Mean-variance Model）（Martinez-de-Albéniz & Simchi-Levi，2003）、均值下行风险测度模型（Mean-downside Risk Measure）（Choi & Chiu，2012）、条件风险值模型 CVaR（Conditional Value at Risk）（Rockafellar，2000；Uryasev，2002）。这些风险度量模型中，均值－方差模型适用于零售商利润服从正态分布的情况。VaR 模型不满足次可加性条件，它不是一致性风险度量模型。CVaR 模型在一定程度上克服了 VaR 模型的缺点，不仅考虑了超过 VaR 值的概率，而且考虑了超过 VaR 值损失的条件期望，有效地改善了 VaR 模型在处理损失分布的后尾现象时存在的问题。同时，CVaR 模型有着比 VaR 模型更好的计算性能。此外，相较于效用函数模型，CVaR 在企业实践中更容易量化，因此本书的研究中将采用 CVaR 模型作为风险规避零售商风险的测度模型。

由上述综述内容可以看出，国内外学者主要侧重研究风险中性供应链的契约协调机制问题、风险规避供应链的订货决策问题以及供应链风险度量准则的设计问题。以往的风险规避供应链订货决策研究大多使用效用函数模型、均值－方差模型等准则度量决策者风险规避行为，少部分虽采用了 CVaR 模型但都是基于确定性需求函数得到了一些结论，也未考虑采用合理的契约达到供应链绩效改进。因而，将 CVaR 这一新式风险规避度量准则与风险规避供应链订货决策问题结合起来，并利用价格补贴契约达到供应链协调的研究还很匮乏。本章以具有需求不确定性和短生命周期销售特性的易逝品作为研究对象，构建以 CVaR 为风险测度标准的零售商决策目标函数，研究基于 CVaR 准则的风险规避零售商与风险中性制造商之间的订货决策与协调问题。制造商为了避免双重边际效应和激励零售商增加订货，给予零售商销售期末每单位未售出产品以价格补贴的政策，发现了价格补贴策略下风险规避程度对零售商和制造商最优决策的影响，以及制造商通过设立该价格补贴机制，可改善供应链双方的利润与供应链效率的条件。研究还表明，在制造商与零售商双方对风险规避程度有信息不对称的情形下，零售商为了提高自身利益，有虚假报高自身风险规避值的动机。但零售商虚假地报低自身风险规避值则会带来利益损失。最后，以数值分析的方式说明了各参数对供应链系统运作效率的影响程度。

3.2 模型建立分析求解

3.2.1 模型描述

本章研究的易逝品供应链系统包含一个风险中性的制造商和一个风险规避的零售商，零售商仅在一个时段销售易逝性商品。为了规避占强势主导力量制造商的供应风险，基于CVaR测度标准框架，零售商考虑接受制造商提供的价格补贴策略，以最优化自身的条件风险值目标。

假设需求 D 是连续的非负随机变量，其概率密度函数和累积分布函数分别为 $f(\cdot)$ 和 $F(\cdot)$。如图3－1所示，零售商在销售期前向制造商订购 Q 单位产品，制造商接到订单后生产 Q 单位并提供给零售商。令 p 为该产品的单位零售价，c 为产品的单位生产成本，w 为制造商给予零售商的单位批发价，e 为未售出产品的单位净残值，m 为由制造商向零售商支付的销售季季末未售出产品的单位价格补贴。同时，假设 $e<c<w<p$，$e+m<p$。

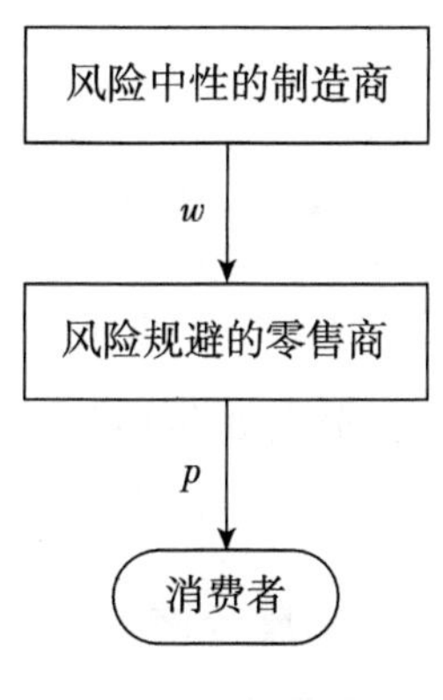

图3－1　问题描述

3.2.2　决策模型的建立

为了比较分析，这里首先分析制造商与零售商一体化决策时的整体收益情况。

1）无契约机制时的集中式决策模型

集中决策下，制造商和零售商作为整体，仅面对不确定的市场需求。假定制造商和零售商整体是风险中性的。

该情形下供应链系统各行为主体决策的顺序：①制造商和零售商是一个决策主体，因而制造商与零售商之间不存在转移支付；②二者按照市场需求信息及自身成本结构，决策出最优的订货量 Q_C^*（下标 C 表示集中式无契约的系统）；③制造商的生产提前期忽略不计，并在销售期开始前，供应给零售商 Q_C^* 单位的产品；④需求发生，零售商满足需求，在销售期结束后，对于每单位未售出产品，零售商得到残值 e。

供应链期望总利润（Expected Total Profit，ETP）为

$$ETP^C(Q) = \int_0^Q [px + e(Q - x)]f(x)\mathrm{d}x + \int_Q^\infty pQf(x)\mathrm{d}x - cQ \tag{3-1}$$

假定集中式决策下，制造商和零售商整体是风险中性的，则最优订货量为

$$Q_C^* = F^{-1}\left(\frac{p - c}{p - e}\right) \tag{3-2}$$

2）批发价契约机制时的分散式供应链决策模型

在批发价契约情形下，分散式供应链系统各行为主体决策的顺序：①考虑制造商主导的供应链，制造商在销售期开始前提出批发价契约（w），零售商接受并共同履行该契约；②零售商按照市场需求信息及自身成本结构，决策出最优的订货量 Q_{DW}^*（下标 DW 表示分散式有批发价契约的协调系统）；③制造商的生产提前期忽略不计，并在销售期开始前，供应给零售商 Q_{DW}^*单位的产品；④需求发生，在销售期结束后，对于每单位未售出产品，零售商得到残值 e。

零售商期望利润为

$$ERP^{DW}(Q) = \int_0^Q [px + e(Q - x)]f(x)\mathrm{d}x + \int_Q^\infty pQf(x)\mathrm{d}x - wQ \tag{3-3}$$

假定零售商是风险中性的，则他的最优订货量为

$$Q_{DW}^* = F^{-1}\left(\frac{p - w}{p - e}\right)。$$

由$c<w$，并且$Q_C^* = F^{-1}\left(\frac{p-c}{p-e}\right)$，易知$Q_{DW}^* < Q_C^*$，即不考虑风险偏好时，分散式有批发价契约下的最优订货量小于集中式决策下的最优订货量。

制造商期望利润为

$$ESP^{DW}(Q) = (w-c)Q = (w-c)F^{-1}\left(\frac{p-w}{p-e}\right) \tag{3-4}$$

进一步地，当零售商是风险规避时，他将在η - CVaR风险度量准则下（$0<\eta\leqslant 1$）确定最优的订货量Q_{DWR}^*（下标DWR表示风险规避的分散式有批发价契约协调系统）以最大化自己的目标函数，即$CVaR_\eta\left[RP^{DWR}(Q)\right]$。

$CVaR$度量了低于η分位数的收益的平均值，忽略收益超出分位数的部分，这往往是决策者所关心的。关于$CVaR$具体定义的表达式为

$$\begin{aligned} CVaR_\eta(\Pi(x,y)) &= E[\Pi(x,y) \mid \Pi(x,y) \leqslant q_\eta(y)] \\ &= \frac{1}{\eta}\int_{-\infty}^{\Pi(x,y)\leqslant q_\eta} \Pi(x,y)g(y)\,\mathrm{d}y \end{aligned} \tag{3-5}$$

式中：E为决策函数的期望值；η为决策者的风险规避程度（Risk-Aversion），$\eta\in(0,1]$，η越小，表示决策者越害怕风险；$\Pi(x,y)$为确定性变量x和随机变量y下的收益函数；$g(y)$为y的概率密度函数；q_η为随机变量y的η分位数（η-*Quantile*）。

$CVaR$更一般化的定义表达式为

$$CVaR_\eta[\Pi(x,y)] = \max_{v\in\mathbf{R}}\left\{v + \frac{1}{\eta}E[\min(\Pi(x,y)-v,0)]\right\} \tag{3-6}$$

本章将选取该定义表达式反映零售商的风险规避决策行为。

基于以上描述，并按照逆序求解法，我们先构建风险规避零售商的期望利润模型，即

$$RP^{DWR}(Q) = p\min(Q,D) + e(Q-D)^+ - wQ \tag{3-7}$$

$$CVaR_{\eta}(RP^{DWR}(Q)) = \max_{v\in\mathbf{R}}\{v + \frac{1}{\eta}E[\min(RP^{DWR}(Q) - v,0)]\} \tag{3-8}$$

式中：E 为决策函数的期望值；v 为给定置信水平 η 下的在险价值，即可能的收益上限；RP^{DWR}（Q）为零售商的收益函数，如式（3－7）所示；而置信水平 $\eta\in(0,1]$ 表示零售商的风险规避度（Degree of Risk-Aversion），它由零售商企业的风险规避特性决定。

于是，零售商的最优订货量为

$$Q^*_{DWR} = \arg\max_{Q\geq 0}CVaR_{\eta}[RP^{DWR}(Q)] \tag{3-9}$$

风险中性制造商的期望利润为

$$ESP^{DWR}(Q) = (w-c)Q \tag{3-10}$$

已知 $\min(Q,D) = Q-(Q-D)^{+}$ 和 $(D-Q)^{+} = D-Q+(Q-D)^{+}$，

$RP^{DWR}(Q)$ 还可写成如下形式，即

$$RP^{DWR}(Q) = (p-w)Q-(p-e)(Q-D)^{+} \tag{3-11}$$

为方便起见，定义一个凹函数，表达式为

$$g(Q,v) = v + \frac{1}{\eta}E[\min(RP^{DWR}(Q) - v,0)] \tag{3-12}$$

即 $CVaR_{\eta}(RP^{DWR}(Q)) = \max_{v\in\mathbf{R}}g(Q,v)$。将式（3－10）代入式（3－11），有

$$g(Q,v) = v - \frac{1}{\eta}\int_0^Q[v+(w-e)Q-(p-e)t]^{+}\,\mathrm{d}F(t) - \frac{1}{\eta}\int_Q^{\infty}[v-(p-w)Q]^{+}\,\mathrm{d}F(t) \tag{3-13}$$

对任意固定的 Q，先来求解问题 $\max_{v\in\mathbf{R}}g$（Q，v），考虑以下三种情形：

情形 3.1：$v\leqslant(e-w)Q$。在这种情形下，显然有

$[v+(w-e)Q-(p-e)t]^{+}=0$ 和 $[v-(p-w)Q]^{+}=0$，从而

$$g(Q,v) = v \tag{3-14}$$

$$\frac{\partial g(Q,v)}{\partial v} = 1 > 0 \tag{3-15}$$

由一阶条件可得，当 $v \leqslant (e-w)Q$ 时，使 $g(Q,v)$ 最大的 v 为 v 的边界值是 $\bar{v} = (e-w)Q$，此时 $\max\limits_{v \in \mathbf{R}} g(Q,v) = (e-w)Q < 0$。

情形3.2：$(e-w)Q < v \leqslant (p-w)Q$。在这种情形下，显然有 $[v-(p-w)Q]^{+} = 0$，从而

$$g(Q,v) = v - \frac{p-e}{\eta}\int_0^{\frac{v+(w-e)Q}{p-e}} F(t)\,\mathrm{d}t \tag{3-16}$$

$$\frac{\partial g(Q,v)}{\partial v} = 1 - \frac{p-e}{\eta} F\left(\frac{v+(w-e)Q}{p-e}\right) \tag{3-17}$$

注意到，$\frac{\partial g(Q,v)}{\partial v}\Big|_{v=(e-w)Q} = 1 > 0$，$\frac{\partial g(Q,v)}{\partial v}\Big|_{v=(p-w)Q} = 1 - \frac{p-e}{\eta}F(Q)$。

因此，如果有

$$1 - \frac{p-e}{\eta}F(Q) < 0 \tag{3-18}$$

则存在 $\hat{v}$，使式（3-17）所决定的一阶条件成立，即 $g(Q,v)$ 在区间 $(e-w)Q < v \leqslant (p-w)Q$ 内有最大值。此时

$$\hat{v} = (p-e)F^{-1}\left(\frac{\eta}{p-e}\right) - (w-e)Q \tag{3-19}$$

情形3.3：$v >(p-w)Q$。在这种情况下，显然有

$$g(Q,v) = v - \frac{1}{\eta}(p-e)\int_0^Q F(t)\,\mathrm{d}t - \frac{1}{\eta}[v-(p-w)Q] \tag{3-20}$$

从而
$$\frac{\partial g(Q,v)}{\partial v} = 1 - \frac{1}{\eta} < 0 \tag{3-21}$$

由一阶条件可得，当 $v > (p-w)Q$ 时，使 $g(Q,v)$ 最大的 v 为 v 的边界值是 $\tilde{v} = (p-w)Q$，此时 $\max\limits_{v \in \mathbf{R}} g(Q,v) = (p-w)Q - \frac{p-e}{\eta} \times$

$\int_0^Q F(t)\mathrm{d}t$。

综合**情形3.1～情形3.3**，可得问题$\max\limits_{v\in R} g(Q,v)$的解：

如果满足$1-\frac{p-e}{\eta}F(Q)<0$，则

$$v^* = \hat{v} = (p-e)F^{-1}\left(\frac{\eta}{p-e}\right)-(w-e)Q \tag{3-22}$$

基于式（3-22），将v^*代入式（3-16），可以具体写出$\max\limits_{v\in R} g(Q, v)$的表达式：

$$\max_{v^*} g(Q,v) = v^* - \frac{1}{\eta}\int_0^{\frac{v^*+(w-e)Q}{p-e}} [v^* + (w-e)Q - (p-e)t]\mathrm{d}F(t) \tag{3-23}$$

按照式（3-23）的一阶条件，即$\frac{\partial \max\limits_{v^*} g(Q,v)}{\partial Q}=0$，求得

$$Q^*_{DWR} = \arg\max_{Q\geqslant 0} CVaR_\eta(RP^{DWR}(Q)) = \frac{p-e-1}{w-e}F^{-1}\left(\frac{\eta}{p-e}\right) \tag{3-24}$$

命题3.1：风险规避零售商的最优订货量随着它的风险规避程度降低而增加，并且随着批发价的降低而增加。

证明：从式（3-24）可知，$Q^*_{DWR}=\frac{p-e-1}{w-e}F^{-1}\left(\frac{\eta}{p-e}\right)$。令$\eta_1<\eta_2$，由于

$$\frac{Q^*_{DWR1}}{Q^*_{DWR2}} = \frac{\frac{p-e-1}{w-e}F^{-1}\left(\frac{\eta_1}{p-e}\right)}{\frac{p-e-1}{w-e}F^{-1}\left(\frac{\eta_2}{p-e}\right)} = \frac{F^{-1}\left(\frac{\eta_1}{p-e}\right)}{F^{-1}\left(\frac{\eta_2}{p-e}\right)}$$

因$F^{-1}(x)$是增函数，则$\frac{Q^*_{DWR1}}{Q^*_{DWR2}}<1$。

同理，令$w_1<w_2$，可证明$\frac{Q^*_{DWR1}}{Q^*_{DWR2}}>1$。

当分散式供应链考虑了零售商的风险规避特性后，最优订货量会随着风险规避程度的降低（η 值的增加）而增加，并且也会随着批发价 w 的降低而增加。证毕。

命题3.2：分散式供应链中，风险规避零售商在批发价契约下的最优订货量，小于风险中性零售商在批发价契约下的最优订货量，即 $Q_{DWR}^{*} < Q_{DW}^{*}$，当且仅当 $0 < \eta < \min\left\{(p-e)F\left[\frac{w-e}{p-e-1}F^{-1}\left(\frac{p-w}{p-e}\right)\right],1\right\}$。

证明：由 $\eta \in (0,1]$，$Q_{DW}^{*} = F^{-1}\left(\frac{p-w}{p-e}\right)$，$Q_{DWR}^{*} = \frac{p-e-1}{w-e} \cdot F^{-1}\left(\frac{\eta}{p-e}\right)$，对于任意给定的 w，为使 $Q_{DWR}^{*} < Q_{DW}^{*}$，即 $\frac{p-e-1}{w-e} \cdot F^{-1}\left(\frac{\eta}{p-e}\right) < F^{-1}\left(\frac{p-w}{p-e}\right)$，移项合并不等式，并且按照 η 的定义，得到 $0 < \eta < \min\left\{(p-e)F\left[\frac{w-e}{p-e-1}F^{-1}\left(\frac{p-w}{p-e}\right)\right],1\right\}$。证毕。

当 $0 < \eta < \min\left\{(p-e)F\left[\frac{w-e}{p-e-1}F^{-1}\left(\frac{p-w}{p-e}\right)\right],1\right\}$ 时，即当风险规避程度高于一个临界值（此临界值与需求的概率分布、成本结构有关）时，$Q_{DWR}^{*} < Q_{DW}^{*}$，即分散式供应链考虑零售商风险规避的情况下，批发价契约下的最优订货量小于分散式不考虑零售商风险规避的批发价契约下的最优订货量。

这说明零售商的风险规避属性会在一定程度上影响其订购决策，并且最优订货量随着风险规避程度的提高而减少，会降低制造商的期望利润，使得单纯的批发价契约不能协调该供应链。

基于式（3-24），零售商最优的 $CVaR$ 值为

$$CVaR_{\eta}[RP^{DWR}(Q)] = F^{-1}\left(\frac{\eta}{p-e}\right) - \frac{p-e}{\eta}\int_{0}^{F^{-1}\left(\frac{\eta}{p-e}\right)} F(t)\,\mathrm{d}t \quad (3-25)$$

制造商的期望利润为

$$ESP^{DWR}(Q)=(w-c)Q=\frac{(w-c)(p-e-1)}{w-e}F^{-1}\left(\frac{\eta}{p-e}\right) \tag{3-26}$$

供应链总的期望利润为

$$ETP^{DWR}(Q)=\frac{(w-c)(p-e-1)+w-e}{w-e}F^{-1}\left(\frac{\eta}{p-e}\right)-\frac{p-e}{\eta}\int_0^{F^{-1}\left(\frac{\eta}{p-e}\right)}F(t)\mathrm{d}t \tag{3-27}$$

3）价格补贴策略下的分散式供应链决策

本小节将研究风险规避程度 η 对价格补贴契约（w，m）下零售商最优订货量 Q_{DMR}^*、零售商条件风险值、制造商期望利润的影响，以及零售商风险规避情况下价格补贴契约和存在零售商风险规避情况下批发价契约的差异。

在价格补贴契约情形下供应链系统各行为主体决策的顺序：①在制造商主导的供应链中，制造商在销售期开始前提出价格补贴契约，零售商接受并共同履行该契约；②零售商按照市场需求信息及自身成本结构，决策出最优的订货量 Q_{DM}^*（下标 DM 表示分散式有契约的协调系统）；③制造商的生产提前期忽略不计，并在销售期开始前，供应给零售商 Q_{DM}^*单位的产品；④需求发生，在销售期结束后，对于每单位未售出产品，零售商得到由产品回收公司支付的产品的残值 e，并且零售商得到制造商对未售出产品给予的价格补贴 m。此时，不考虑退货。假设 $e<m<c<w<p$。

基于斯塔克伯格博弈逆序求解法，我们构建以下零售商期望利润模型（Tsay，2002），即

$$ERP^{DM}(Q)=\int_0^Q[px+(e+m)(Q-x)]f(x)\mathrm{d}x+\int_Q^{\infty}pQf(x)\mathrm{d}x-wQ \tag{3-28}$$

假定零售商是风险中性的，对于给定的价格补贴契约（w，m），零售商将选择最优订货量 Q_{DM}^* 以最大化自己的期望利润，此时的最优订货量为

$$Q_{DM}^* = F^{-1}\left(\frac{p-w}{p-e-m}\right) \tag{3-29}$$

当 $m=0$ 时（无价格补贴，无退货），最优订货量变得非常低效。当 $m>0$ 时，并且 $Q_{DW}^* = F^{-1}\left(\frac{p-w}{p-e}\right)$，易知 $Q_{DW}^* < Q_{DM}^*$，即不考虑风险偏好时，分散式有批发价契约下的最优订货量小于分散式有价格补贴契约下的最优订货量，即价格补贴契约的实施能够增加零售商的订货量。

制造商期望利润为

$$ESP^{DM}(Q) = (w-c)F^{-1}\left(\frac{p-w}{p-e-m}\right) - m\int_0^{F^{-1}\left(\frac{p-w}{p-e-m}\right)}\left[F^{-1}\left(\frac{p-w}{p-e-m}\right)-x\right]f(x)\,\mathrm{d}x \tag{3-30}$$

命题3.3：对任意一个固定的批发价 w，提高价格补贴 m 总是为零售商带来更好的收益。同时，对任意固定的批发价 w，当（3-31）式的条件成立时，制造商愿意单方面提高价格补贴 m。

$$\frac{(w-e-m)[w-c-mF(Q_{DM}^*)]}{(p-e-m)^2 f\{F^{-1}[(p-w)/(p-e-m)]\}} > \int_0^{Q_{DM}^*}(Q_{DM}^*-x)f(x)\,\mathrm{d}x \tag{3-31}$$

证明：①固定批发价 w 的情况下，假设 $m_1<m_2$，则有

$$ERP_1^{DM}(Q) - ERP_2^{DM}(Q) = \int_0^Q[(m_1-m_2)(Q-x)]f(x)\,\mathrm{d}x < 0 \tag{3-32}$$

得到 $ERP_1^{DM}(Q) < ERP_2^{DM}(Q)$。因此，对任意一个固定的批发价 w，价格补贴 m 的增加总是为零售商带来更好的收益。这与文献 Tsay（2002）中的结论保持一致。

②尽管实施价格补贴契约会直观地降低制造商的期望利润，但是价格补贴契约也会增加零售商向制造商的订货量。如果随着 m 的增加，由订货量增加导致的制造商期望利润的提升份额高于制造商期望利润直观的减少份额，且其差值也在增加，则整体上制造商期望利润是增加的。制造商不仅愿意提供价格补贴契约，也愿意单方面提高价格补贴 m。即随着 m 的增加，当制造商订立价格补贴契约后，其期望利润高于制造商在批发价契约下的期望利润的差额部分不断增加。

由 $Q_{DW}^*=F^{-1}\left(\frac{p-w}{p-e}\right)$，$Q_{DM}^*=F^{-1}\left(\frac{p-w}{p-e-m}\right)$，$m>0$，得

$$ESP^{DW}(Q_{DW}^*)=(w-c)Q_{DW}^*=(w-c)F^{-1}\left(\frac{p-w}{p-e}\right) \tag{3-33}$$

$$ESP^{DM}(Q_{DM}^*)=(w-c)F^{-1}\left(\frac{p-w}{p-e-m}\right)-\int_0^{Q^*_{DM}}m(Q_{DM}^*-x)f(x)\,\mathrm{d}x \tag{3-34}$$

为使制造商个体理性约束条件的一个变化形式 $\frac{\partial[ESP^{DM}(Q_{DM}^*)-ESP^{DW}(Q_{DW}^*)]}{\partial m}>0$ 成立，代入式（3-33）、式（3-34），可化简得

$$\begin{aligned}&\frac{\partial[ESP^{DM}(Q_{DM}^*)-ESP^{DW}(Q_{DW}^*)]}{\partial m}\\&=(w-c)\frac{\partial\{F^{-1}[(p-w)/(p-e-m)]\}}{\partial m}-\\&mF(Q_{DM}^*)\frac{\partial\{F^{-1}[(p-w)/(p-e-m)]\}}{\partial m}-\\&\int_0^{Q^*_{DM}}(Q_{DM}^*-x)f(x)\,\mathrm{d}x>0\end{aligned} \tag{3-35}$$

由 $\frac{\partial\{F^{-1}[(p-w)/(p-e-m)]\}}{\partial m}=$

$\frac{w-e-m}{(p-e-m)^2 f\{F^{-1}[(p-w)/(p-e-m)]\}}$，得

$$\frac{(w-e-m)[w-c-mF(Q_{DM}^*)]}{(p-e-m)^2 f\{F^{-1}[(p-w)/(p-e-m)]\}}>\int_0^{Q^*_{DM}}(Q_{DM}^*-x)f(x)\mathrm{d}x$$

证毕。

进一步地，考虑零售商是风险规避的情形，其将在 η - CVaR 风险度量准则下（$0<\eta\leqslant 1$）确定最优的订货量 Q_{DMR}^*（下标 DMR 表示考虑风险规避的分散式有价格补贴契约的供应链系统）以最大化自己的条件风险值目标函数 $CVaR_\eta[RP^{DMR}(Q)]$。基于以上描述，并按照斯塔克伯格博弈逆序求解法，我们先构建风险规避零售商的期望利润模型，即

$$RP^{DMR}(Q)=p\min(Q,D)+(e+m)(Q-D)^+-wQ \tag{3-36}$$

$$CVaR_\eta[RP^{DWR}(Q)]=\max_{v\in\mathbf{R}}\{v+\frac{1}{\eta}E[\min(RP^{DWR}(Q)-v,0)]\} \tag{3-37}$$

于是，类似于批发价契约机制下的零售商最优订货量的求解过程，得到如果满足 $1-\frac{p-e-m}{\eta}F(Q)<0$，则存在 v_{DMR}^*，即

$$v_{DMR}^*=(p-e-m)F^{-1}\left(\frac{\eta}{p-e-m}\right)-(w-e-m)Q \tag{3-38}$$

基于式（3－38），可以具体写出 $\max\limits_{v\in R}g$（Q，v）的表达式，即

$$\max_{v_{DMR}^*}g(Q,v)$$
$$=v_{DMR}^*-\frac{1}{\eta}\int_0^{\frac{v_{DMR}^*+(w-e-m)Q}{p-e-m}}[v_{DMR}^*+(w-e-m)Q-(p-e-m)t]\mathrm{d}F(t) \tag{3-39}$$

按照式（3－39）的一阶条件，即 $\frac{\partial\max\limits_{v_{DMR}^*}g(Q,v)}{\partial Q}=0$，求得

$$Q_{DMR}^{*} = \arg\max_{Q \geqslant 0} CVaR_{\eta}\left[RP^{DMR}(Q)\right] = \frac{p-e-m-1}{w-e-m}F^{-1}\left(\frac{\eta}{p-e-m}\right) \tag{3-40}$$

值得注意的是式（3－40）即 $Q_{DMR}^{*} = \frac{p-e-m-1}{w-e-m}F^{-1}\left(\frac{\eta}{p-e-m}\right)$ 不能够在 $\eta=1$ 时，简化成 $Q_{DM}^{*} = F^{-1}\left(\frac{p-w}{p-e-m}\right)$，这是由 CVaR 定义式所决定的。具体地说，当 $\eta=1$ 时，并使中间变量实数 v 的最优值趋近于无穷大时，*CVaR* 值等于零售商的利润值，注意此时按照定义式，*CVaR* 值并不等于零售商的期望利润值。由于目标函数不同，通过一阶条件得到的最优订货量也会不一样，因此，Q_{DMR}^{*} 在 $\eta=1$ 时没有简化成 $Q_{DM}^{*} = F^{-1}\left(\frac{p-w}{p-e-m}\right)$。

由式（3－40）可以看出，当 $m=0$ 时，Q_{DMR}^{*} 就简化成了 Q_{DWR}^{*}，这说明没有价格补贴的情形是有价格补贴情形的一个特例。此外，从式（3－40）可知，当分散式供应链考虑了零售商的风险规避特性后，给定批发价 w，最优订货量 Q_{DMR}^{*} 会随着风险规避程度的降低（η 值的增加）而增加，并且也会随着批发价 w 的降低而增加。但最优订货量 Q_{DMR}^{*} 对价格补贴 m 的细微变化不敏感。

命题 3.4：在价格补贴契约控制下，风险规避零售商的最优订货量 Q_{DMR}^{*} 会随风险规避程度的降低（η 值的增加）而增加，也会随批发价 w 的降低而增加。即 $\frac{\partial Q_{DMR}^{*}}{\partial \eta}>0$，$\frac{\partial Q_{DMR}^{*}}{\partial w}<0$。

证明：由需求的累积分布函数 $F(\cdot)$ 是单调递增的，得到其逆函数 $F^{-1}(\cdot)$ 也是单调递增的。因而由式（3－40）易证 $\frac{\partial Q_{DMR}^{*}}{\partial \eta}>0$，$\frac{\partial Q_{DMR}^{*}}{\partial w}<0$。证毕。

命题3.5：当$0 < \eta < \min\{(p-e-m)F[\frac{w-e-m}{p-e-m-1}\cdot F^{-1}(\frac{p-w}{p-e-m})],1\}$时，$Q_{DMR}^* < Q_{DM}^*$；当$\min\{(p-e-m)F[\frac{w-e-m}{p-e-m-1}\cdot F^{-1}(\frac{p-w}{p-e-m})],1\} \leqslant \eta \leqslant 1$时，$Q_{DMR}^* \geqslant Q_{DM}^*$，和集中决策下的最优订货量$Q_C^* = F^{-1}(\frac{p-c}{p-e})$相比，小于集中决策的情况，即$Q_{DMR}^* < Q_C^*$。

证明：由$\eta \in (0,1]$，$Q_{DM}^* = F^{-1}(\frac{p-w}{p-e-m})$，$Q_{DMR}^* = \frac{p-e-m-1}{w-e-m}\cdot F^{-1}(\frac{\eta}{p-e-m})$，对于任意给定的$w$，易证当$0 < \eta < \min\{(p-e-m)F[\frac{w-e-m}{p-e-m-1}F^{-1}(\frac{p-w}{p-e-m})],1\}$时，即当风险规避程度高于一个临界值（此临界值与需求的概率分布、零售商成本结构有关）时，$Q_{DMR}^* < Q_{DM}^*$，即分散式供应链考虑零售商风险规避的情况下，执行价格补贴契约获得的最优订货量，小于分散式不考虑零售商风险规避的价格补贴契约下的最优订货量。这说明零售商的风险规避属性会在一定程度上影响其订购决策，并且最优订货量随着风险规避程度的提高而减少。

但当$\min\{(p-e-m)F[\frac{w-e-m}{p-e-m-1}F^{-1}(\frac{p-w}{p-e-m})],1\} \leqslant \eta \leqslant 1$时，$Q_{DMR}^* \geqslant Q_{DM}^*$，即分散式供应链考虑零售商风险规避的情况下，执行价格补贴契约获得的最优订货量，大于或等于分散式不考虑零售商风险规避的价格补贴契约下的最优订货量。渠道中考虑了零售商的风险规避特性后，会提高零售商的最优订货量，增加零售商的期望利润。

此外，当η值处于该区间时，和集中决策下的最优订货量$Q_C^* = F^{-1}(\frac{p-c}{p-e})$相比，小于集中决策的情况，即$Q_{DMR}^* < Q_C^*$。例如：当

$D \sim N$（10，10）、$c=0.5$、$p=3$、$e=0.3$、$w=1.2$、$m=0.5$ 时，计算得到 $\eta \in$ ［0.79，1］区间，此时取 $\eta=0.85$，得到 $Q_{DMR}^{*}=21.34$、$Q_{C}^{*}=24.46$，则 $Q_{DMR}^{*}<Q_{C}^{*}$。说明零售商的风险规避行为在一定条件下尽管能够比风险中性时增加订货量，但还未到达集中决策时的程度。证毕。

零售商最优的 $CVaR$ 值为

$$CVaR_{\eta}[RP^{DMR}(Q)] = F^{-1}\left(\frac{\eta}{p-e-m}\right) - \frac{p-e-m}{\eta}\int_{0}^{F^{-1}\left(\frac{\eta}{p-e-m}\right)} F(t)\,\mathrm{d}t \tag{3-41}$$

命题 3.6：零售商的风险规避 η 值会对零售商条件风险值产生先负向后正向的影响，即 $\frac{\partial^{2} CVaR_{\eta}\ [RP^{DMR}\ (Q)]}{\partial \eta^{2}}>0$。

证明：令 $z(\eta) = F^{-1}\left(\frac{\eta}{p-e-m}\right)$，则

$$F(z) = \frac{\eta}{p-e-m} > 0$$

$$\frac{\partial[z(\eta)]}{\partial \eta} = \frac{\partial z}{\partial \eta} = \frac{1}{p-e-m} \frac{\partial F^{-1}\left(\frac{\eta}{p-e-m}\right)}{\partial \eta} > 0$$

$$\frac{\partial[F(z)]}{\partial \eta} = \frac{1}{p-e-m} > 0$$

$$\frac{\partial^{2}[z(\eta)]}{\partial \eta^{2}} = \frac{\partial^{2} z}{\partial \eta^{2}} = \frac{1}{(p-e-m)^{2}} \frac{\partial^{2} F^{-1}\left(\frac{\eta}{p-e-m}\right)}{\partial \eta^{2}} = 0$$

$$\frac{\partial^{2}[F(z)]}{\partial \eta^{2}} = 0$$

$$\frac{\partial CVaR_{\eta}[RP^{DMR}(Q)]}{\partial \eta} = \frac{\partial z}{\partial \eta} - \frac{1}{F(z)}\int_{0}^{\frac{\partial z}{\partial \eta}} F(t)\,\mathrm{d}t - \frac{1}{[F(z)]^{2}} \frac{\partial F(z) \partial z}{\partial z \partial \eta}\int_{0}^{z} F(t)\,\mathrm{d}t$$

化简得

$$\frac{\partial^2 CVaR_\eta[RP^{DMR}(Q)]}{\partial\eta^2} = \frac{\partial^2 z}{\partial\eta^2} - \frac{1}{F(z)}\int_0^{\frac{\partial^2 z}{\partial\eta^2}} F(t)\mathrm{d}t + \frac{2}{[F(z)]^3}\frac{\partial F(z)}{\partial\eta}\int_0^z F(t)\mathrm{d}t > 0 \tag{3-42}$$

证毕。

在批发价契约的基础上增添了价格补贴后，即在价格补贴契约（w，m）的控制下，制造商的期望利润函数发生了改变。这会对制造商的决策产生影响。此时，制造商的期望利润为

$$\begin{aligned} & ESP^{DMR}(Q) \\ & = \frac{(w-c)(p-e-m-1)}{w-e-m}F^{-1}\left(\frac{\eta}{p-e-m}\right) - \\ & m\int_0^{\frac{p-e-m-1}{w-e-m}F^{-1}(\frac{\eta}{p-e-m})}\left[\frac{p-e-m-1}{w-e-m}F^{-1}\left(\frac{\eta}{p-e-m}\right) - x\right]f(x)\mathrm{d}x \end{aligned} \tag{3-43}$$

命题3.7：当$\eta < \min\{1,(p-e-m)F[\frac{w-e-m}{p-e-m-1}F^{-1}(\frac{w-c}{m})]\}$时，零售商的风险规避$\eta$值对制造商的期望利润产生正向影响，即$\frac{\partial ESP^{DMR}(Q)}{\partial\eta} > 0$。

证明：令$y(\eta) = \frac{p-e-m-1}{w-e-m}F^{-1}(\frac{\eta}{p-e-m})$，则

$$\frac{\partial y(\eta)}{\partial\eta} = \frac{p-e-m-1}{(w-e-m)(p-e-m)}\frac{1}{f\{F^{-1}[\eta/(p-e-m)]\}}$$

将式（3-43）对η求导，得到

$$\frac{\partial ESP^{DMR}(Q)}{\partial\eta} = (w-c)\frac{\partial y(\eta)}{\partial\eta} - m\frac{\partial y(\eta)}{\partial\eta}\int_0^{y(\eta)} f(x)\mathrm{d}x$$

代入$\frac{\partial y(\eta)}{\partial\eta}$，得到当$\eta < \min\{1,(p-e-m)F[\frac{w-e-m}{p-e-m-1}\cdot F^{-1}(\frac{w-c}{m})]\}$时，$\frac{\partial ESP^{DMR}(Q)}{\partial\eta} > 0$。

证毕。

引入零售商风险规避特征以后，随着零售商对风险越来越害怕（η值越来越小），零售商最优订货量会越来越小，零售商条件风险值

先降低后增加，制造商期望利润也会越来越小。

价格补贴机制是使供应链中各成员企业共同分担市场风险的协调契约机制。为了防止风险规避的零售商选择过于保守的决策行为，就需要成员企业中相对而言不害怕市场风险的制造商牺牲部分利益，以激励零售商选择更优的决策行为，达到协调供应链的目的。

3.2.3 价格补贴契约（w，m）下分散式供应链协调

帕累托改进的概念被广泛应用于供应链协调的研究中，其目的是给出使零售商与制造商双方期望利润都没有变差而至少其中一方变好（帕累托改进）的条件。下面我们用价格补贴契约来分析该供应链的帕累托改进机会，给出价格补贴契约协调该供应链的条件或参数区间。

定理 3.1：当制造商为斯塔克伯格博弈领导者时，对于任意一个固定的批发价格 w，价格补贴策略可得到唯一的子博弈完美纳什均衡，由策略参数 m^* 表示，即

$$m^* = p - e - \frac{CVaR_\eta[RP^{DMR}(Q)]}{\int_0^{Q^*_{DMR}} xf(x)\,\mathrm{d}x} \tag{3-44}$$

证明：按照逆推法则以及文献 Tsay 中的结论，当固定批发价格 w 时，将制造商在价格补贴契约下的期望利润对 m 的一阶微分设置为 0，求出最优价格补贴 m^*。

根据纳什（1950）给出的定义，在给定其他参与者策略的情况下，每个参与者选择使自己效用最大化的策略。这些所有参与者的策略构成的组合即为纳什均衡。根据 Fudenberg 和 Tirole（1991）给出的纳什均衡存在性定理和唯一性定理，已知制造商期望利润函数在 m 的取值空间上是连续的，该利润函数对 m 的取值空间是拟凹的，且 m

的取值空间是非空有界闭凸集，则至少存在一个纯策略子博弈完美纳什均衡。并且该利润函数对 m 的取值空间是严格凹的，则纳什均衡唯一。证毕。

定理3.2：若制造商与零售商双方根据自身成本结构、风险规避程度和需求信息，都努力寻找并实施下式中 w、m 和 η 的关系组合，即式（3-45），那么该供应链可以达到帕累托改进。①当固定批发价格 w（例如价格外生）时，零售商风险规避程度 η 与制造商价格补贴 m 满足式（3-46）条件，则该供应链能够达到帕累托改进，即达到系统最大的改善。②当固定价格补贴 m（例如加盟费用补贴）时，零售商风险规避程度 η 与制造商批发价格 w 满足式（3-47）条件，则该供应链能够达到帕累托改进，即达到系统最大的改善。

$$\frac{(p-e-m)(w-c)+(c-e-m)}{w-e-m}A-\frac{p-e-m}{\eta}G(A)-mG\left(\frac{p-e-m-1}{w-e-m}A\right)\geqslant\frac{(p-e)(w-c)+(c-e)}{w-e}B-\frac{p-e}{\eta}G(B) \tag{3-45}$$

$$\begin{cases} m\leqslant p-e-\eta \\ \dfrac{(p-e-m)(w-c)+(c-e-m)}{w-e-m}A-\dfrac{p-e-m}{\eta}G(A)- \\ \quad mG\left(\dfrac{p-e-m-1}{w-e-m}A\right)\geqslant\dfrac{(p-e)(w-c)+(c-e)}{w-e}B-\dfrac{p-e}{\eta}G(B) \end{cases} \tag{3-46}$$

$$\begin{cases} w\geqslant p-1 \\ \dfrac{(p-e-m)(w-c)+(c-e-m)}{w-e-m}A-\dfrac{(p-e)(w-c)+(c-e)}{w-e}B\geqslant \\ \quad \dfrac{p-e-m}{\eta}G(A)+mG\left(\dfrac{p-e-m-1}{w-e-m}A\right)-\dfrac{p-e}{\eta}G(B) \end{cases} \tag{3-47}$$

其中：$G(x)=\int_0^x F(t)\mathrm{d}t$，$A=F^{-1}(\frac{\eta}{p-e-m})$，$B=F^{-1}(\frac{\eta}{p-e})$

证明：

在价格补贴契约（w，m）下，风险规避零售商的条件风险值与风险中性制造商的期望利润值都不低于纯批发价契约下（即 $m=0$）双方的条件风险值和期望利润值。得到下面两个联立不等式，即

$$F^{-1}(\frac{\eta}{p-e-m})-\frac{p-e-m}{\eta}\int_0^{F^{-1}(\frac{\eta}{p-e-m})}F(t)\mathrm{d}t \geqslant F^{-1}(\frac{\eta}{p-e})-\frac{p-e}{\eta}\int_0^{F^{-1}(\frac{\eta}{p-e})}F(t)\mathrm{d}t \tag{3-48}$$

同时

$$\frac{(w-c)(p-e-m-1)}{w-e-m}F^{-1}(\frac{\eta}{p-e-m})-m\int_0^{\frac{p-e-m-1}{w-e-m}F^{-1}(\frac{\eta}{p-e-m})}[\frac{p-e-m-1}{w-e-m}F^{-1}(\frac{\eta}{p-e-m})-t]f(t)\mathrm{d}t \geqslant \frac{(w-c)(p-e-1)}{w-e}F^{-1}(\frac{\eta}{p-e}) \tag{3-49}$$

将式（3-49）化简，得到

$$(w-c)\frac{p-e-m-1}{w-e-m}F^{-1}(\frac{\eta}{p-e-m})-m\int_0^{\frac{p-e-m-1}{w-e-m}F^{-1}(\frac{\eta}{p-e-m})}F(t)\mathrm{d}t \geqslant \frac{(w-c)(p-e-1)}{w-e}F^{-1}(\frac{\eta}{p-e}) \tag{3-50}$$

设 $G(x)=\int_0^x F(t)\mathrm{d}t$，$A=F^{-1}(\frac{\eta}{p-e-m})$，$B=F^{-1}(\frac{\eta}{p-e})$，易知 $A>B$，G（·）单调增，所以 G（A）$>G$（B）。式（3-48）+式（3-50）后，得式（3-45）：

$$\frac{(p-e-m)(w-c)+(c-e-m)}{w-e-m}A-\frac{p-e-m}{\eta}G(A)-mG(\frac{p-e-m-1}{w-e-m}A) \geqslant \frac{(p-e)(w-c)+(c-e)}{w-e}B-\frac{p-e}{\eta}G(B)$$

若制造商与零售商双方根据自身成本结构和需求信息，都努力寻

找并执行 w、m 和 η 的关系组合，即式（3－45），那么该供应链就会达到帕累托改进。对式（3－45）分以下两种情形讨论：

①当固定批发价格 w（如价格外生）时，使式（3－48）、式（3－49）都成立的 m 满足的条件为

$$\begin{cases} m \leqslant p - e - \eta \\ \dfrac{(p-e-m)(w-c)+(c-e-m)}{w-e-m}A - \dfrac{p-e-m}{\eta}G(A) - \\ \quad mG\left(\dfrac{p-e-m-1}{w-e-m}A\right) \geqslant \dfrac{(p-e)(w-c)+(c-e)}{w-e}B - \dfrac{p-e}{\eta}G(B) \end{cases} \tag{3-51}$$

②当固定价格补贴 m（如加盟费用补贴）时，使式（3－48）、式（3－49）都成立的 w 满足的条件为

$$\begin{cases} w \geqslant p - 1 \\ \dfrac{(p-e-m)(w-c)+(c-e-m)}{w-e-m}A - \dfrac{(p-e)(w-c)+(c-e)}{w-e}B \geqslant \\ \quad \dfrac{p-e-m}{\eta}G(A) + mG\left(\dfrac{p-e-m-1}{w-e-m}A\right) - \dfrac{p-e}{\eta}G(B) \end{cases} \tag{3-52}$$

证毕。

在制造商批发价格外生的情形下，尽管式（3－46）仅给出了零售商风险规避程度 η 与制造商价格补贴 m 的隐函数关系不等式，但只要制造商与零售商双方根据自身成本结构、风险规避程度和市场需求信息，都努力寻找并实施这样的关系组合，那么该供应链就可以达到帕累托改进。在制造商固定价格补贴（如加盟费用补贴）的情形下，式（3－47）亦然。由式（3－46）的第一个不等式易知，随着零售商风险规避程度值的降低，其越来越害怕风险，制造商需给零售商更高的价格补贴予以补偿，系统各成员绩效才有可能同时得到改善。

3.2.4 信息不对称对价格补贴策略下分散式供应链决策模型的影响

考虑制造商与零售商双方对零售商风险规避程度值 η 有信息不对称的情形，即零售商知道自己的 η 值，零售商给制造商虚报一个比实际情形 η 更高或更低的风险规避程度值 η_H（或 η_L），分两种情形进行讨论：

当销售期开始前零售商给制造商报一个比实际情形高的风险规避程度值 η_H 时，即告诉制造商它的零售商更接近风险中性，制造商会按照此 η_H，决策出价格补贴契约中参数（w，m_H），此时的 $m_H < m^*$。接着，零售商依照价格补贴契约参数（w，m_H）与自己实际的风险规避程度值 η 决策最优订货量 Q^*_{DMR-H}，此时的 $Q^*_{DMR-H} > Q^*_{DMR}$。并同时得到自身最优的条件风险值 $CVaR_\eta[RP^{DMR-H}(Q)]$，此时的 $CVaR_\eta[RP^{DMR-H}(Q)] > CVaR_\eta[RP^{DMR}(Q)]$。因而，该情形下零售商为了提高自身利益，有着虚假报高自身风险规避值的动机。

同理亦然，当销售期开始前零售商给制造商报一个比实际情形低的风险规避程度值 η_L 时，即告诉制造商它的零售商更加规避风险，制造商会按照此 η_L，决策出价格补贴契约中参数（w，m_L），此时的 $m_L > m^*$。接着，零售商依照价格补贴契约参数（w，m_L）与自己实际的风险规避程度值 η 决策最优订货量 Q^*_{DMR-L}，此时的 $Q^*_{DMR-L} < Q^*_{DMR}$。并同时得到自身最优的条件风险值 $CVaR_\eta[RP^{DMR-L}(Q)]$，此时的 $CVaR_\eta[RP^{DMR-L}(Q)] < CVaR_\eta[RP^{DMR}(Q)]$。说明零售商不愿意单方面虚假地报低风险规避值给制造商。该结论将在以下数值实验中予以验证。

3.3 数值实验

为了更好地证实和补充上述分析，这一部分使用了数值实验，并给出了敏感度分析，如零售商风险规避程度对供应链各方绩效的影响。基于模型描述中的两条基本假设限制条件，假定易逝性商品需求 D 是在［0，20］之间的正态分布，均值 $\mu=10$，标准差 $\sigma=10$。制造商成本 $c=0.5$，产品售价 $p=3$，残值 $e=0.3$。

3.3.1　零售商风险规避对制造商期望利润、零售商 *CVaR* 利润值及供应链总利润的影响

为讨论参数 η 对制造商期望利润、零售商 *CVaR* 值及供应链总利润的影响，做灵敏度分析，见表3－1（假设批发价格固定，$w=2$）。

表3－1　零售商风险规避程度 η 对制造商和零售商最优决策和绩效的影响

η	集中式决策		批发价契约下的分散式供应链系统（考虑零售商风险规避）			价格补贴契约下的分散式供应链系统（考虑零售商风险规避）					制造商期望利润增加量（美元）	零售商 *CVaR* 值增加量（美元）	系统整体改善百分比（%）
	Q_C^*（件）	Π_C^*（美元）	Q_{DWR}^*（件）	Π_S^*（美元）	Π_R^*（美元）	Q_{DMR}^*（件）	m^*（美元）	Π_S^*（美元）	Π_R^*（美元）	$\frac{\Pi_S^*}{\Pi_S^*+\Pi_R^*}$（%）			
1.0	15.66	30.86	8.17	13.08	3.11	11.67	1.81	16.26	9.11	64.09	3.18	6.00	56.70
0.9	—	—	7.10	11.37	2.53	9.54	1.97	13.70	7.79	63.75	2.33	5.26	54.60
0.8	—	—	6.01	9.61	1.96	8.02	2.03	11.76	6.57	64.15	2.15	4.61	58.42
0.7	—	—	4.86	7.78	1.40	6.74	2.07	10.05	5.41	65.01	2.27	4.01	68.40
0.6	—	—	3.65	5.84	0.87	5.57	2.09	8.42	4.26	66.40	2.58	3.39	88.97
0.5	—	—	2.32	3.72	0.39	4.42	2.11	6.78	3.11	68.55	3.06	2.72	140.63
0.4	—	—	0.84	1.35	0.05	3.25	2.13	5.05	1.96	72.03	3.70	1.91	400.71
0.3	—	—	0.00	0.00	0.07	1.97	2.14	3.10	0.87	78.08	3.10	0.80	5571.42
0.2	—	—	0.00	0.00	1.16	0.45	2.15	0.72	0.05	93.50	0.72	－1.11	－33.62
0.1	—	—	0.00	0.00	1.53	0.00	2.16	0.00	1.16	0	0.00	－0.37	－24.18

注：分散式批发价契约下的风险规避系统中的 Π_S^* 和 Π_R^* 分别表示 $ESP^{DWR}(Q)$ 和 $CVaR_\eta[RP^{DWR}(Q)]$，分散式价格补贴契约下的风险规避系统中的 Π_S^* 和 Π_R^* 分别表示 $ESP^{DMR}(Q)$ 和 $CVaR_\eta[RP^{DMR}(Q)]$。"—"表示同上。

由表 3－1 可以看出，随着 η 降低，零售商越来越害怕风险，两种契约下的订货量 Q_{DWR}^* 和 Q_{DMR}^* 都会大幅减少，制造商的期望利润也会随之降低。这与**命题 3.1**、**命题 3.4**、**命题 3.7** 中的理论分析结论一致。而随着零售商越来越害怕风险，在制造商固定批发价格的情况下，通过价格补贴策略吸引零售商多订货的最优价格补贴值 m 需要越来越大。

对于零售商来说，无论是批发价策略还是价格补贴策略，随着自身 η 值的降低，零售商 $CVaR$ 值都是先降低后增加，拐点处的 η 值与**命题 3.6** 结论一致。另外，在价格补贴策略下，随着 η 降低，制造商期望利润占供应链总利润的比例增大，这是由于零售商越害怕风险，制造商在供应链内主导能力越强，制造商就能够得到更多份额的利润。

数值分析显示，当 $\eta > 0.2$ 时，在制造商提供零售商价格补贴策略的基础上，零售商和制造商的利润比采用纯批发价契约机制时的利润都有相应的增加，且增加速度迅速提升，但供应链系统的总利润仍低于集中式决策情形下的最优订货决策利润。当 $\eta \leqslant 0.2$ 时，尽管制造商利润比采用纯批发价契约时的利润没有减少，但由于零售商利润低于纯批发价契约下的利润，此情形下供应链总绩效没有改善。这由式（3－46）中 η 和 m 参数关系所决定。

3.3.2 信息不对称对分散式供应链决策模型的影响

表 3－2 分析了价格补贴策略下零售商风险规避值信息不对称对制造商、零售商决策和绩效的影响。

表3-2　信息不对称对分散式供应链决策模型的影响（以 $\eta=0.6$ 为例）

实际值 η	虚报值 η_H（η_L）	价格补贴契约下的分散式供应链系统（考虑零售商风险规避）					制造商期望利润增加量（美元）	零售商 CVaR 值增加量（美元）	系统整体改善百分比（%）
		m^*（m_H 或 m_L）（美元）	Q_{DMR}^*（件）	Π_S^*（美元）	Π_R^*（美元）	$\frac{\Pi_S^*}{\Pi_S^*+\Pi_R^*}$（%）			
0.6	0.6	2.09	5.57	8.42	4.26	66.40	—	—	—
	0.8	2.02	6.46	4.53	6.75	40.07	-3.89	2.49	-11.04
	0.4	2.14	3.03	3.22	2.91	52.52	-5.20	-1.35	-51.65

注：“—”表示无。

由表3-2可以看出，当销售期开始前零售商给制造商报一个比实际情形高的风险规避程度值 η_H（如 $\eta_H=0.8$）时，即告诉制造商它的零售商更接近风险中性，制造商决策出的 $m_H<m^*$（2.02<2.09）。零售商根据 m_H 决策的最优订货量 $Q_{DMR-H}^*>Q_{DMR}^*$（6.46>5.57）。同时得到的条件风险值 $CVaR_\eta[RP^{DMR-H}(Q)]>CVaR_\eta[RP^{DMR}(Q)]$（6.75>4.26）。因而，该情形下零售商为了提高自身利益，存在虚假报高自身风险规避值的动机。然而，这种情形下的信息不对称不会对整体供应链带来改善，降低了11.04%的系统绩效。

相反，当零售商给制造商报一个比实际情形低的风险规避程度值 η_L（如 $\eta_L=0.4$）时，即告诉制造商它的零售商更加规避风险，制造商决策出的 $m_L>m^*$（2.14>2.09）。接着，零售商依照 m_L 与自己实际的风险规避程度值 η 决策出 $Q_{DMR-L}^*<Q_{DMR}^*$（3.03<5.57）。同时得到的条件风险值 $CVaR_\eta[RP^{DMR-L}(Q)]<CVaR_\eta[RP^{DMR}(Q)]$（2.91<4.26）。因而，该情形下零售商不愿意单方面虚假地报低风险规避值。与上种情形类似的是，该信息不对称也会带来系统绩效的降低。

3.4　本章小结

本章选取具有需求不确定性和短生命周期销售特性的易逝商品作为研究对象，构建了以CVaR为风险测度标准的零售商决策目标函数，研究了单销售期下单一传统零售渠道供应链中风险规避零售商与风险中性制造商之间的订货决策、契约定价与协调问题。制造商为了避免双重边际效应和激励零售商增加订货，给予零售商销售期末每单位未售出产品以价格补贴的政策，研究结果表明，价格补贴策略下风险规避零售商的最优订货量随风险规避值单调递减，随批发价单调递增；零售商的风险规避 η 值会对零售商条件风险值产生先负向后正向的影响；对任意固定的批发价 w，当一定条件成立时，制造商愿意单方面提高价格补贴值。研究还表明，制造商与零售商双方对风险规避程度有信息不对称的情形下，零售商为了提高自身利益，存在虚假报高自身风险规避值的动机。但零售商虚假地报低自身风险规避值则会带来利益损失。随后，本章以数值分析的方式探讨了各参数对供应链系统运作效率的影响程度。

在现实中，由于制造商面对的零售商可能具有不同的风险规避程度以及不同的经营成本结构，在这种情况下制造商必须根据零售商的不同风险规避程度来选择给予的价格补贴政策，这样可以更好地激励零售商提高订货量以及增加制造商的利润。同时，只要制造商与零售商双方根据自身成本结构、风险规避程度和市场需求信息，努力寻找并实施一定的运营参数关系，那么该供应链就可以达到帕累托改进。本章 3. 2. 3 节的研究也很好地证实了这一点。

由于本章探讨的是以制造商为主导的单一传统零售渠道供应链系统，该系统中制造商议价能力及规模都显著高于其零售商，因此零售商向上游订货时呈现风险规避的特性。而面对像国美、苏宁这类大型零售商，它们所售产品的制造商其议价能力及规模相对较小，就会显现出制造商具有风险规避而零售商具有风险中性的特性。对于大型零售商为主导的供应链协调机制有待进一步深入。此外，供应链实践中，订货决策与契约定价问题往往是多期的，对多期情况下制造商对价格补贴的定价及其相应的协调机制，也是进一步研究的方向。

第 4 章　基于替代性产品的双渠道供应链竞争与协调研究

4.1　引言

随着网络的普及和电子商务的迅速发展，供应链上游的制造商对产品营销渠道有了多样化的选择。近年来，传统渠道和网络渠道相结合的双渠道成为许多品牌制造商的主要销售方式。例如，原来采用传统渠道的 IBM、NIKE、Apple 等都建立了电子渠道，而那些以网络渠道为主的企业，譬如 Dell 等也开始通过传统渠道进行销售。然而，为了减缓双渠道间的竞争与渠道冲突，占有主导地位的制造商往往在两个渠道采用差异化产品的策略，尤其是单向的替代性产品策略，例如：联想公司在不同分销渠道销售产品功能维度具有替代性的 Thinkpad 笔记本，以差异化其产品线。因而此时就有必要研究替代产品策略对渠道需求、内部定价和利润的影响。

近年来，国内外学者对供应链渠道结构、决策问题进行了一些研究。大致可将其分为以下四个方面：①一个制造商拥有双渠道。Brynjolfsson 和 Smith（2000）分析了图书和 CD 两类产品分别通过传统和网络渠道进行销售的实例数据，探讨了双渠道价格竞争的问题；肖剑、但斌等（2010）分析了价格因素是渠道冲突产生的原因之一，即制造商在网络渠道领域和零售商进行合作且收益共享，建立了基于斯塔克伯格博弈的理论模型。王小龙和刘丽文（2009）针对双渠道库存冲突提出了一种能够反映有效控制生产商生产行为的契约协调机制，该机制同时应用了库存协调和价格协调策略，使交易双方的期望利润都得到了提高。②一个制造商多个销售渠道。Hendershott 和 Zhang（2006）从产业组织的角度分析了一个供应商和多个零售商情形下供应商最优渠道选择策略。Ingene（1995）研究了一个制造商和两个零售商的渠道定价策略。③两个制造商，每个制造商有单一销售渠道。McGuire 和 Staelin（1983）研究了双寡头选择直—直、直—分、分—分模式下价格、利润与产品可替代性的数值关系。④多个制造商共用一个或者多个销售渠道。Bandyopadhyay（1999）研究了两个制造商和一个零售商的渠道定价决策。Daunghety（1990）分析了一般情况下 m 个领导者，$(n-m)$ 个追随者的斯塔克伯格模型，讨论了模型的均衡解，并应用在欧洲燃气市场分析中。

此外，关于可替代性产品的供应链定价决策问题，Rao（2004）认为，当产品的质量能够按照一定的次序排列时，如果低质量产品发生缺货，制造商可以将高质量产品库存当作低质量产品进行销售，从而增加收益。Netessine 和 Rudi（2003）研究了替代性产品的库存与定价策略，即一个零售商销售两种替代性产品时应该采用的最优库存策略。

本章将在上述文献的基础上构造基于价格竞争的双渠道供应链模型，该模型由一个制造商和一个传统零售商组成，制造商通过双渠道模式（传统零售渠道和网络直销渠道）向消费者销售可替代性产品。本章着重分析在斯塔克伯格博弈下拥有双渠道的制造商选择不同的利润决策方法时，供应链各参与方的均衡价格，以及需求函数参数对其的影响。

4.2　模型建立与基本假设

在竞争市场环境下，假设制造商生产具有一定替代性的产品，并采用双渠道的销售模式（传统零售渠道 + 网络直销渠道），如图 4 – 1 所示。在网络直销渠道中，制造商以 p_2 的销售价格销售产品；在传统零售渠道中，制造商以 w 的价格批发给传统零售商，传统零售商再以价格 p_1 销售给消费者，消费者通过价格来选择产品。为了简化分析，将制造商和传统零售商的生产成本和销售成本简化为 0。

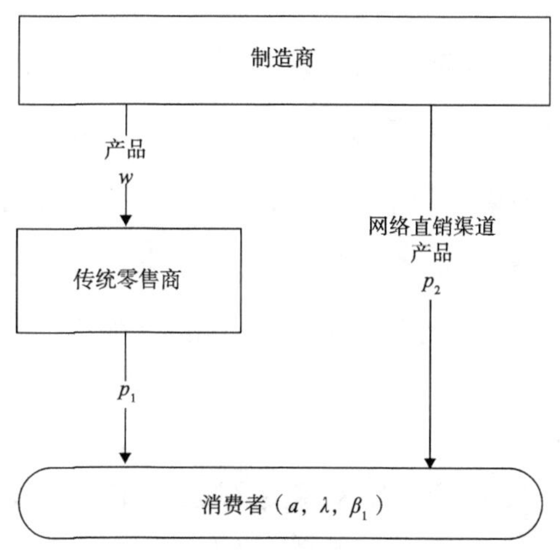

图 4 – 1　问题描述

鉴于制造商在传统零售渠道和网络直销渠道销售替代性产品所面向的消费者有一部分是重合的，因此两个渠道构成了相互竞争的关系。两个渠道的竞争关系可通过以下形式的线性需求来表示，需求函数如下所示：

传统零售渠道的需求为

$$D_1 = \frac{(1-\lambda)a}{2} - p_1 + \beta_1 p_2 \tag{4-1}$$

网络直销渠道的需求为

$$D_2 = \frac{(1-\lambda)a}{2} - p_2 + \beta_1 p_1 \tag{4-2}$$

式中：a 为产品在市场上的基本需求量；λ 为产品需求转移比率；β_1 为双渠道之间交叉价格敏感系数，即双渠道内部渠道价格对渠道需求量的影响，由于双渠道内的任一渠道价格对自身需求的影响大于另一渠道价格对其需求的影响，所以 $\beta_1 < 1$。

4.3 双渠道供应链的定价策略

从图 4-1 中可以看出，制造商的利润由两部分组成，决策变量是 w 和 p_2，他采用两种决策方法：决策一，利润整合。制造商将其在传统零售渠道与网络直销渠道的利润看作一个整体，求解最优的 w^* 和 p_2^*。决策二，利润分割。制造商对两个渠道进行独立决策，在传统零售渠道最大化求解最优的 w'^*，在网络直销渠道利润最大化求解最优的 p'^*_2。

4.3.1 决策一情形下双渠道供应链的定价策略

决策一情形下的斯塔克伯格博弈过程。

制造商的利润函数为

$$\begin{aligned}\Pi_M &= wD_1 + p_2 D_2 \\ &= w\left[\frac{(1-\lambda)a}{2} - p_1 + \beta_1 p_2\right] + p_2\left[\frac{(1-\lambda)a}{2} - p_2 + \beta_1 p_1\right]\end{aligned} \tag{4-3}$$

零售商的利润函数为

$$\Pi_R = (p_1 - w)D_1 = (p_1 - w)\left[\frac{(1-\lambda)a}{2} - p_1 + \beta_1 p_2\right] \tag{4-4}$$

制造商与零售商可以视为分散式决策的供应链系统，制造商为领导者，零售商为跟随者。主从对策运用逆推归纳法和子博弈纳什均衡原理。其中，制造商的决策变量为 w 和 p_2，传统零售商的决策变量为 p_1。

$$\text{s.t.}\begin{cases}\max\limits_{(w,p_2)}\Pi_M = wD_1 + p_2D_2 \\ p_1 = \arg\max\Pi_R \\ \max\limits_{p_1}\Pi_R = (p_1 - w)D_1\end{cases} \tag{4-5}$$

求解式（4－5），得到供应链决策参与双方的均衡解。

命题 4.1：在斯塔克伯格竞争博弈策略下，制造商采用决策一时各渠道的最优价格策略为（p_1^*，p_2^*，w^*）。

令 $A_1=\dfrac{-a}{16\beta_1-16}$，则有

$$p_1^* = -A_1(-2\lambda+2)(\beta_1-3) \tag{4-6}$$

$$p_2^* = A_1(-4\lambda+\beta_1^2\lambda+4) \tag{4-7}$$

$$w^* = A_1(-4\lambda+\beta_1\lambda+4) \tag{4-8}$$

在决策一情形下，各个均衡价格存在以下约束，即 $p_1^* > w^* > 0$，且 $p_2^* > 0$。由于各外生变量 λ 和 β_1 的取值在［0，1］区间内，因而采用 MATLAB 编程使变量 λ 和 β_1 分别以步长 0.1 变化，粗略求得满足约束条件下 λ 和 β_1 的取值范围，即 $0 \leqslant \beta_1 < 0.6$，$0 \leqslant \lambda \leqslant 1$。

4.3.2　决策二情形下双渠道供应链的定价策略

在决策二情形下，制造商将分拆其利润，在传统零售渠道的利润函数是 Π_1，在网络直销渠道的利润函数是 Π_2，即

$$\Pi_1 = w'D'_1 = w'\left[\frac{(1-\lambda)a}{2} - p'_1 + \beta_1 p'_2\right] \tag{4-9}$$

$$\Pi_2 = p'_2D'_2 = p'_2\left[\frac{(1-\lambda)a}{2} - p'_2 + \beta_1 p'_1\right] \tag{4-10}$$

同理，可得

$$\text{s. t.}\begin{cases}\begin{cases}\max\limits_{(w')} \Pi_1 = w'D'_1 \\ \max\limits_{(p'_2)} \Pi_2 = p'_2 D'_2\end{cases} \\ p'_1 = \arg\max \Pi_R \\ \max\limits_{p'_1} \Pi_R = (p'_1 - w')D'_1\end{cases} \tag{4-11}$$

命题 4.2：在斯塔克伯格竞争博弈策略下，制造商采用决策一时各渠道的最优价格策略为（p_1^*，p_2^*，w^*）。

令 $A_2 = \dfrac{-a}{40\beta_1^2 - 64}$，则有

$$p_1^{*'} = 3A_2(2\beta_1 - \beta_1^2 + 4)(-2\lambda + 2) \tag{4-12}$$

$$p_2^{*'} = A_2(3\beta_1 + 4)(-4\lambda + 4) \tag{4-13}$$

$$w^{*'} = A_2(2\beta_1 - \beta_1^2 + 4)(-4\lambda + 4) \tag{4-14}$$

运用同样的方法对上述决策增加约束，针对约束求解可得系数 β_1 和 λ 的取值范围，得到 $0 \leqslant \beta_1 \leqslant 0.8$，$0 \leqslant \lambda \leqslant 1$。

4.4 价格敏感条件下需求函数参数变化对双渠道供应链定价策略的影响

推论 4.1：根据**命题 4.1** 和**命题 4.2**，可知 $A_1 > 0$，$A_2 > 0$，p_1^*、p_2^*、$p_1^{*'}$、$p_2^{*'}$ 是关于 λ 的减函数。

证明：

由于 $p_1^* = -A_1(-2\lambda + 2)(\beta_1 - 3)$，对 p_1^* 关于 λ 求偏导数，得到 $\dfrac{\partial p_1^*}{\partial \lambda} < 0$。因此 p_1^* 是关于 λ 的减函数。同理得到 $\dfrac{\partial p_2^*}{\partial \lambda} < 0$，$\dfrac{\partial p_1^{*'}}{\partial \lambda} < 0$，$\dfrac{\partial p_2^{*'}}{\partial \lambda} < 0$。

推论 4.1 说明，无论制造商采用哪一种决策策略，随着 λ 的增

加，制造商在市场上的强势地位正在逐渐降低。

推论 4.2：根据**推论 4.1**，无论决策一或是决策二，当 λ 近似等于 0.3 时，制造商在网络直销渠道的价格小于在传统零售渠道的价格；当 λ 近似等于 0.4 时，制造商与传统零售商均分市场。

证明：以决策二为例，即有

$$p_1^{*'} = 3A_2(2\beta_1 - \beta_1^2 + 4)(-2\lambda + 2) \tag{4-12}$$

$$p_2^{*'} = A_2(3\beta_1 + 4)(-4\lambda + 4) \tag{4-13}$$

解出

$$\lambda = (-3\beta_1 - 4)/(5\beta_1^2 - 3\beta_1 - 12) \tag{4-15}$$

可求出 $\lambda \approx \frac{1}{3}$。

传统零售商的销售价格是

$$p_1^{*'} = 3A_2(2\beta_1 - \beta_1^2 + 4)(-2\lambda + 2) \tag{4-16}$$

则

$$p_1^{*'} - p_2^{*'} = 2A_2(\lambda - 1)(3\beta_1^2 - 4) > 0 \tag{4-17}$$

即 $p_1^{*'} > p_2^{*'}$。

4.5　算例分析

对比决策一和决策二，由于求解的均衡定价表达式中涉及多个参数，而且表达式的类型比较复杂，在此借助数值算例进行分析。

固定 $a = 100$、$\beta_1 = 0.4$，研究两种策略在不同需求转移比率 λ 下对供应链定价的影响。根据不同的 λ 取值，计算制造商、传统零售商在决策一、决策二时的利润，如表 4－1 所示。可以看出，制造商选择决策一时，无论 λ 如何变化，其利润总是大于制造商选择决策二时的利润，对于制造商来说，选择决策一是有利的。制造商选择决策二时，传统零售商的利润相比于制造商选择决策一时利润要大，这说明对传统零售商也是有利的。分析制造商和传统零售商在不同决策条件下利润的改变量，随着 λ 增大，制造商和传统零售商在不同决策下的利润差距越来越小。

表 4-1　λ 的变化在不同决策情形下对供应链各参与方利润的影响

λ		0	0.1	0.2	0.3	0.4	0.5	0.6	0.7	0.8	0.9	1.0
Π_M（美元）	决策一	2508	2224	1957	1707	1472	1258	1060	878	713	566	435
	决策二	2328	2064	1817	1585	1368	1168	984	815	662	525	404
	改变量	180	160	140	122	104	90	76	63	51	41	31
Π_R（美元）	决策一	221	196	172	151	130	111	93	77	63	40	38
	决策二	352	312	274	239	207	176	149	123	100	79	61
	改变量	131	116	102	88	77	65	56	46	37	39	23

根据不同的 λ 取值，比较决策一和决策二下制造商和传统零售商的定价策略变化，如表 4-2 所示。

表 4-2　不同定价策略下供应链各参与主体的定价比较

λ	制造商		传统零售商	
	决策一	决策二	决策一	决策二
决策情境	$p_2 > p_2'$		$p_1 > p_1'$	
	$w > w'$		—	

由表 4-2 可知，制造商选择决策二时，传统零售商的利润不跌反升，这是因为制造商针对自身双渠道独立决策时，转嫁给传统零售商的批发价格降低，可使传统零售商采取灵活的低价促销策略。同时，传统零售商削减了自身的间接成本，提高了销售量，利润因此有

所提高。与决策一相比，制造商选择决策二能够更灵活地协调两个渠道的定价与利润，通过定价来促进整个市场利润的转移与重新分配。

4.6　本章小结

本章在传统零售渠道的单渠道营销模式基础上引入网络直销渠道，构建了双渠道供应链竞争模型，结合市场上制造商占主导地位的实际情况，选用斯塔克伯格博弈理论推导出市场竞争参与者的最优价格策略，同时探讨了需求函数参数的变化，竞争中选择不同的利润函数对最优定价的影响。结果表明，引入新的网络直销渠道可以在一定程度上优化原有市场主体制造商的利润，拥有双渠道营销模式的制造商选择整合利润的方式参与市场竞争，能够使自身利润最大化，但选择拆分利润的方式参与竞争可协调双渠道中制造商与传统零售商的关系，激励传统零售商维持原有分销渠道，重新整合利润。

本章的模型是基于线性需求函数模型进行构建的，为了简化计算，并没有将制造和销售成本、消费者对两种渠道的偏好系数等考虑在内，同时也未考虑引入其他形式的新的竞争因素，未来可以在这些方面进行一定的拓展研究。

第5章　基于产品横向定制的多渠道供应链竞争与协调研究

5.1　引言

随着信息技术、电子商务的迅速发展，越来越多的消费者开始选择在网上购买各类商品。著名华尔街证券分析师和投资银行家 Mary Meeker 最新发布的《2019 互联网趋势报告》显示，2019 年全球互联网用户达 38 亿，同比增加 6%。2020 年 3 月，中国互联网用户已达 9.04 亿，同比增加 4.9%。而网购用户占比为 78.6%，达 7.10 亿。2020 年"双十一"刚落幕，淘宝（含天猫）单日交易额 4982 亿元，较 2019 年单日增长 85.62%，网购消费者的消费实力再创新高。这也间接说明：①网络购物用户规模及其人均消费额进一步增长；②相比于全国传统零售市场增长放缓态势，网络购物市场一枝独秀，传统企业全面电商化时代即将到来，在社会零售总额中网络购物的份额将进一步提高。以上数据揭示了传统零售渠道与网络直销渠道间的竞争正在不断加剧，渠道冲突日益显现。那么，研究企业是否开拓网络直销渠道，以及开展双渠道战略后采用何种渠道协调机制来缓和渠道间冲突就变得尤为重要。

制造企业增设网络直销渠道，直接对接消费者需求，降低需求管理的信息成本。同时，在网络直销渠道提供合理范围内的产品定制服务，可扩大与其他传统零售渠道标准产品的差异，摆脱同质化产品的价格竞争，满足消费者追求个性化的消费诉求，增强产品的竞争力，进一步加深市场细分，提升企业市场份额。制造企业在互联网上开展产品定制的典型例子有 Dell 电脑、Levi's 牛仔裤、欧派橱柜等。德国大众旗舰车型辉腾为每一位顾客都实施横向定制化策略，即在车身颜色、皮质材料、车内配色以及木纹装饰的颜色等方面，都可以由车主自己选择。2010 年，国内大型零售企业国美在其网上商城开始为自有品牌 FlyTouch 飞触平板电脑实施定制化服务，吸引了大批个性化消费者。

尽管制造企业通过信息网络向消费者提供定制产品是缓和渠道冲突、实现渠道协调的新手段，但学术界对基于产品定制化的多渠道供应链协调问题的研究并不多，主要的研究综述如下。Mendelson 和 Parlakturk（2008）研究了在消费者偏好异质的市场中，一个传统制造企业与另一开展大规模定制的制造企业间的价格竞争问题。假定定制企业短期内产能有限，得出寡头垄断竞争下的均衡解及其特征，并与垄断情形下的结论加以比较。Xia 和 Rajagopalan（2009）研究了两个制造企业中任意一个都可选择销售标准产品或定制产品的寡头竞争问题，分析企业进入定制产品市场的准入决策，辨别产品种类和产品交货期在竞争中的战略作用，得出制造企业可变成本、固定成本和品牌声誉对均衡决策的影响。Dewan、Jing 和 Seidmann（2003）基于定制产品的空间模型，探讨电子商务环境下企业的产品定制化策略对产品属性组合、产品定价、消费者剩余的影响。认为开展定制策略的时机很重要，早期开展该策略将总给企业带来优势，甚至能通过合理投资定制化将潜在竞争对手排除在外。Syam、Ruan 和 Hess（2005）分析定制产品在多渠道市场中的竞争问题。该研究没有关注柔性制造成本与价格歧视因素，而是将注意力集中在探讨品牌竞争、消费者在与定制产品制造企业交互中所产生的成本对市场均衡的影响。证明了两家制造企业都将选择定制产品两种属性中的一种，并且每个企业都会选择定制同一种属性。Alptekinoglu 和 Corbett（2004）研究一个采取大规模定制策略的制造企业与一个采取大规模生产策略的制造企业间基于产品类别数量与价格的竞争问题。引入生产技术这一供应端的重要因素，并基于横向差异化的 Hotelling（1929）模型，构建了一个三阶段博弈框架。得出一旦一个企业开展大规模定制，另一个大规模生产企业将减少其产品类别数量，以缓和该寡头垄断下的价格竞争。可以看出，制造商开展基于产品定制化的网络直销，实现和其他渠道的差异化竞争对多渠道选择、渠道冲突和协调有怎样的影响，上述研究基本上还没有涉及。因此，有必要深入研究多渠道环境下产品定制化因素对消费者购买行为和市场需求的影响，对多渠道选择、渠道冲突的影响，以及探讨如何实现渠道协调。

本章将以强势制造商和传统零售商组成的单一传统零售渠道为基础，建立标准产品的基础需求模型，在单一传统零售渠道模型基础上拓展出提供定制化产品的多渠道 Hotelling 需求模型，分析不同参数影响情形下的供应链均衡定价决策，给出供应链分散决策下斯塔克伯格博弈的均衡结果，证明制造商渠道选择以及开展定制化竞争策略的条件。进一步地，如果强势制造商为了补偿零售商在传统零售渠道的利润损失，向传统零售商提供一定的利润分成（转移支付），可得到双方利润帕累托改进的条件。最后，使用数值试验予以验证。

5.2　模型建立与基本假设

5.2.1　模型描述

本章考虑一个制造商为斯塔克伯格博弈领导者的两级双渠道供应

链（模型逻辑结构见图5－1），该供应链中制造商通过传统零售渠道销售标准产品1，消费者对标准产品1的价值评估为v_{p1}^N；同时，制造商通过网络直销渠道销售定制化产品2，由于消费者对传统零售渠道和网络直销渠道的偏好是异质的，因而消费者对定制化产品2的价值评估为v_{p2}，$v_{p2}=\theta v_{p1}^N$，$0<\theta<1$。为方便计算，假设消费者对产品的价值评估在［0，1］上均匀分布，且市场总体容量为1。

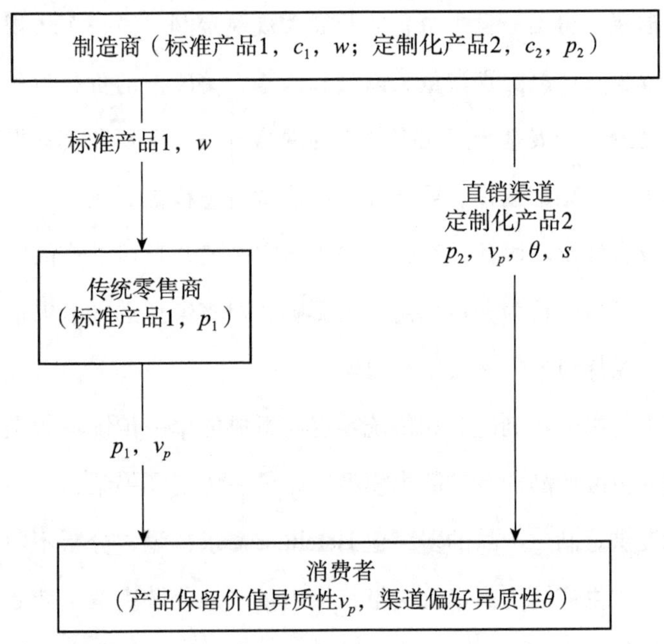

图5－1　基于产品横向定制化的双渠道供应链系统

5.2.2　标号体系与基本假设

w^N、w分别为制造商建立网络直销渠道前后，传统零售商向制造商支付标准产品1的单位批发价格、决策变量；p_1^N、p_1分别为制造商建立网络直销渠道前后，传统零售商销售标准产品1的销售价格、决策变量；p_2为制造商建立网络直销渠道后，制造商直销定制化产品2的销售价格，该网络直销渠道不存在价格歧视，此假设同Draganska

和 Jain（2006）、Syam 等（2005）、Alptekinoglu 和 Corbett（2008）的假设一致；决策变量 D_t^N、D_t 分别为制造商建立网络直销渠道前后，消费者在传统零售渠道购买标准产品 1 的需求；D_d 为制造商建立网络直销渠道后，消费者在该渠道购买定制化产品 2 的需求；D_T^N、D_T 分别为制造商建立网络直销渠道前后，消费者对制造商提供的两种产品的总需求，易知 $D_T^N = D_t^N$，$D_T = D_t + D_d$。

v_{p1}^N、v_{p1} 分别为制造商建立网络直销渠道前后，消费者对标准产品 1 的保留价值，$v_{p1}^N = v_{p1}$；v_{p2} 为制造商建立网络直销渠道后，消费者对定制化产品 2 的保留价值；θ 为消费者对网络直销渠道的偏好系数。由于网络渠道提供的产品可能与网站描述不符、存在交货期延迟等（Chiang，2003），则 $0 < \theta < 1$；U 为消费者的净效用；t 为消费者对产品类别的偏好密度（或单位运输成本）；c_m 为制造商为了在网络直销渠道提供定制化产品，建立柔性制造系统（FMSs）的固定投资成本；s 为产品 2 定制化程度的最大值，沿用 Dewan、Jing 和 Seidmann（2000，2003）以及 Xia 和 Rajagopalan（2009）的研究，制造商需支付的定制化投资成本为 $c_m(s) = as^2 + bs$，其中 a、b 分别为定制柔性成本系数和信息成本系数；c_1、c_2 分别为制造商生产标准产品 1 的单位生产成本和生产定制化产品 2 的单位定制成本，由于定制化产品生产批量较小，单位定制成本高于标准产品的单位生产成本，因而假设 $0 < c_1 < c_2$。

Π_M^N、Π_M 分别为制造商建立网络直销渠道前后制造商的利润；Π_R^N、Π_R 分别为制造商建立网络直销渠道前后零售商的利润；Π_T^N、Π_T 分别为制造商建立网络直销渠道前后供应链的总利润；T 为制造商从网络直销渠道向零售商的单向转移支付，$T > 0$。

基本假设如下：

假设 5.1：标准产品 1 和定制化产品 2 不可相互替代，即当市场上同时存在两类产品时，消费者对标准产品 1 与定制化产品 2 两类产品的需求是独立的，所以本章不考虑两类产品间的相互替代关系。

假设 5.2：制造商在决定是否开辟定制化产品 2 的网络直销渠道前，已经通过传统零售渠道为消费者提供标准产品 1。

假设 5.3：假设制造商开展的是大规模定制，他的柔性制造系统具有非常高的柔性，使得在不损失制造效率的前提下，可大规模生产定制化产品 2。并且，假设制造商自营物流公司，定制化产品 2 从出厂到消费者手中的运输时间非常短，运输时间不会影响消费者的净效用。因而，定制化产品 2 的定制化生产时间和交货期都为零，消费者下单后能立即拿到产品。

假设 5.4：标准产品 1 和定制化产品 2 的质量（硬件）相同，仅仅在颜色、图案、标识等方面有差异，而这些差异不会造成制造成本的变化。不同消费者对标准产品 1 和定制化产品 2 的质量感知是不同的，但不同消费者对自己将要定制的产品 2 的质量感知是相同的，例如：每台定制的 Dell 电脑，硬盘容量配置不同。因此，每件定制化产品的价格跟消费者订购时要求的产品质量呈正相关关系。

5.3 单一传统零售渠道的定价策略

为了详细分析比较制造商引入定制化网络直销渠道前后的渠道竞争格局和定价策略，我们首先给出单一传统零售渠道下供应链各参与方的定价策略。在该情形下，制造商仅在传统零售渠道为消费者提供标准产品 1。

在单一传统零售渠道的情形下，当消费者的净效用 $U = v_{p1}^N - p_1^N \geq 0$，即 $v_{p1}^N \in [p_1^N, 1]$，他选择购买标准产品 1；当消费者的净效用 $U = v_{p1}^N - p_1^N < 0$，即 $v_{p1}^N \in [0, p_1^N)$，他不会购买。市场没被完全覆盖，市

场总需求为 $1-p_1^N$。

5.3.1　集中式决策

在供应链集中决策情形下，通过决策零售价格 p^N 来最大化供应链总利润为

$$\max_{p^N} \Pi_T^N = (p^N - c_1)D^N = (p^N - c_1)(1 - p^N) \tag{5-1}$$

当集中式供应链利润最大时，得到 $p^{N*}=\dfrac{1+c_1}{2}$，$D^{N*}=\dfrac{1-c_1}{2}$，$\Pi_T^{N*}=\dfrac{(1-c_1)^2}{4}$。

5.3.2　分散式决策

制造商主导的斯塔克伯格博弈中，制造商先决策 w^N，零售商接着决策 p_1^N。按照逆序求解思路，先求出零售商的决策变量。零售商的利润函数为

$$\max_{p_1^N} \Pi_R^N = (p_1^N - w^N)D_t^N = (p_1^N - w^N)(1 - p_1^N) \tag{5-2}$$

将得到的决策变量最优值表达式 $p_1^N=\dfrac{1+w^N}{2}$ 代入制造商的利润函数为

$$\max_{w^N} \Pi_M^N = (w^N - c_1)D_t^N = (w^N - c_1)(1 - p_1^N) \tag{5-3}$$

可得 $w^N=\dfrac{1+c_1}{2}$，$p_1^N=\dfrac{3+c_1}{4}$，$D_t^N=\dfrac{1-c_1}{4}$，$\Pi_M^N=\dfrac{(1-c_1)^2}{8}$，$\Pi_R^N=\dfrac{(1-c_1)^2}{16}$，$\Pi_T^N=\Pi_M^N+\Pi_R^N=\dfrac{3(1-c_1)^2}{16}$。

通过比较，得到 $p^{N*}<p_1^N$，$D^{N*}>D_t^N$，$\Pi_T^{N*}>\Pi_T^N$。

5.4　制造商引入横向定制化网络直销渠道后的市场均衡

为了提高产品的市场占有率，同时满足更多消费者的切实需求，

作为斯塔克伯格博弈领导者的制造商在保留传统零售渠道的基础上，开设一条新的网络直销渠道，并在该渠道向消费者提供定制化产品 2。此双渠道供应链各参与方的决策次序如下：第一步，制造商确定定制化最大水平 s 的大小；第二步，制造商同时确定传统零售渠道的批发价格 w 和网络直销渠道的销售价格 p_2；第三步，零售商确定传统零售渠道的销售价格 p_1。

基于**假设 5.1～假设 5.3**，我们构建一个基于斯塔克伯格博弈的 Hotelling 模型，该模型中消费者对产品属性和渠道都具有异质性（见图 5－2、图 5－3）。

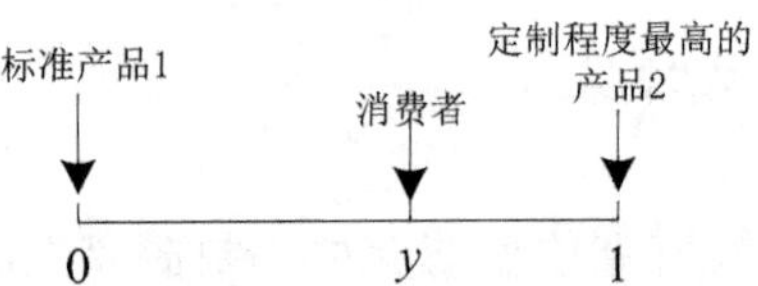

图 5－2　消费者对产品属性的偏好

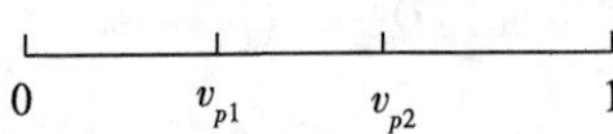

图 5－3　消费者对传统零售渠道和网络直销渠道的偏好

如果用一幅图来整体描述图 5－2 及图 5－3 的含义，可见图 5－4。

双渠道模式下（见图 5－4），首先分析消费者对标准产品 1 和定制化产品 2 的购买偏好情况。

①当消费者的净效用 $U = v_{p1} - p_1 \geqslant 0$，即 $v_{p1} \geqslant \bar{v}_{11} = p_1$ 时，消费者从传统零售渠道购买标准产品 1；当 $v_{p1} < \bar{v}_{11}$时，消费者不购买标准产品 1。

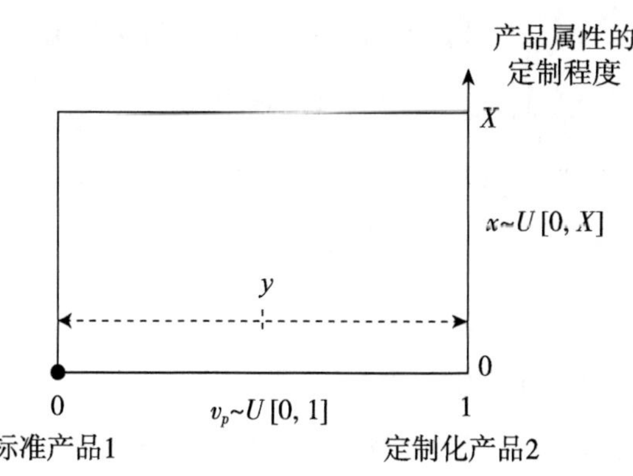

图5－4　消费者对标准产品1和定制化产品2的偏好以及对产品属性定制化程度的偏好

②当消费者的净效用 $U=v_{p2}+ks-p_2\geqslant 0$，由于 $v_{p2}=\theta v_{p1}$，则 $v_{p1}\geqslant\bar{v}_{12}=(p_2-ks)/\theta$ 时，消费者从网络直销渠道购买定制化产品2；当 $v_{p1}<\bar{v}_{12}$时，消费者不购买定制化产品2。

③当消费者的净效用 $U=v_{p1}-p_1=\theta v_{p1}+ks-p_2$，即 $v_{p1}=\bar{v}_{13}=(p_1+ks-p_2)/(1-\theta)$ 时，消费者购买标准产品1和定制化产品2无差异。

易知，如果 $\bar{v}_{12}<\bar{v}_{11}$，则有 $\bar{v}_{12}<\bar{v}_{11}<\bar{v}_{13}$ 且 $\bar{v}_{13}\leqslant 1$，或 $\bar{v}_{12}<\bar{v}_{11}<\bar{v}_{13}$ 且 $\bar{v}_{13}>1$。如果 $\bar{v}_{11}\leqslant\bar{v}_{12}$，则有 $\bar{v}_{13}\leqslant\bar{v}_{11}\leqslant\bar{v}_{12}$。推导过程如下：

制造商引入基于产品横向定制的网络直销渠道后，需求函数的推导过程：

基于对双渠道模式下消费者偏好的分析，

①如果 $\bar{v}_{11}\leqslant\bar{v}_{12}$，即 $p_1\leqslant(p_2-ks)/\theta$，有 $\theta p_1\leqslant p_2-ks$，则

$$\begin{aligned}\bar{v}_{13}-\bar{v}_{11}&=(p_1+ks-p_2)/(1-\theta)-p_1\\&=(p_1+ks-p_2-p_1+\theta p_1)/(1-\theta)\\&\leqslant(ks-p_2+p_2-ks)/(1-\theta)=0\end{aligned}\tag{5－4}$$

得到 $\bar{v}_{13}\leqslant\bar{v}_{11}\leqslant\bar{v}_{12}$。

②如果 $\bar{v}_{12} < \bar{v}_{11}$，即 $p_1 > (p_2 - ks)/\theta$，有 $\theta p_1 > p_2 - ks$，同理可得 $\bar{v}_{12} < \bar{v}_{11} < \bar{v}_{13}$。但对 $\bar{v}_{13}$与 1 的关系大小未限定。

因而，如果 $\bar{v}_{12} < \bar{v}_{11}$，则有 $\bar{v}_{12} < \bar{v}_{11} < \bar{v}_{13}$且 $\bar{v}_{13} \leqslant 1$，或 $\bar{v}_{12} < \bar{v}_{11} < \bar{v}_{13}$且 $\bar{v}_{13} > 1$。如果 $\bar{v}_{11} \leqslant \bar{v}_{12}$，则有 $\bar{v}_{13} \leqslant \bar{v}_{11} \leqslant \bar{v}_{12}$。消费者对渠道的选择如图 5－5 所示。

当 $\bar{v}_{12} < \bar{v}_{11} < \bar{v}_{13}$且 $\bar{v}_{13} \leqslant 1$ 时，见图 5－5（a）；

当 $\bar{v}_{12} < \bar{v}_{11} < \bar{v}_{13}$且 $\bar{v}_{13} > 1$ 时，见图 5－5（b）；

当 $\bar{v}_{13} \leqslant \bar{v}_{11} \leqslant \bar{v}_{12}$时，见图 5－5（c）。

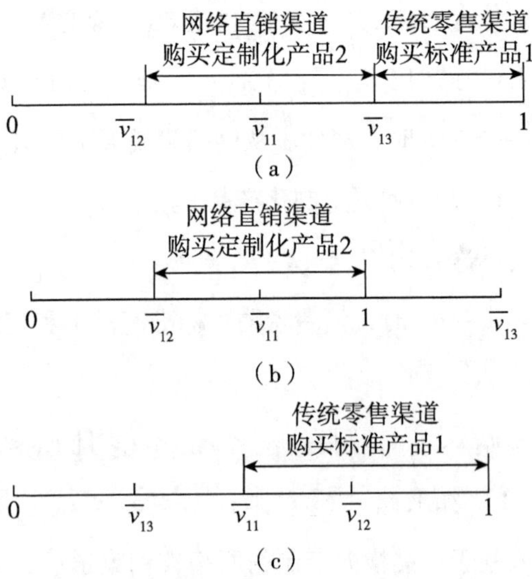

图 5－5　双渠道模式下消费者对渠道的选择

不同的渠道价格条件下，各渠道的需求如下：

①当 $\bar{v}_{12} < \bar{v}_{11} < \bar{v}_{13}$ 且 $\bar{v}_{13} \leqslant 1$ 时，即 $(p_2 - ks)/\theta < p_1 \leqslant p_2 - ks + 1 - \theta$，消费者从两个渠道都有可能购买产品，两个渠道都存在需求，分别是 $D_t = 1 - \bar{v}_{13}$，$D_d = \bar{v}_{13} - \bar{v}_{12}$。市场未被完全覆盖。

这是因为，当消费者的价值评估 v_{p1} 位于价值评估线段的某个区间上，使得在传统零售渠道的净效用 $v_{p1} - p_1 \geqslant 0$，并且大于在网络直

销渠道净效用 $\theta v_{p1} + ks - p_2$，他就会在传统零售渠道购买标准产品1，即 $v_{p1} - p_1 > \theta v_{p1} + ks - p_2$。进一步，得到满足这一条件的 v_{p1} 取值条件是 $v_{p1} > (p_1 + ks - p_2)/(1-\theta) = \bar{v}_{13}$。同理，当 $v_{p1} \in [\bar{v}_{12}, \bar{v}_{13}]$ 时，消费者在网络直销渠道购买定制化产品2。当 $v_{p1} \in [0, \bar{v}_{12})$ 时，消费者不在任一渠道产生需求。

②当 $\bar{v}_{12} < \bar{v}_{11} < \bar{v}_{13}$ 且 $\bar{v}_{13} > 1$ 时，即 $p_1 > p_2 - ks + 1 - \theta$，消费者仅从网络直销渠道购买定制化产品2。两个渠道的需求分别是 $D_t = 0$，$D_d = 1 - \bar{v}_{12}$。市场未被完全覆盖。推导过程类似第①种情况，不赘述。

③当 $\bar{v}_{13} \leqslant \bar{v}_{11} \leqslant \bar{v}_{12}$ 时，即 $p_1 \leqslant (p_2 - ks)/\theta$，消费者仅从传统零售渠道购买标准产品1。两个渠道的需求分别是 $D_t = 1 - \bar{v}_{11}$，$D_d = 0$。市场未被完全覆盖。推导过程类似第①种情况，不赘述。

传统零售渠道和网络直销渠道的市场需求为

$$(D_t, D_d) = \begin{cases} \left(0, \dfrac{-p_2 + ks + \theta}{\theta}\right), & p_1 > p_2 - ks + 1 - \theta \\ \left(1 - \dfrac{p_1 + ks - p_2}{1-\theta}, \dfrac{\theta p_1 - p_2 + ks}{\theta(1-\theta)}\right), & \\ \dfrac{p_2 - ks}{\theta} < p_1 \leqslant p_2 - ks + 1 - \theta & \\ (1 - p_1, 0), & p_1 \leqslant \dfrac{p_2 - ks}{\theta} \end{cases} \tag{5-5}$$

由式（5-5）的市场需求函数可知，当 $p_1 \leqslant \dfrac{p_2 - ks}{\theta}$ 时，全部消费者都从传统零售渠道购买标准产品1，定制化产品2的需求为0。这与3.3节单一传统零售渠道的市场均衡结果一致，也会得到同样的定价决策，因此本章对该情形不重复分析。下文中仅关注式（5-5）的前两种情形，即 $p_1 > p_2 - ks + 1 - \theta$ 和 $\dfrac{p_2 - ks}{\theta} < p_1 \leqslant p_2 - ks + 1 - \theta$。

5.5 渠道选择与横向定制化竞争策略

在制造商领导的斯塔克伯格博弈中，逆序求解供应链决策各方的定价问题。求解步骤：第一步，零售商决策出传统零售渠道标准产品1的销售价格 p_1，以最大化自身利润。第二步，基于零售商的最优定价决策，制造商决策出标准产品1的批发价 w 和网络直销渠道定制化产品2的销售价格 p_2，以最大化自身利润。第三步，制造商决策可提供的最优定制化水平 s。将式（5-5）代入零售商目标函数和制造商目标函数，得到以下结论。

零售商目标函数为

$$\max_{p_1}\Pi_R$$

$$=(p_1-w)D_t$$

$$=\begin{cases}0,\ p_1>p_2-ks+1-\theta \\ (p_1-w)(1-\dfrac{p_1+ks-p_2}{1-\theta}),\ \dfrac{p_2-ks}{\theta}<p_1\leqslant p_2-ks+1-\theta\end{cases}$$

（5-6）

制造商目标函数为

$$\max_{(w,p_2)}\Pi_M$$

$$=(w-c_1)D_t+(p_2-c_2)D_d-(as^2+bs)$$

$$=\begin{cases}(p_2-c_2)\dfrac{-p_2+ks+\theta}{\theta}-(as^2+bs),\ p_1>p_2-ks+1-\theta \\ (w-c_1)(1-\dfrac{p_1+ks-p_2}{1-\theta})+(p_2-c_2)\dfrac{\theta p_1-p_2+ks}{\theta(1-\theta)}-(as^2+bs), \\ \quad \dfrac{p_2-ks}{\theta}<p_1\leqslant p_2-ks+1-\theta\end{cases}$$

（5-7）

对式（5-6）分两种情况讨论，分别令零售商利润函数对 p_1 的一阶导数为零，将求解得到的 p_1^* 表达式代入式（5－7），得到使零售商利润最大及制造商利润最大的最优定价 p_1^*、w^* 和 p_2^*，即**命题5.1**和**命题5.2**。

命题5.1：零售商的最优定价策略是

当 $\frac{2(p_2-ks)}{\theta}-p_2-1+\theta+ks<w\leqslant p_2-ks+1-\theta$ 时，有

$$p_1^*=\frac{w+p_2+1-\theta-ks}{2} \quad (5-8)$$

证明：基于上节的结论，本命题分两种情形 $p_1>p_2-ks+1-\theta$ 和 $\frac{p_2-ks}{\theta}<p_1\leqslant p_2-ks+1-\theta$ 分析讨论。

①当 $p_1>p_2-ks+1-\theta$ 时，$\Pi_R=0$，则 $\max\limits_{p_1}\Pi_R=0$，此时得到 p_1^* 无解。

②当 $\frac{p_2-ks}{\theta}<p_1\leqslant p_2-ks+1-\theta$ 时，有

$$\Pi_R=(p_1-w)\left(1-\frac{p_1+ks-p_2}{1-\theta}\right)$$

$$=-\frac{1}{1-\theta}p_1^2+\left(1+\frac{w+p_2-ks}{1-\theta}\right)p_1+\left(\frac{ks-p_2}{1-\theta}-1\right)w \quad (5-9)$$

根据式（5－9），有

$$\max_{p_1}\Pi_R=\max_{p_1}\left[-\frac{1}{1-\theta}p_1^2+\left(1+\frac{w+p_2-ks}{1-\theta}\right)p_1+\left(\frac{ks-p_2}{1-\theta}-1\right)w\right] \quad (5-10)$$

为了求得能使式（5－9）最大的 p_1^*，令式（5－9）对 p_1 的一阶导数为0，解出 p_1^* 为

$$p_1^*=\frac{w+p_2+1-\theta-ks}{2}\times\frac{2(p_2-ks)}{\theta}-p_2-1+\theta+ks$$

$$<w\leqslant p_2-ks+1-\theta \quad (5-11)$$

即，如果 w 和 p_2 满足图 5-6 中阴影所展示的关系，可求得 $p_1^* = \frac{w + p_2 + 1 - \theta - ks}{2}$。证毕。

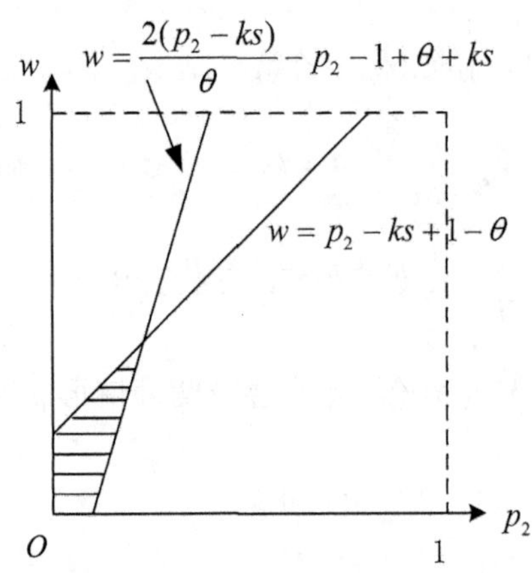

图 5-6　标准产品 1 销售价格函数的自变量分区示意

接着求解制造商的最优定价决策。因为制造商利润函数 Π_M 对 w 和 p_2 的 Hessian 矩阵负定，则 Π_M 是 w 和 p_2 的联合凹函数，因而制造商的最优定价存在。将式（5-8）代入式（5-7），得到**命题 5.2**。

命题 5.2：制造商的最优定价策略为

$$w^* = \frac{1}{4(\theta - 1)}[\theta(c_1 + c_2) - 2c_2] + \frac{1}{2} \tag{5-12}$$

$$p_2^* = \frac{1}{4(\theta - 1)}[\theta(c_1 + c_2) - 2c_2] + \frac{ks}{2} + \frac{\theta}{2} \tag{5-13}$$

（当 $\frac{2(p_2 - ks)}{\theta} - p_2 - 1 + \theta + ks < w \leqslant p_2 - ks + 1 - \theta$ 时）

证明：因为制造商利润函数 Π_M 是批发价格 w 和定制化产品 2 销售价格 p_2 的联合凹函数，所以制造商若想同时决策出最优定价 w 和 p_2，需先对代入 p_1^* 后的 Π_M 化简，再将 Π_M 分别对 w 和 p_2 求偏导函数，分别令两个偏导函数为零，联立求解得到最优定价 w^* 和 p_2^*。

由于当 $p_1 > p_2 - ks + 1 - \theta$ 时，p_1^* 无解，所以仅讨论第二种情形。

在 $\frac{2(p_2 - ks)}{\theta} - p_2 - 1 + \theta + ks < w \leqslant p_2 - ks + 1 - \theta$ 的情形下，

$$\Pi_M = (w - c_1)(1 - \frac{p_1 + ks - p_2}{1 - \theta}) + (p_2 - c_2)\frac{\theta p_1 - p_2 + ks}{\theta(1 - \theta)} - (as^2 + bs) \tag{5-14}$$

代入 p_1^* 表达式，同时令 $C_m(s) = as^2 + bs$，

$$\Pi_M = w - c_1 - \frac{1}{2(1-\theta)}[w^2 - p_2 w + (1 - \theta + ks)w] + \frac{c_1}{2(1-\theta)}(w - p_2 + 1 - \theta + ks) + \frac{1}{2\theta(1-\theta)}\{\theta p_2 w - \theta c_2 w + (\theta - 2)p_2^2 - (\theta - 2)c_2 p_2 + p_2[\theta - \theta^2 + ks(2-\theta)] - c_2[\theta - \theta^2 + ks(2-\theta)]\} - C_m(s) \tag{5-15}$$

则

$$\frac{\partial \Pi_M}{\partial w} = 1 - \frac{1}{2(1-\theta)}[2w - p_2 + 1 - \theta + ks] + \frac{c_1}{2(1-\theta)} + \frac{1}{2(1-\theta)}(p_2 - c_2) = 0 \tag{5-16}$$

$$\frac{\partial \Pi_M}{\partial p_2} = \frac{w}{2(1-\theta)} - \frac{c_1}{2(1-\theta)} + \frac{1}{2\theta(1-\theta)} \times \{\theta w + 2(\theta - 2)p_2 - (\theta - 2)c_2 + [\theta - \theta^2 + ks(2-\theta)]\} = 0 \tag{5-17}$$

联立式（5－16）和式（5－17），得到式（5－12）和式（5－13）：

$$w^* = \frac{1}{4(\theta - 1)}[\theta(c_1 + c_2) - 2c_2] + \frac{1}{2}$$

$$p_2^* = \frac{1}{4(\theta - 1)}[\theta(c_1 + c_2) - 2c_2] + \frac{ks}{2} + \frac{\theta}{2}$$

证毕。

命题5.3：制造商横向定制化的最大水平 s 为

$$s^* = \frac{k\theta(c_1 + c_2 + 1 - \theta) - 2kc_2 - 4\theta(1-\theta)b}{8\theta(1-\theta)a - k^2(2-\theta)} \tag{5-18}$$

证明：由式（5－12）和式（5－13），易知 $\frac{\partial w^*}{\partial s} = 0$，$\frac{\partial p_2^*}{\partial s} = \frac{k}{2}$。而根据式（5－7）有

$$\begin{aligned}\Pi_M &= (w - c_1)\left(1 - \frac{p_1 + ks - p_2}{1-\theta}\right) + (p_2 - c_2)\frac{\theta p_1 - p_2 + ks}{\theta(1-\theta)} - (as^2 + bs) \\ &= (w - c_1)\left[1 - \frac{1}{2(1-\theta)}(w - p_2 + 1 - \theta + ks)\right] + (p_2 - c_2) \times \\ &\frac{1}{2\theta(1-\theta)}\{\theta w + (\theta - 2)p_2 + [\theta - \theta^2 + ks(2-\theta)]\} - as^2 - bs\end{aligned} \tag{5-19}$$

那么，

$$\begin{aligned}\frac{\partial \Pi_M}{\partial s} &= -(w - c_1)\frac{k}{4(1-\theta)} + \frac{k}{4\theta(1-\theta)}\{\theta w + (\theta-2)p_2 + \\ &\quad [\theta - \theta^2 + ks(2-\theta)]\} + (p_2 - c_2)\frac{k(2-\theta)}{4\theta(1-\theta)} - 2as - b \\ &= 0\end{aligned} \tag{5-20}$$

移项合并同类项后，得到式（5－18）：

$$s^* = \frac{k\theta(c_1 + c_2 + 1 - \theta) - 2kc_2 - 4\theta(1-\theta)b}{8\theta(1-\theta)a - k^2(2-\theta)}$$

证毕。此时，

$$\Pi_R = \frac{1}{2}\{\theta^2[2a(1-\theta) - (b-k)^2][2a(1-\theta+c_1) + k(b-k)]^2\}$$

$$\Pi_M = \theta a[(1-\theta^2)a - (b-k)(\theta b - k + c_1)]$$

由于 $p_1^N = \frac{3+c_1}{4}$，$\Pi_R^N = \frac{(1-c_1)^2}{16}$，$\Pi_M^N = \frac{(1-c_1)^2}{8}$，$\Pi_T^N =$

$\frac{3(1-c_1)^2}{16}$，$c_1 < w < p_1 < p_2$，比较得知，当 w 和 p_2 的关系处于图5-6的阴影区域 $\frac{2(p_2-ks)}{\theta} - p_2 - 1 + \theta + ks < w \leqslant p_2 - ks + 1 - \theta$ 时，有 $p_1^* > p_1^N$，$\Pi_R < \Pi_R^N$，$\Pi_M > \Pi_M^N$，$\Pi_T < \Pi_T^N$。

命题5.4：如果网络直销渠道中定制化产品2的单位定制成本 $c_2 \in [\frac{\theta(2\theta-2+c_1)}{2\theta-1}, 1]$，制造商愿意引入网络直销渠道的条件是 $C_m(s) \leqslant \frac{(1-c_1)^2}{8(2\theta-1)}$；如果网络直销渠道的单位定制成本 $c_2 \in [\theta c_1, \frac{\theta(2\theta-2+c_1)}{2\theta-1}]$，制造商愿意引入网络直销渠道的条件是 $C_m(s) \leqslant [(2\theta-1)c_2^2 - 2\theta(2\theta-2+c_1) + \theta^2(2\theta-3+2c_1) + \theta(1-c_1)^2]/8\theta(\theta-1)$；如果网络直销渠道的单位定制成本较小，即 $c_2 \in (c_1, \theta c_1)$，制造商愿意引入网络直销渠道的条件是 $C_m(s) \leqslant (2c_2^2 - 4\theta c_2 + 2\theta^2 - \theta + 2\theta c_1 - \theta c_1^2)/8\theta$。

制造商在考虑是否引入网络直销渠道时，应该考虑网络直销渠道的初始投入成本，即柔性制造系统的一次性购买成本。制造商引入网络直销渠道，一方面迫使传统零售渠道降低销售价格，减轻价格双重边际效应；另一方面扩大了总的市场需求。当网络直销渠道的投入成本小于某一个临界值时，制造商利润得到增加，他就会引入网络直销渠道。在其他情况下，制造商的利润会受损，因而其不会考虑引入网络直销渠道。

命题5.5：引入基于产品横向定制的网络直销渠道后，市场总需求会增大。分情形讨论：①当 $c_2 \in [\frac{\theta(2\theta-2+c_1)}{2\theta-1}, 1]$ 时，$D = \frac{\theta(1-c_1)}{2(2\theta-1)}$，则 $D - D^N = \frac{1-c_1}{4(2\theta-1)} > 0$；②当 $c_2 \in [\theta c_1, \frac{\theta(2\theta-2+c_1)}{2\theta-1}]$ 时，$D = \frac{2\theta - \theta c_1 - c_2}{4\theta}$，则 $D - D^N = \frac{\theta - c_2}{4\theta} > 0$；③当 $c_2 \in (c_1, \theta c_1)$ 时，$D =$

$\frac{\theta - c_2}{2\theta}$，则 $D - D^N = \frac{\theta + \theta c_1 - 2c_2}{\theta} > 0$。

制造商引入基于产品定制的网络直销渠道后，一方面传统零售渠道的零售价格降低会吸引一部分消费者购买标准产品1；另一方面网络直销渠道的出现可以吸引对产品追求个性化要求的消费者购买定制产品2，进而导致总需求在整体上增加。

命题5.6：基于产品横向定制的双渠道供应链，制造商引入网络直销渠道后，传统零售商的利润总是受损的，这引发了渠道之间的冲突。

制造商构建基于产品定制的网络直销渠道，使零售商降低了传统零售渠道的零售价格。当传统零售渠道存在市场需求时，批发价格在引入网络直销渠道前后并没有发生很大变化，所以零售商销售单位产品的边际利润是下降的。而且新渠道还会抢占一部分传统零售渠道的需求，最终导致零售商利润受损，进一步引发渠道间的冲突。在这种情况下，零售商有可能通过拒绝销售制造商的标准产品1，以抵制制造商建立网络直销渠道。

因为构建了基于横向产品定制的网络直销渠道后，零售商的利润将低于单一传统零售渠道情形下的利润，所以制造商有必要向零售商提供一种利润补偿性质的转移支付契约，以鼓励零售商积极接纳新的销售渠道。要使制造商和零售商都能接受转移支付契约，必须使使用转移支付契约后各方的利润不小于使用契约前，即转移支付契约是普通批发价契约的帕累托改进。

命题5.7：当转移支付契约参数在哪些区间时，该双渠道供应链各参与方的绩效得到帕累托改进：①如果网络直销渠道中定制化产品2的单位定制成本 $c_2 \in [\frac{\theta(2\theta - 2 + c_1)}{2\theta - 1}, 1]$，当柔性制造系统的初始投资成本 $C_m(s) \leq \frac{(1 - c_1)^2(4\theta - 3)}{16(2\theta - 1)^2}$ 时，供应链的利润是增加的；

②如果网络直销渠道中定制化产品2的单位定制成本 $c_2 \in [\theta c_1, \frac{\theta(2\theta-2+c_1)}{2\theta-1}]$，当 $C_m(s) \leqslant [(4\theta-1)c_2^2-2\theta(4\theta-4+3c_1)+\theta^2(4\theta-7+6c_1)+3\theta(1-c_1)^2]/16\theta(\theta-1)$ 时，供应链的利润也是增加的；③然而，如果网络直销渠道中定制化产品2的单位定制成本较小，即 $c_2 \in (c_1, \theta c_1)$，当 $C_m(s) \leqslant [4c_2^2-8\theta c_2+4\theta^2-3\theta(1-c_1)^2]/16\theta$ 时，供应链的利润也是增加的；④如果制造商向传统零售商实施非负转移支付 $T \in [\Pi_R^N-\Pi_R, \Pi_M-\Pi_M^N]$，可以实现双方的帕累托改进，减弱双重边际化效应。

证明：所谓帕累托改进，即实行转移支付契约后，各参与方的利润函数加总后相较于实行契约前，总利润有所增加。因此，制造商在构建网络直销渠道之前，必须考虑网络直销渠道的单位定制成本。只有这个参数满足了一定的条件，才能实现供应链总利润的增加。同时，由于建立网络直销渠道后零售商利润总是受损的，制造商可以考虑向零售商实施非负的转移支付，实现双渠道供应链的帕累托改进，协调该双渠道供应链。转移支付的多少，由制造商与零售商的讨价还价权利的大小决定。当**命题5.7**成立时，供应链各参与方均满足个体理性假设和激励相容假设。因而，本章给出的契约不仅可以使面临不确定需求的双渠道供应链协调，而且可以使制造商和零售商的利润相比普通批发价契约的情况有所改善，所以制造商和零售商会乐于接受这种契约，最终使制造商和零售商达到双赢的效果。

5.6　算例分析

为了验证以上的结论，参照 Mendelson 和 Parlakturk（2008）的算例参数设置，给定外生参数 $k=20$。表5-1总结：①单位定制成本 c_2 对制造商总利润 Π_M、零售商利润 Π_R、供应链参与双方总利润 Π_T 的敏感度分析结果；②定制化最大水平 s 对制造商总利润 Π_M、零售商利润 Π_R、供应链参与双方总利润 Π_T 的敏感度分析结果。

表 5－1　各参数对双渠道供应链各方利润的影响

单位定制成本 c_2	单一传统零售渠道的集中式决策		单一传统零售渠道的分散式决策			制造商引入网络直销渠道后的分散式供应链决策					制造商利润增加量（万美元）	传统零售商利润增加量（万美元）	系统整体改善百分比（%）
	制造商利润（万美元）	整体利润（万美元）	制造商利润（万美元）	传统零售商利润（万美元）	整体利润（万美元）	定制化最大水平 s	制造商利润（万美元）	传统零售商利润（万美元）	整体利润（万美元）	传统零售商利润占整体利润的比例（%）			
1.0	30.86	30.86	8.17	3.08	11.25	1.16	11.81	16.26	27.11	59.98	3.18	6.00	140.98
1.5	—	—	—	—	—	0.95	11.97	13.70	27.79	49.30	2.33	5.26	147.02
2.0	—	—	—	—	—	0.80	12.03	11.76	26.57	44.26	2.15	4.61	136.18
2.5	—	—	—	—	—	0.67	12.17	10.05	25.41	39.55	2.27	4.01	125.87
3.0	—	—	—	—	—	0.55	12.59	8.42	20.26	41.56	2.58	3.39	80.09
3.5	—	—	—	—	—	0.43	12.87	6.32	18.19	37.74	2.64	3.15	61.69
4.0	—	—	—	—	—	0.38	13.07	4.65	17.72	26.24	2.35	2.36	57.51
4.5	—	—	—	—	—	0.34	14.22	2.12	16.34	12.97	2.12	1.12	45.24

注："—"表示同上。

由表 5－1 可以看出，引入基于产品横向定制的网络直销渠道后，随着定制化产品 2 的单位定制成本 c_2 不断增加，最优的定制化最大水平有所下降，制造商对网络直销渠道中制造定制化产品 2 的柔性制造系统的初始投资将越来越少，但制造商的利润会随之增加。这与第 5.5 节中的理论分析结论一致。

而随着定制化产品 2 的单位定制成本 c_2 不断增加，传统零售商在传统零售渠道中的利润有先增加后减少的趋势，其利润占供应链整体利润的比例也先增加后减少，但一直低于单一传统零售渠道下的利润。此时通过转移支付策略吸引零售商继续在传统零售渠道销售标准产品1，不仅稳固了传统零售渠道，丰富了产品多样性，也为偏好网购的消费者提供实体店体验。

另外，随着最优的定制化最大水平 s 增加，制造商的利润会发生减少的现象。这说明当制造商在网络直销渠道为消费者提供的横向定制范围越大，自身所需承担的各种成本会增加，这些成本增加不能通过需求的增加而抵消，它的利润则随之降低。

数值分析显示当单位定制成本 $c_2 \leq 1.5$ 及 $c_2 \geq 4.5$ 时，在制造商提供零售商转移支付策略的基础上，制造商的利润比单一传统零售渠道时的利润有相应的增加，零售商的利润有小幅度减少。尽管供应链系统总利润的增加速度缓慢降低，但供应链系统总利润高于单一传统零售渠道情形下的供应链总利润。当单位定制成本 $c_2 > 1.5$ 或 $c_2 < 4.5$ 时，制造商利润比单一传统零售渠道情形时的利润没有减少，零售商利润也高于单一传统零售渠道情形下的利润，此情形下供应链总绩效改善较大。这由命题5.7中单位定制成本 c_2 与渠道偏好系数 θ 的参数关系所决定。

5.7　本章小结

本章以强势制造商和弱势零售商组成的提供标准产品1的单一传统零售渠道为基础，增设了提供定制化产品2的制造商网络直销渠道，在双渠道Hotelling需求模型下建立了标准产品1与定制化产品2的基础需求模型，基于消费者效用理论分析了不同参数影响情形下的供应链市场均衡决策，给出供应链分散决策斯塔克伯格博弈的最优定价决策，得出供应链中制造商的渠道选择以及开展定制化竞争策略的条件，以及该双渠道供应链帕累托改进的参数区域。最后，使用数值试验予以验证。

然而，在现实经济运行环境中，定制化产品 2 与标准产品 1 间往往存在质量差异，即纵向定制。如何在建构消费者效用函数过程中引入产品质量，如何定义它，并探讨产品质量差异对市场需求、市场均衡、供应链各方决策、各方利润的影响，成为第 6 章研究的重点。

第 6 章　基于产品纵向定制的多渠道供应链竞争与协调研究

6.1　引言

在第 5 章中，我们研究了横向定制下的供应链竞争问题，并使用转移支付的协调机制，使供应链绩效得到改善并达到协调。在本章中，我们着力设计一种协调机制，使供应链达到协调。

以小轿车的定制销售为例，小轿车的标准配置中包含布艺座椅，它为消费者带来较低的用户体验，因而该硬件配置在消费者心中反映了产品较低的质量水平；而定制配置中则包含普通真皮座椅，或者更高端的电加热真皮座椅（还可以附加按摩、通风功能），尽管售价更高，但它能为消费者带来较高的用户使用体验，因而该硬件配置能够反映出产品较高的质量水平。另一个例子是，在网络直销渠道与产品定制化策略结合的情况下，个性化定制的 Dell 电脑其硬盘容量与传统实体店销售的标准配置有硬件上的不同，体现出质量上的差异。

目前已有的研究主要关注产品横向定制对市场均衡及供应链各方定价决策的影响，但是其对产品定制因素的刻画仅停留在传统意义的横向层面上，对产品的网络渠道纵向定制等新兴模式研究不足。因而，有必要研究基于产品纵向定制化形成的渠道差异，产品纵向定制化因素对消费者购买行为和市场需求的影响，对供应链渠道选择、冲突和协调的影响，以及相应的应对策略。涉及的研究问题有如下两个，一是如何刻画标准产品 1 与定制化产品 2 之间的质量水平差异；二是在提供个性化定制化产品的情景下，如何设计协调契约，以达到双方利润帕累托改进。针对以上研究问题，本章展开研究分析。

本章以强势制造商和传统零售商组成的单一传统零售渠道为基础，建立了标准产品 1 的基础需求模型，分析了不同参数影响情形下的供应链均衡决策，在单一传统零售渠道模型基础上拓展出提供纵向定制化产品 2 的多渠道 Hotelling 需求模型，给出供应链分散决策下斯塔克伯格博弈的均衡决策，证明了制造商渠道选择以及开展纵向定制化竞争策略的条件。并且如果制造商向零售商提供一定的转移支付，得出了双方利润帕累托改进的区间。最后，使用数值试验予以验证。

6.2 模型建立与基本假设

6.2.1 模型描述

本章考虑一个制造商为斯塔克伯格博弈领导者的两级双渠道供应链（模型逻辑结构见图 6－1），该供应链中制造商通过传统零售渠道销售标准产品 1，消费者对标准产品 1 的基础价值评估为 v_{p1}^{N}，标准产品 1 的质量水平为 $q_{标准产品1}$，外生变量；同时，制造商通过网络直销渠道销售定制化产品 2，其质量水平为 $q_{定制化产品2}$，外生变量。为便于计算，假设标准产品 1 的质量水平永远小于等于定制化产品 2 的质量水平，记为 $q_{标准产品1} \leqslant q_{定制化产品2}$。由于消费者对传统零售渠道和网络直销渠道的偏好是异质的，因而消费者对定制化产品 2 的价值评估为 v_{p2}，$v_{p2}=\theta v_{p1}^{N}$，$0<\theta<1$。为方便计算，假设消费者的价值评估在［0，1］

上均匀分布，且市场总体容量为1（见图6-2）。

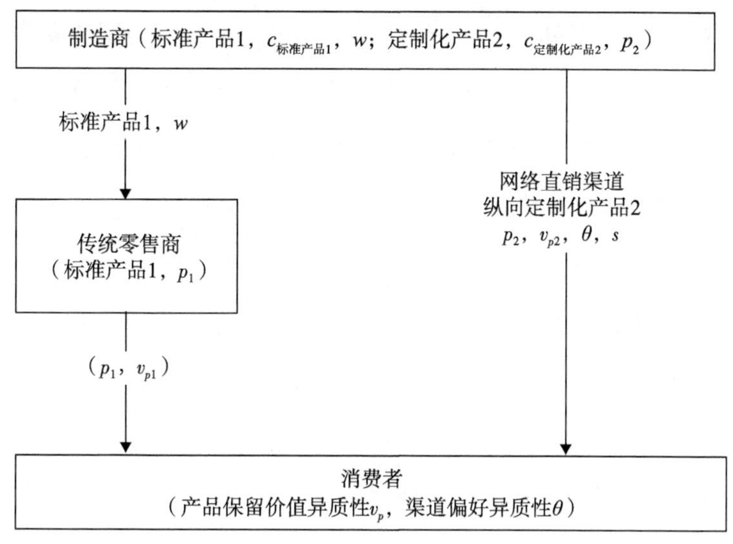

图6-1 问题描述

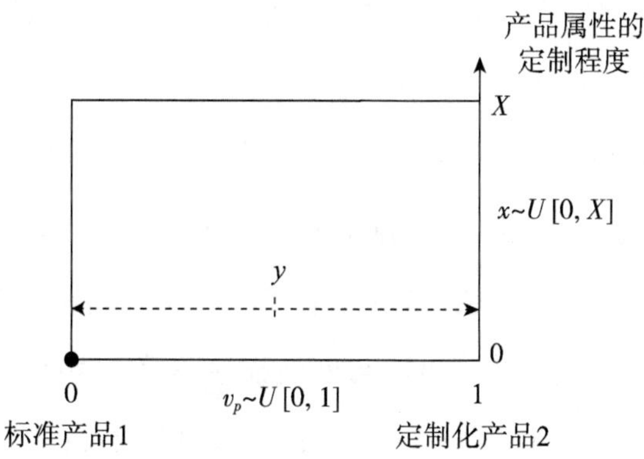

图6-2 消费者对标准产品1和定制化产品2的偏好以及对产品属性定制化程度的偏好

6.2.2 标号体系与基本假设

$c_{标准产品1}$、$c_{定制化产品2}$分别为标准产品1和定制化产品2的生产制造成本，对于定制化产品2也可理解为边际定制化成本，这个变量是外生变量。假设制造成本与质量水平的关系是 $c_{标准产品1} = \alpha q_{标准产品1}$、

$c_{定制化产品2}=\alpha q_{定制化产品2}$，其中，$\alpha$ 为每单位质量水平的提高所带来的生产成本。因此，易知 $c_{标准产品1}<c_{定制化产品2}$。w^N、w 分别为制造商建立网络直销渠道前后，传统零售商向制造商支付标准产品 1 的单位批发价格，这个变量是决策变量；p_1^N、p_1 分别为制造商建立网络直销渠道前后，传统零售商销售标准产品 1 的销售价格，这个变量是决策变量；p_2 为制造商建立网络直销渠道后，制造商直销定制化产品 2 的销售价格，该网络直销渠道不存在价格歧视，此假设同 Draganska 和 Jain（2006）、Syam 等（2005）、Alptekinoglu 和 Corbett（2008）一致，这个变量是决策变量；D_t^N、D_t 分别为制造商建立网络直销渠道前后，消费者在传统零售渠道购买标准产品 1 的需求；D_d 为制造商建立网络直销渠道后，消费者在网络直销渠道购买定制化产品 2 的需求；D_T^N、D_T 分别为制造商建立网络直销渠道前后，消费者对制造商提供的两种产品的总需求，易知 $D_T^N=D_t^N$，$D_T=D_t+D_d$。

v_{p1}^N、v_{p1} 分别为制造商建立网络直销渠道前后，消费者对标准产品 1 的保留价值，$v_{p1}^N=v_{p1}$；v_{p2} 为制造商建立网络直销渠道后，消费者对定制化产品 2 的保留价值；θ 为消费者对网络直销渠道的偏好系数。由于网络渠道提供的产品可能与网站描述不符、存在交货期延迟等（Chiang，2003），则 $0<\theta<1$；U 为消费者的净效用；t 为消费者对产品类别的偏好密度或单位运输成本。

C_m 为制造商为了在网络直销渠道提供定制化产品，建立柔性制造系统（FMSs）的固定投资成本；s 为定制化产品 2 定制化程度的最大值，沿用 Dewan、Jing 和 Seidmann（2000，2003）或 Xia 和 Rajagopalan（2009）的研究，制造商需支付的定制化投资成本为 $C_m(s)=as^2+bs$，其中 a、b 分别是定制柔性成本系数和信息成本系数。

由于模型设置与第 5 章的**假设 5.1 ~ 假设 5.4** 一致，因而在此沿用。与第5章不同的假设如下。

假设6.1：假设制造商可提供的纵向定制化最大水平是s，它越大，制造商对定制化设备（柔性制造系统）的初始投资成本越大，s与交货期l成正比。制造商基于某一产品属性可提供一簇质量不同的定制化产品。

假设6.2：假设标准产品1和定制化产品2间质量有差异，例如不同消费者定制的Dell笔记本电脑硬盘容量不同，但颜色、图案、尺寸、标识等无差异，这些产品硬件上的定制即所谓的纵向定制。

6.3　单一传统零售渠道的定价策略

为详细分析比较制造商引入定制化直销渠道前后的渠道竞争格局和定价策略，我们首先给出单一传统零售渠道下的竞争格局和定价策略。在该情形下，制造商仅在传统零售渠道提供标准产品1。

在单一传统零售渠道的情形下，当消费者的净效用$U=v_{p1}^N-p_1^N\geqslant 0$，即$v_{p1}^N\in[p_1^N,1]$，他选择购买标准产品1；当消费者的净效用$U=v_{p1}^N-p_1^N<0$，即$v_{p1}^N\in[0,p_1^N)$，他不会购买。市场没被完全覆盖，市场总需求为$1-p_1^N$。

6.3.1　集中式决策

在供应链集中决策情形下，通过决策零售价格p^N最大化的供应链总利润为

$$\max_{p^N}\Pi_T^N=(p^N-c_1)D^N=(p^N-c_1)(1-p^N) \tag{6-1}$$

当集中式供应链利润最大时，得到$p^{N*}=\frac{1+c_1}{2}$，$D^{N*}=\frac{1-c_1}{2}$，$\Pi_T^{N*}=\frac{(1-c_1)^2}{4}$。

6.3.2 分散式决策

制造商主导的斯塔克伯格博弈中，制造商先决策 w^N，零售商接着决策 p_1^N。按照逆序求解思路，先求出零售商的决策变量。零售商的利润函数为

$$\max_{p_1^N} \Pi_R^N = (p_1^N - w^N)D_t^N = (p_1^N - w^N)(1 - p_1^N) \tag{6-2}$$

将得到的决策变量最优值表达式 $p_1^N = \frac{1+w^N}{2}$ 代入制造商的利润函数，即

$$\max_{w^N} \Pi_M^N = (w^N - c_1)D_t^N = (w^N - c_1)(1 - p_1^N) \tag{6-3}$$

可得 $w^N = \frac{1+c_1}{2}$，$p_1^N = \frac{3+c_1}{4}$，$D_t^N = \frac{1-c_1}{4}$，$\Pi_M^N = \frac{(1-c_1)^2}{8}$，$\Pi_R^N = \frac{(1-c_1)^2}{16}$，$\Pi_T^N = \Pi_M^N + \Pi_R^N = \frac{3(1-c_1)^2}{16}$。通过比较，得到 $p^{N*} < p_1^N$，$D^{N*} > D_t^N$，$\Pi_T^{N*} > \Pi_T^N$。

6.4 引入制造商定制化网络直销渠道后的市场均衡

为了提高产品的市场占有率，同时满足更多消费者的切实需求，作为斯塔克伯格博弈领导者的制造商在保留传统零售渠道的基础上，开设一条新的网络直销渠道，并通过该渠道向消费者提供定制化产品2。此双渠道供应链各参与方的决策时序如下：第一步，制造商确定定制化最大水平 s 的大小；第二步，制造商同时确定传统零售渠道的批发价格 w 和网络直销渠道的销售价格 p_2；第三步，零售商确定传统零售渠道的销售价格 p_1。

双渠道模式下，首先分析消费者对标准产品 1 和定制化产品 2 的购买偏好情况。

①当消费者的净效用 $U = v_{p1} - p_1 \geqslant 0$ ，即 $v_{p1} \geqslant \bar{v}_{11} = p_1$ 时，消费者从传统零售渠道购买标准产品1；当 $v_{p1} < \bar{v}_{11}$ 时，消费者不购买标准产品1。

②当消费者的净效用 $U = v_{p2} + ks - p_2 \geqslant 0$ ，由于 $v_{p2} = \theta v_{p1}$ ，则 $v_{p1} \geqslant \bar{v}_{12} = (p_2 - ks)/\theta$ 时，消费者从网络直销渠道购买定制化产品2；当 $v_{p1} < \bar{v}_{12}$ 时，消费者不购买定制化产品2。

③当消费者的净效用 $U = v_{p1} - p_1 = \theta v_{p1} + ks - p_2$ ，即 $v_{p1} = \bar{v}_{13} = (p_1 + ks - p_2)/(1 - \theta)$ 时，消费者购买标准产品1和定制化产品2无差异。

易知，如果 $\bar{v}_{12} < \bar{v}_{11}$ ，则有 $\bar{v}_{12} < \bar{v}_{11} < \bar{v}_{13}$ 且 $\bar{v}_{13} \leqslant 1$ ，或 $\bar{v}_{12} < \bar{v}_{11} < \bar{v}_{13}$ 且 $\bar{v}_{13} > 1$ 。如果 $\bar{v}_{11} \leqslant \bar{v}_{12}$ ，则有 $\bar{v}_{13} \leqslant \bar{v}_{11} \leqslant \bar{v}_{12}$ 。

传统零售渠道和网络直销渠道的市场需求为

$$(D_t, D_d) = \begin{cases} \left(0, \dfrac{-p_2 + ks + \theta}{\theta}\right), & p_1 > p_2 - ks + 1 - \theta \\ \left(1 - \dfrac{p_1 + ks - p_2}{1 - \theta}, \dfrac{\theta p_1 - p_2 + ks}{\theta(1 - \theta)}\right), & \dfrac{p_2 - ks}{\theta} < p_1 \leqslant p_2 - ks + 1 - \theta \\ (1 - p_1, 0), & p_1 \leqslant \dfrac{p_2 - ks}{\theta} \end{cases} \tag{6-4}$$

6.5　渠道选择与纵向定制化竞争策略

根据逆向归纳法求解该斯塔克伯格博弈问题，可得到传统零售渠道的最优销售价格、最优批发价格和网络直销渠道的最优销售价格，分别以 p_t、w 和 p_d 表示。

命题6.1： 零售商的最优定价策略如下所述。

传统零售渠道零售商对标准产品1的最优销售价格是

$$p_t = [2\theta(1-\theta)(3-\theta)k^2 - (b-k)^2(2a\theta + k^2 - ak\theta)]/B \tag{6-5}$$

其中，$B = 8\theta(1-\theta)a^2 - (b-k)^2(4a\theta + k^2)$。下同。

命题 6.2：制造商的最优定价策略如下所述。

$$w = [4\theta(1-\theta)k^2 - \theta k(b - c_{定制化产品2})(2a - k\theta - k) + k(e-k)^2(\theta e - k)]/B \tag{6-6}$$

$$p_d = \theta k[4\theta(1-\theta)k - (b - k + c_{定制化产品2})(2a\theta - k\theta - k)]/B \tag{6-7}$$

则传统零售渠道和网络直销渠道的市场需求以及市场总需求分别是

$$D_t = \frac{(2a - 2a\theta + bk - k^2 + c_{定制化产品2})a\theta}{B} \tag{6-8}$$

$$D_d = \frac{(2a\theta - 2a\theta^2 + bc_{定制化产品2} - k^2 - 2b^2\theta + 2bk\theta)a}{B} \tag{6-9}$$

$$D = D_t + D_d = \frac{(4a\theta - 4a\theta^2 - k^2 - k^2\theta - c_{定制化产品2} + 3bk\theta + kb)a}{B} \tag{6-10}$$

传统零售商和制造商的利润分别是

$$\Pi_R = \frac{a\theta^2[2a(1-\theta)) - (b-k)^2][2a(1-\theta) + k(c_{定制化产品2} - k)]^2}{2B^2} \tag{6-11}$$

$$\Pi_M = \frac{a\theta[(1-\theta^2)a - (c_{定制化产品2} - k)(a\theta - k)}{B} \tag{6-12}$$

命题 6.3：制造商是否开展基于产品纵向定制化的网络直销渠道，这一决策在一定程度上取决于定制化产品 2 的边际定制成本 $c_{定制化产品2}$。如果边际定制成本高于 $\frac{\theta(2\theta - 2 + c_1)}{2\theta - 1}$，制造商不增设网络直销渠道；如果边际定制成本低于 $\frac{\theta(2\theta - 2 + c_1)}{2\theta - 1}$，并且消费者对网络直销

渠道的偏好系数 θ 低于阈值 $\hat{\theta}=\frac{(1-c_1)^2(4\theta-3)}{16(2\theta-1)^2}$，制造商将增设网络直销渠道。同时，边际定制成本 $c_{\text{定制化产品2}}$ 越高，θ 的阈值 $\hat{\theta}$ 越高。

命题 6.4：制造商增设基于产品纵向定制化的网络直销渠道后，他的总利润会随着渠道偏好系数 θ 的增加而增加；而零售商利润则随着渠道偏好系数 θ 的增加而减少。

此外，制造商引入基于产品纵向定制的网络直销渠道后，一方面，传统零售渠道的零售价格降低会吸引一部分消费者购买标准产品1；另一方面，网络直销渠道的出现可以吸引对产品有个性化要求的消费者购买纵向定制产品2，进而导致总需求在整体上增加。

命题 6.5：当转移支付契约参数在哪些区间时，该双渠道供应链各参与方的绩效得到帕累托改进。①如果网络直销渠道中定制化产品2的单位定制成本 $c_2\in[\frac{\theta(2\theta-2+c_1)}{2\theta-1},1]$，当柔性制造系统的初始投资成本 $C_m(s)\leqslant\frac{(1-c_1)^2(4\theta-3)}{16(2\theta-1)^2}$ 时，供应链的利润是增加的；②如果网络直销渠道中定制化产品2的单位定制成本 $c_2\in[\theta c_1,\frac{\theta(2\theta-2+c_1)}{2\theta-1}]$，当 $C_m(s)\leqslant[(4\theta-1)c_2^2-2\theta(4\theta-4+3c_1)+\theta^2(4\theta-7+6c_1)+3\theta(1-c_1)^2]/16\theta(\theta-1)$ 时，供应链的利润也是增加的；③然而，如果网络直销渠道中定制化产品2的单位定制成本较小，即 $c_2\in(c_1,\theta c_1)$，当 $C_m(s)\leqslant[4c_2^2-8\theta c_2+4\theta^2-3\theta(1-c_1)^2]/16\theta$ 时，供应链的利润也是增加的；④如果制造商向传统零售商实施非负转移支付 $T\in[\Pi_R^N-\Pi_{Ri},\Pi_{Mi}-\Pi_M^N]$，可以实现双方的帕累托改进，减弱双重边际化效应。

6.6 算例分析

为了验证以上的结论，参考 Mendelson 和 Parlakturk（2008）的算例参数设置，给定外生参数 $k=20$，$\alpha=2$。表 6－1 总结：①定制化产品 2 的边际定制成本 $c_{定制化产品2}$ 对制造商总利润 Π_M、零售商利润 Π_R、供应链参与双方总利润 Π_T 的敏感度分析结果；②网络直销渠道销售价格对制造商总利润 Π_M、零售商利润 Π_R、供应链参与双方总利润 Π_T 的敏感度分析结果。

表 6－1　各参数对双渠道供应链各方利润的影响

边际定制成本	单一传统零售渠道的集中式决策		单一传统零售渠道的分散式决策			制造商引入网络直销渠道后的分散式供应链决策					制造商利润增加量（万美元）	传统零售商利润增加量（万美元）	系统整体改善百分比（%）
	制造商利润（万美元）	整体利润（万美元）	制造商利润（万美元）	传统零售商利润（万美元）	整体利润（万美元）	网络直销渠道的销售价格（美元）	制造商利润（万美元）	传统零售商利润（万美元）	整体利润（万美元）	传统零售商利润占整体利润的比例（%）			
1.0	41.34	41.34	10.65	9.75	20.40	11.16	16.81	16.26	33.07	44.17	6.18	6.51	62.11
1.5	—	—	—	—	—	10.95	16.97	13.70	30.67	44.67	6.33	3.95	50.34
2.0	—	—	—	—	—	10.80	17.03	11.76	28.79	40.85	6.35	2.01	41.13
2.5	—	—	—	—	—	10.67	17.17	10.05	27.22	36.92	6.47	0.30	33.43
3.0	—	—	—	—	—	10.55	17.59	8.42	26.01	32.37	6.88	−1.33	27.50
3.5	—	—	—	—	—	10.43	17.87	6.32	24.19	26.13	7.22	−3.43	18.58
4.0	—	—	—	—	—	10.38	18.07	4.65	22.72	20.47	7.45	−5.10	11.37
4.5	—	—	—	—	—	10.34	19.22	2.12	21.34	9.93	8.52	−7.63	4.61

注：“—”表示同上。

由表 6－1 可以看出，随着边际定制成本 $c_{定制化产品2}$ 增加，即消费者对定制化产品2的质量需求越来越高，网络直销渠道中对该定制化产品的销售价格也相应增加，增长幅度不大，同时制造商的利润也会随之增加。这与第6.5节中的理论分析一致。而随着消费者对定制化产品2的质量需求越来越高，传统零售商的利润有明显下降趋势，其利润占供应链整体利润的比例也越来越低，甚至低于单一传统零售渠道下的利润。此时通过转移支付策略吸引零售商继续在传统零售渠道销售标准产品1，不仅稳固了传统零售渠道，丰富了产品多样性，也为偏好网购的消费者提供实体店体验。

数值分析显示当边际定制成本 $c_{定制化产品2} \leqslant 2.5$ 时，在制造商提供零售商转移支付策略的基础上，零售商和制造商的利润比单一传统零售渠道时的利润都有相应增加，尽管增加速度缓慢降低，但供应链系统的总利润普遍高于单一传统零售渠道情形下的供应链总利润。当边际定制成本 $c_{定制化产品2} > 2.5$ 时，制造商利润比单一传统零售渠道情形时的利润没有减少，但由于零售商利润低于单一传统零售渠道情形下的利润，此情形下供应链总绩效改善较小。这由命题6.3中 $c_{定制化产品2}$ 和 θ 参数关系所决定。

6.7 本章小结

本章以强势制造商和弱势零售商组成的提供标准产品1的单一传统零售渠道为基础，增设了提供纵向定制化产品2的制造商网络直销渠道，在双渠道Hotelling需求模型下建立了标准产品1与定制化产品2的基础需求模型，基于消费者效用理论分析了不同参数影响情形下的供应链市场均衡决策，给出了供应链分散决策斯塔克伯格博弈的最优定价决策，得到供应链中制造商的渠道选择以及开展纵向定制化竞争策略的条件。最后，使用数值试验予以验证。

在现实的电子商务环境中，双渠道供应链各参与方由于经营规模和供应链话语权的差异，对风险的偏好并不相同，具体体现为强势制造商往往呈现风险中性，弱势零售商呈现风险规避的特性。那么，如何在建构消费者效用函数和需求函数的过程中引入风险规避因素，如何刻画零售商的风险规避特性，并探讨风险规避程度差异对市场需求、供应链各个参与方决策、各个参与方利润的影响，成为未来研究的重点。

第7章　低碳供应链产能投资协调策略研究

7.1　引言

日益严重的环境问题以及人们环保意识的增强推动了低碳供应链的发展，而绿色消费的兴起使消费者更青睐低碳供应链企业所提供的产品和服务，也愿意支付更高的价格。绿色供应管理的实施不仅对企业内部环境管理有利，还能够提高产品绿色度，满足消费者环保意识的需求。2020年年初，根据新冠肺炎疫情防控的需要，部分城市减少或暂停了公共交通的运营，特别是武汉市，从2020年1月23日起，公共交通暂停，私家车不允许上路。“哈啰出行”于2020年2月6日披露的大数据显示，1月8日至2月5日期间，包括广州、深圳、北京、上海在内的多个一二线城市，采购出行（超市、农贸市场等地点附近）骑行量占比上涨约5%，求医出行（开关锁距离各城市医院100m内）骑行量占比上升（广州提升约4%），同时，3km以上的骑行量占比增加，透露出部分用户用共享单车替代了此前的出行方式。海尔、美的等制造企业均已推出低碳绿色产品；许多能源类制造企业通过分摊减排成本投入来实现产品的碳减排，实现了改善供应链整体绩效的目标。然而，传统的二级低碳供应链当中，随机的产品需求易造成产能不匹配情况。具体来说，在上下游信息完全共享的条件下，供应商在市场需求真正实现前，进行产能投资；零售商在观察到需求后开始下订单，随后供应商根据订单进行生产。面对随机的市场需求，零售商要求供应商尽可能储备更多的产能，以应对供需不确定的问题。但此时，供应商将承担多余的产能投资风险，导致得到次优的产能水平。鉴于此，本章为解决消费者低碳偏好条件下供应链产能不匹配问题，探究低碳供应链产能协调机制，优化供应商产能决策。

目前关于低碳供应链产能投资的文献主要分为两类：一是关于低碳供应链研究；二是产能投资的契约设计。在低碳供应链研究方面，相关学者主要从供应链低碳化角度（Jacob，2010；Cachon，2011）和消费者低碳环保意识角度（Swami，2013；Xia，2014）进行研究。本章主要针对第二类问题展开研究。李友东等（2016）在收益分享契约和成本分摊两种契约基础上研究了供应链减排合作机制问题。Swami等（2013）的研究发现了消费者敏感度、产品绿色度与成本投入分摊比例之间的关系以及对供应链绩效的影响。Xia等（2014）分析了碳减排成本分摊有助于制造商减少产品的碳排放。刘云龙等（2016）研究了消费者支付意愿和产品绿色度的关系。刘名武等（2016）就消费者低碳偏好和碳交易模式提出了数量折扣契约可以协调该供应链。刘基良等（2017）研究低碳偏好消费者与普通消费者的差异性支付意愿和消费效用，建立供应链一体化决策和分散决策下的两类产品组合定价模型。虽然上述研究分析了低碳环保意识对低碳供应链绩效的影响，但是鲜少有学者结合消费者低碳偏好和扩大供应商最优产能水平两方面探究供应链绩效水平。

在产能投资的合同设计方面，相关学者主要从垂直供应链产能研究和水平供应链产能研究角度进行研究。本章主要针对第一类问题展开研究，探讨批发价格和产能投资的联合决策问题，其中Cachon等（2001）提出产能不匹配问题，分析了在强制履约和自愿履约两种情况下期权契约的协调效果；Tomlin（2003）在 Cachon（2001）基础上分析惩罚机制即当最终订单高于事先产能水平，制造商可以惩罚供应商，确定承诺契约以及期权契约，给出最优产能决策；徐最等（2007）利用制造商购买数量作为补偿基数，指出了线性补偿和非线性补偿两种机制下的产能投资水平；Jin 等（2007）在能力预定情况下对可抵扣的预定契约以及照付不议两种契约是否能够实现供应链协调进行研究；孔融等（2012）基于产能分担契约下研究最优产能决策；石丹等（2015）以批发价格契约为基准，比较收益共享、产能补偿两种契约对供应商产能建设的激励效果；陈志松（2016）研究产能与工艺约束下人造板绿色供应链管理及其协调机制；Yang 等（2017）研究以完全成本分摊、部分成本分摊两种契约来帮助制造商降低产能风险；鄢冬瑾（2017）研究工程供应商培育激励机制问题，采用投资成本分担和采购价格激励两种激励方式以提升其产品质量和产能；Meng 等（2014）研究单供应商、多制造商供应链的产能预留机制，量化最优产能预留量和实现时间以及供应商最优产能；Tang 等（2015）研究单供应商、多零售商供应链的产能分配问题，分析两者基于纳什均衡的竞争博弈；Boulaksil 等（2017）从 OEM 的角度研究面临随机需求和合约制造商随机产能分配的问题，建立随机动态规划模型；Guo 等（2018）研究事前和事后谈判下竞争对手间产能共享的最优策略。虽然上述研究分析了部分契约对于供应链产能投资的改善作用，但是并没有同时从消费者低碳偏好、扩大供应商最优产能水平角度采用协调机制激励供应商确定最优产能水平。

从已有的文献可以看出，考虑消费者低碳偏好的供应链合同设计、产能投资问题已成为供应链的研究热点之一，综合考虑供应商的减排水平、零售商营销努力水平和成员间的博弈行为，对低碳供应链产能投资协调契约进行研究的文献较少。因此本章从消费者低碳偏好角度出发，应用博弈论相关理论，考虑消费者需求受到减排水平和营销努力水平影响，研究由单个供应商和单个零售商构成的两级低碳供应链，分析在不同合同下产能投资协调策略，并对低碳供应链在不同合同下的绩效比较分析，本章的具体贡献体现在以下三个方面。

①在低碳供应链中为增加消费者低碳产品需求，供应商与零售商共同分摊营销投入成本；零售商为激励供应商扩大产能，基于碳排放视角，在成本分摊合同下考虑双方合作中的减排投入成本和产能准备成本分摊问题。

②本章研究了低碳供应链产能激励机制设计问题，并比较不同合同对供应链成员利润的影响。同时，也探讨了成本分摊系数以及承诺订购量对供应商最优产能准备量、减排水平和零售商营销努力水平的影响。

③目前，对供应商产能投资的研究较少基于低碳产品背景，本章探讨供应商面对未来市场需求不确定的风险，激励供应商扩大供应商产能准备量，提出成本分摊合同和预订合同两种协调机制，并证明了这两个合同优化供应商产能决策的有效性。本章的研究丰富了低碳供应链中产能激励机制设计问题，希望能够为低碳供应链管理者应对供应商产能供应不足提供指导和建议。

7.2 假设

本章主要从消费者低碳偏好角度分析协调机制优化供应商产能决策的问题，由单个供应商和单个零售商组成的两级低碳供应链，零售商为领导者，其决策变量为低碳产品营销努力水平 r；供应商作为追随者，其决策变量为产能准备量 K 和单位产品碳排放减少量 e（全部模型符号见表 7－1）。零售商决策提供给供应商的契约参数，供应商决策最优产能投资水平，决策次序如图7-1所示。

表7-1　低碳供应链模型符号含义

符号		含义
决策变量	K	供应商产能准备量
	r	低碳产品营销努力水平
	e	单位产品碳排放减少量
参数、随机变量以及因变量	D	市场需求
	p	市场价格
	X	随机市场需求，$X \geqslant 0$
	n	低碳产品需求营销投入的成本系数
	b	市场需求对低碳产品营销努力水平的敏感系数
	φ	营销投入成本的补贴比率
	t	消费者低碳偏好水平
	h	单位产品碳排放减少量成本
	ξ	成本分摊系数
	m	承诺订购量
	c	单位生产成本
	C_p	单位产能准备成本
	C_f	营销投入成本
	$g(e)$	减排投入成本
	C_h	产能过剩给供应商带来的单位损失
	C_s	产能不足给零售商带来的单位损失
	w	单位产品批发价格
	Π_s	供应商利润
	Π_r	零售商利润

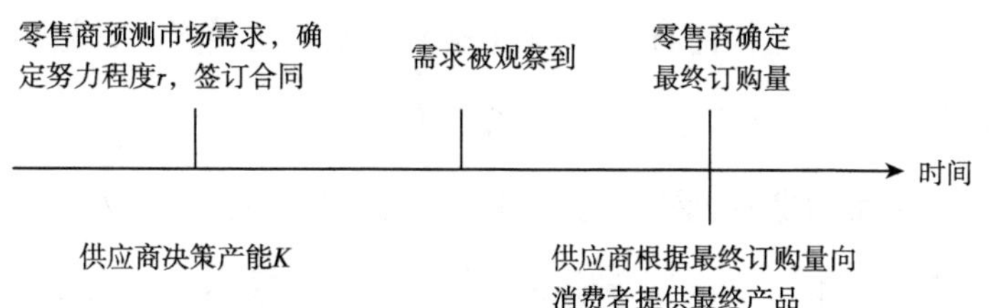

图7-1　零售商和供应商决策次序

具体假设如下：

①零售商为激励供应商建立较高的产能水平，承诺会跟供应商签订合同。

②借鉴文献中对产品需求函数进行的假设，考虑产品需求受供应商减排水平（Wang & Zhao，2016）、零售商营销努力水平（Cachon，2003）的影响，并基于 Guo 等（2018）、周艳菊等（2017）研究，假设低碳产品的市场价格趋于完全竞争，虽然市场中通常提供低碳程度不同的产品，但提供价格相同的策略，因此假定价格 p 不变，即低碳产品实际需求量为 $D = X + br + teX \geqslant 0$，$X$ 表示不考虑低碳努力程度条件下随机市场需求，$F(x)$ 和 $f(x)$ 分别表示分布函数和概率密度函数，$F(x)$ 是一个严格递增的连续可微函数（满足 $IGFR$）。b 表示市场需求对低碳营销努力水平的敏感系数，本章所引入的 r 表示在低碳供应链中的零售商为满足消费者低碳产品需求所付出的营销努力水平，主要包括两方面：第一，挖掘有效数据，通过数据分析使企业所提供的低碳产品能够满足消费者的心理预期，以增加产品的需求量；第二，零售商作为直接面向消费市场的主体，为使消费者快速认知低碳产品与普通产品的区别，零售商需要采取如广告投放、市场宣传与推广和销售渠道大范围覆盖推销等推广措施。这些营销行为将对消费者产生一定影响，提高产品需求。参考 Chu 和Desai（1995）研究中的假设供应商和零售商通过分摊零售努力成本来增加需求，本章拟研究低碳供应链中供应商与零售商自愿分担营销投入成本的情况。e 表示单位产品碳排放减少量。t 表示消费者的低碳偏好水平。

③为满足消费者低碳偏好，供应商将实施产品减排投入及生产活动，供应商成本由单位生产成本 c 和减排投入成本 $g(e)$ 组成，借鉴 Poyago-Theotoky（2007）的研究，减排投入成本与碳排放减少量之间的关系为 $g(e) = he^2$。

④根据前人的研究结果，零售商的营销努力水平越高，市场需求就越大。借鉴 Gurnan 和 Erkoc（2007）采用类似努力成本函数的研

究，供应链企业实施低碳供应链管理的营销投入成本为 $C_f=\frac{nr^2}{2}$，n 表示低碳产品需求营销投入的成本系数，零售商对实施低碳供应链管理营销投入成本的补贴比率为 $\varphi(0<\varphi<1)$。

⑤参照 Cachon 等（2001）的研究，供应商确定的产能准备量为 K，其单位产能准备成本为 C_p。需求实现之后，零售商根据实际需求确定最终订购量；最后，供应商进行生产，并向消费者提供 $\min\{K, D\}$ 数量的产品。

则产品期望销售数量：

$$S(K)=E\min(D,K)=E[D-(D-K)^+]=K-\int_0^{K-br-te}F(x)\mathrm{d}x$$

补充：K_1^*，r_1^*，e_1^*；K_2^*，r_2^*，e_2^*；K_3^*，r_3^*，e_3^*；K_4^*，r_4^*，e_4^* 和 K_5^*，r_5^*，e_5^* 分别表示集中决策下、批发价格合同下、成本分摊合同下、预订合同和产能共享合同下的供应商最优产能准备量、零售商低碳产品最优营销努力水平和供应商最优碳排放水平。$\Pi_{s2}(K,e,r,w)$ 和 $\Pi_{s3}(K,e,r,w,\xi)$ 分别表示批发价格合同和成本分摊合同下供应商利润，$\Pi_{r2}(K,e,r,w)$ 和 $\Pi_{r3}(K,e,r,w,\xi)$ 分别表示批发价格合同和成本分摊合同下零售商利润。

7.3　基础模型

7.3.1　集中决策

集中决策下，零售商和供应商为一家公司或被同一个决策组织控制，此时系统中供应商和零售商是一个利益共同体，整个公司的目标是确定最优的产能准备量 K、低碳产品营销努力水平 r 以及碳排放水平 e。参照 Cachon 等（2001）、Yang 等（2017）、Wang 等（2016），建立系统利润表达式为

$$\Pi(K,r,e) = (p - c)E\min(D,K) - C_pK - \frac{nr^2}{2} - C_h(K - D)^+ - C_s(D - K)^+ - he^2 \quad (7-1)$$

其中第一项为销售产品收益，第二项为供应链产能准备成本，第三项为供应链企业的营销投入成本，第四项为产能过剩造成的损失，第五项为产能不足造成的损失，第六项为供应链的减排投入成本，根据式（7－1）整理得

$$\Pi(K,r,e) = (p-c+C_h+C_s)S(K) - (C_h+C_p)K - C_s\mu - \frac{nr^2}{2} - he^2 \quad (7-2)$$

由式（7－2）可知 Hessian 矩阵为

$$\begin{vmatrix} -(p-c+C_h+C_s)f(K-br-te) & t(p-c+C_h+C_s)f(K-br-te) & b(p-c+C_h+C_s)f(K-br-te) \\ t(p-c+C_h+C_s)f(K-br-te) & -bt(p-c+C_h+C_s)f(K-br-te)-2h & b^2t(p-c+C_h+C_s)f(K-br-te) \\ b(p-c+C_h+C_s)f(K-br-te) & b^2t(p-c+C_h+C_s)f(K-br-te) & -b^2(p-c+C_h+C_s)f(K-br-te)-n \end{vmatrix}$$

由上可知，其一阶顺序主子式 $H_1 = -(p-c+C_h+C_s)f(K-br-te) < 0$，二阶顺序主子式 $H_2 = [(p-c+C_h+C_s)f(K-br-te)][bt(p-c+C_h+C_s)f(K-br-te)+2h] - t^2(p-c+C_h+C_s)^2f^2(K-br-te) > 0$，三阶顺序主子式 < 0，故 Hessian 矩阵为负定，函数式（7－2）存在最大值，则供应链总利润 $\Pi(K,r,e)$ 是关于 K、r 和 e 的联合凹函数，即有 $\Pi(K,r,e)$ 唯一极大值，该函数分别对 K、r 和 e 求一阶导数可得

$$\begin{cases} \dfrac{\partial \Pi(K,r,e)}{\partial K} = (p-c+C_h+C_s)\bar{F}(K-br-te) - (C_h+C_p) = 0 \\ \dfrac{\partial \Pi(K,r,e)}{\partial r} = b(p-c+C_h+C_s)F(K-br-te) - nr = 0 \\ \dfrac{\partial \Pi(K,r,e)}{\partial e} = t(p-c+C_h+C_s)F(K-br-te) - 2he = 0 \end{cases} \quad (7-3)$$

根据式（7－3）可得以下结论。

命题7.1：集中决策下，供应商最优产能准备量 K_1^*、最优碳排放水平 e_1^* 和零售商最优营销努力水平 r_1^* 分别为

$$\begin{cases} K_1^* = F^{-1}\left(\dfrac{p - c + C_s - C_p}{p - c + C_h + C_s}\right) + \dfrac{b^2(p - c + C_s - C_p)}{n} \\ e_1^* = \dfrac{t(p - c + C_s - C_p)}{2h} \\ r_1^* = \dfrac{b(p - c + C_s - C_p)}{n} \end{cases} \tag{7-4}$$

从式（7-4）可以得出，供应商产能准备量 K_1^* 与产能不足给零售商带来的单位损失正相关，这表明零售商可以增加惩罚迫使供应商提高产能准备量。零售商营销努力水平 r_1^* 与敏感系数 b 正相关，表明 b 越大则营销努力水平对需求影响增大，供应链总利润会增大；供应商碳排放水平 e_1^* 与消费者的低碳偏好水平 t 正相关，与单位产品碳排放减少量的成本 h 负相关，表明消费者的低碳偏好水平 t 增加或 h 减少时，供应商会努力提高碳排放水平。同时营销努力水平 r_1^* 与营销努力水平的成本系数 n 负相关，表明对于相同的努力程度，成本系数越大则成本越大。

7.3.2　批发价格合同

批发价格合同中零售商和供应商是两个独立的利益主体，分别最大化自身的期望收益。参照 Cachon 等（2001），建立供应商利润表达式为

$$\Pi_s(K,e) = (w - c)E\min[D,K] - C_pK - (1 - \varphi)\frac{nr^2}{2} - C_h(K - D)^+ - he^2 \tag{7-5}$$

其中第一项为供应商获得的产品收入，第二项为供应商产能准备成本，第三项为供应商分摊的营销投入成本，第四项为投资过剩造成的损失，第五项为供应商的减排投入成本，根据式（7-5）整理得

$$\Pi_s(K,e) = (w-c+C_h)S(K) - (C_h+C_p)K - (1-\varphi)\frac{nr^2}{2} - he^2 \tag{7-6}$$

由式（7-6）可知 Hessian 矩阵为：

$$\begin{vmatrix} -(w-c+C_h)f(K-br-te) & t(w-c+C_h)f(K-br-te) \\ t(w-c+C_h)f(K-br-te) & -t^2(w-c+C_h)f(K-br-te)-2h \end{vmatrix}$$

可知其一阶顺序主子式 $H_1 = -(w-c+C_h)f(K-br-te) < 0$，二阶顺序主子式 $H_2 = [t^2(w-c+C_h)^2f^2(K-br-te)+2h][(w-c+C_h)f(K-br-te)] - t^2(w-c+C_h)^2f^2(K-br-te) > 0$，故 Hessian 矩阵为负定，函数式（7-6）存在最大值，则供应商利润 $\Pi s(K,e)$ 是关于 K 和 e 的联合凹函数，即有 $\Pi_s(K,e)$ 唯一极大值，该函数分别对 K 和 e 求一阶导数可得：

$\partial\Pi_s/\partial K = (w-c+C_h)\bar{F}(K-br-te) - (C_h+C_p) = 0$，$\partial\Pi_s/\partial e = t(w-c+C_h)F(K-br-te) - 2he = 0$。

由此可得，在给定批发价格 w（K，e）的情况下，分散决策下供应商最优产能准备量为 $F(K_2^*-br-te) = \dfrac{w-c-C_p}{w-c+C_h}$，即 $K_2^* = F^{-1}(\dfrac{w-c-C_p}{w-c+C_h}) + br + te$；碳排放水平 e 为$e_2^* = \dfrac{t\ (w-c-C_p)}{2h}$。

零售商利润表达式为

$$\Pi_r(r) = (p-w)E\min[D,K] - \varphi\frac{nr^2}{2} - C_s(D-K)^+ \tag{7-7}$$

其一阶条件为

$$\partial\Pi_r/\partial r = (p-w+C_s)F(K-br-te) - \varphi nr = 0 \tag{7-8}$$

根据式（7-7）对 r 求一阶导数可得

$$r_2^* = \frac{b(p-w+C_s)F(K-te-br)}{\varphi n}$$

因此可得以下结论，见**命题 7.2**。

命题7.2：批发价格合同下，供应商最优产能准备量K_2^*、最优碳排放水平e_2^*和零售商最优营销努力水平r_2^*分别为

$$\begin{cases} K_2^* = F^{-1}\left(\dfrac{w-c-C_p}{w-c+C_h}\right)+\dfrac{b^2(p-w+C_s)F(K_2-te-br)}{\varphi n}+ \\ \qquad \dfrac{t^2(w-c-C_p)}{2h} \\ e_2^* = \dfrac{t(w-c-C_p)}{2h} \\ r_2^* = \dfrac{b(p-w+C_s)F(K_2-te-br)}{\varphi n} \end{cases} \tag{7-9}$$

从式（7－9）可以得出，供应商产能准备量K_2^*与产能不足给零售商带来的单位损失C_s、单位产品批发价格w正相关，这表明单位产品批发价格w越高或单位损失C_s越大，则供应商产能准备量K_2^*越高，一方面表明零售商可以加重惩罚迫使供应商提高产能准备量；另一方面表明单位产品批发价格w越高（或单位产能准备成本C_p越低），则供应商更愿意提高产能准备量来增加收益；供应商碳排放水平e_2^*与消费者低碳偏好水平t正相关，与单位产品碳排放减少量成本h负相关，表明消费者低碳偏好水平t增加时，供应商会努力提高碳排放水平。

零售商营销努力水平r_2^*与市场价格p正相关，与单位产品批发价格w、营销努力水平的成本系数n负相关，这表明单位产品批发价格w越低或市场价格p越高，零售商营销努力水平r_2^*越高。那么零售商会主动扩大市场需求，相对而言，零售商、供应商利润均会增加。

命题7.3：比较批发价格合同和集中决策，集中决策超过批发价格合同下的最优营销努力水平，即$r_2^* < r_1^*$；集中决策超过批发价格合同下的最优产能准备量，即$K_2^* < K_1^*$；集中决策超过批发价格合同下的最优碳排放水平，即$e_2^* < e_1^*$。

证明：最优营销努力水平、最优产能准备量、最优碳排放水平大小，即

$$\begin{cases} K_2^* = F^{-1}(\frac{w-c-C_p}{w-c+C_h}) + \frac{b^2(p-w+C_s)F(K_2-te-br)}{\varphi n} + \\ \quad \frac{t^2(w-c-C_p)}{2h} \\ \quad < K_1^* = F^{-1}(\frac{p-c+C_s-C_p}{p-c+C_h+C_s}) + \frac{b^2(p-c+C_s-C_p)}{n} \\ r_2^* = \frac{b(p-w+C_s)F(K_2-te-br)}{\varphi n} \\ \quad < r_1^* = \frac{b(p-c+C_s-C_p)}{n} \\ e_2^* = \frac{t(w-c-C_p)}{2h} < e_1^* = \frac{b(p-c+C_s-C_p)}{2h} \end{cases} \tag{7-10}$$

从式（7－10）可以得出，首先，比较批发价格合同和集中决策的最优营销努力水平，明显得出 $r_2^* < r_1^*$，说明零售商在与供应商共同分担单位产能准备成本 C_p 时，为了自身利润更不愿意提高营销努力水平 r_2^*，以此来扩大市场需求。其次，从碳排放水平来看，集中决策优于批发价格合同即 $e_2^* \leqslant e_1^*$，在批发价格合同下降低了供应链碳排放水平，降低了产品的低碳化程度。

接下来比较最优产能准备量，根据 $\bar{F}(K_2^*-br-te)$，$\bar{F}(K_1^*-br-te)$，可以得出集中决策超过批发价格合同下的最优产能准备量 $K_2^* < K_1^*$，也就是说批发价格合同下，供应商最优产能准备量没有达到集中决策下系统最优水平，降低了供应链利润。其主要原因在于，在批发价格合同下，尽管整个供应链中上下游属于完全信息共享，但是零售商和供应商是两个独立的利益主体，各自最大化自身的期望收益，因此供应商最优产能准备量没有达到集中决策下系统最优水平，降低了供应链利润。

在传统合同模型下，供应商独自承担产能过剩造成损失时，为了使双方的决策实现集中决策的最优产能准备量，需要设置两种激励方案进行供应链协调。本章在低碳供应链背景下，考虑以下两种激励方案：一种是预订合同，零售商在供应商产能确定前确定承诺订购量 m；另一种是成本分摊合同，与供应商共同承担产能准备成本 C_p 和减排投入成本 $g(e)$，比较两种契约对于供应商产能投资的激励效果，实现供应链系统协调。

7.4　产能协调机制

7.4.1　成本分摊合同

在本章设计的产能协调博弈模型中，供应商承担所有的减排投入成本和产能准备成本，而零售商并没有进行成本分摊，很可能导致供应链合作的不稳定，为了激励供应商参与到低碳供应链中，零售商需要分摊供应商成本，通过减少产品的碳排放水平、降低产能过剩的风险，从而促使供应商创造更多的产能，供应链企业在一定条件下可以获得更大的利润。在成本分摊合同下，具体决策过程如下：首先零售商决定分摊供应商的减排投入成本和产能准备成本，分摊比例为 ξ，供应商选择是否接受该分摊比例，若接受此合同，则零售商需要分摊总减排成本的 ξ 比例，而供应商只需要承担 $(1-\xi)$ 比例。

成本分摊合同下参数为 $\{w, \xi\}$，供应商利润表达式为

$$\Pi_s(K,e) = (w-c)E\min[D,K] - (1-\xi)C_pK - (1-\varphi)\frac{nr^2}{2} - C_h(K-D)^+ - (1-\xi)he^2 \tag{7-11}$$

零售商利润表达式为

$$\Pi_r(r) = (p-w)E\min[D,K] - \xi C_pK - \varphi\frac{nr^2}{2} - C_s(D-K)^+ - \xi he^2 \tag{7-12}$$

命题 7.4：成本分摊合同下，供应商最优产能准备量 K_3^*、最优碳排放水平 e_3^* 和零售商最优营销努力水平 r_3^* 分别为

$$\begin{cases} K_3^* = F^{-1}\left(\dfrac{C_h + (1-\xi)C_p}{w - c + C_h}\right) + \dfrac{b^2(p - w + C_s)F(K_3 - br - te)}{\varphi n} + \\ \qquad \dfrac{t^2(w-c) - t^2 C_p(1-\xi)}{2h(1-\xi)} \\ r_3^* = \dfrac{b(p - w + C_s)F(K_3 - br - te)}{\varphi n} \\ e_3^* = \dfrac{t(w-c) - tC_p(1-\xi)}{2h(1-\xi)} \end{cases} \tag{7-13}$$

证明：由（7－11）式可知 Hessian 矩阵为

$$\begin{vmatrix} -(w-c+C_h)f(K-br-te) & t(w-c+C_h)f(K-br-te) \\ t(w-c+C_h)f(K-br-te) & -t^2(w-c+C_h)f(K-br-te) - 2h(1-\xi) \end{vmatrix}$$

可知其一阶顺序主子式 $H_1 = -(w-c+C_h)f(K-br-te) < 0$，二阶顺序主子式 $H_2 = [t^2(w-c+C_h)^2 f^2(K-br-te) + 2h(1-\xi)][(w-c+C_h)f(K-br-te)] - t^2(w-c+C_h)^2 f^2(K-br-te) > 0$，故 Hessian 矩阵为负定，供应商利润表达式即式（7－11）存在最大值，则供应商利润 $\Pi_s(K,e)$ 是关于 K 和 e 的联合凹函数，即有 $\Pi_s(K,e)$ 唯一极大值，该函数分别对 K 和 e 求一阶导数可得：

$\partial\Pi_s/\partial K = (w-c+C_h)\bar{F}(K-br-te) - (C_h + (1-\xi)C_p) = 0$，$\partial\Pi_s/\partial e = t(w-c+C_h)F(K-br-te) - 2he(1-\xi) = 0$，由此可得，在给定批发价格 $w(K,e)$、成本分摊系数 $\xi(0<\xi<1)$ 情况下，分散决策下供应商最优产能准备量为 $\bar{F}(K_3^* - br - te) = \dfrac{C_h + (1-\xi)C_p}{w - c + C_h}$，即 $K_3^* = F^{-1}\left(\dfrac{w - c - (1-\xi)C_p}{w - c + C_h}\right) + br + te$；最优碳排放水平为 $e_3^* =$

$\frac{t(w-c)-tC_p(1-\xi)}{2h(1-\xi)}$。

零售商利润表达式即式（7－12）对 r 求导，令其一阶导数 $\partial\Pi_r/\partial r = b(p-w+C_s)F(K-br-tc)-\varphi nr=0$，由于 Π_r 是关于 r 的凹函数，有唯一极大值，由此可得，零售商最优营销努力水平 $r_3^* = \frac{b(p-w+C_s)F(K_3-br-te)}{\varphi n}$。

从式（7－13）可以得出，供应商产能准备量K_5^* 与产能不足给零售商带来的单位损失 C_s、低碳偏好水平 t 正相关，这表明单位损失 C_s 以及消费者偏好水平越高，则供应商产能准备量K_5^* 越高。供应商碳排放水平 e_3^* 与低碳偏好水平 t 正相关，这表明供应商碳排放水平越高，供应商愿意投入更多的减排成本；从碳排放水平来看，成本分摊合同优于批发价格合同即 $e_2^* \leq e_3^*$，此时供应链双方采用成本分摊合同可以提高供应链碳排放水平，提高产品的低碳化程度。

零售商低碳产品营销努力水平r_2^* 与市场价格 p、市场需求对低碳产品营销努力水平的敏感系数 b 正相关，与单位产品批发价格 w、低碳产品需求营销投入的成本系数 n 负相关，这表明单位产品批发价格 w 越低或市场价格 p 越高，零售商低碳产品营销努力水平r_2^* 越高，那么零售商会主动扩大市场需求，相对而言，零售商、供应商利润均会增加。

根据**命题7.4**得出 $\xi = \frac{tC_p - t(c-w)}{2he_3^* + tC_p}$，即零售商的成本分摊系数 ξ 与供应商减排水平 e 负相关，而与消费者的低碳偏好水平 t 正相关。这表明随着减排投入成本增加，零售商愿意分摊的比例会降低，这样零售商才能保持其利润水平；同时当消费者的低碳偏好水平 t 增加时，零售商承担的成本分摊比例增加，这说明消费者低碳偏好的增加通过需求增加导致零售商利润增加，从而影响了其决策行为。

定理 7.1：成本分摊合同下，要达到集中决策下最优生产能力，要满足给定批发价格 $w=\lambda(p-c+C_h+C_s)+c-C_h$，成本分摊系数 $\xi=1-\frac{\lambda(C_h+C_p)-C_h}{C_p}$。

证明：与集中决策相比，要使供应商生产能力达到集中决策供应链的最优能力计划 K_1^*，即 $K_3^*=K_1^*$，也即 $\bar{F}(K_1^*-br-te)=\bar{F}(K_3^*-br-te)$，$\frac{C_h+(1-\xi)C_p}{w-c+C_h}=\frac{C_h+C_p}{p-c+C_h+C_s}$。

引入参数 λ，令

$$\begin{cases}C_h+(1-\xi)C_p=\lambda(C_h+C_p)\\ w-c+C_h=\lambda(p-c+C_h+C_s)\end{cases}\tag{7-14}$$

可得

$$\begin{cases}\xi=1-\frac{\lambda(C_h+C_p)-C_h}{C_p}\\ w=\lambda(p-c+C_h+C_s)+c-C_h\end{cases}\tag{7-15}$$

此时有

$$\begin{cases}K_3^*=F^{-1}(\frac{C_h+(1-\xi)C_p}{w-c+C_h})+\frac{b^2(p-w+C_s)F(K_3-br-te)}{\varphi n}+\\ \qquad\frac{t^2(w-c)-t^2C_p(1-\xi)}{2h(1-\xi)}\\ r_3^*=\frac{b(p-w+C_s)F(K_3-br-te)}{\varphi n}\\ e_3^*=\frac{t(w-c)-tC_p(1-\xi)}{2h(1-\xi)}\end{cases}\tag{7-16}$$

当 $K_3^*=K_1^*$ 时，供应商利润最大，此时供应商和零售商利润分别为

$$\begin{cases} \Pi_s = (1-\lambda)(p-c+C_h+C_s)S(K) - \\ \qquad (1-\lambda)(C_h+C_p)K - he^2(1-\lambda) - (1-\varphi)\dfrac{nr^2}{2} \\ \Pi_r = \lambda(p-c+C_h+C_s)S(K) - \lambda(C_h+C_p)K - \\ \qquad \lambda he^2 - \varphi\dfrac{nr^2}{2} - C_s\mu \end{cases} \tag{7-17}$$

根据式（7－17）可知 λ 越大，供应商利润减少，零售商利润增加，即 λ 起着二者利润分配的作用。

定理 7.2：成本分摊合同下，当 $\lambda \in [\underline{\lambda}, \bar{\lambda}]$ 时，与批发价格合同相比，零售商设置成本分摊合同使供应商和零售商利润均上升。且 $\underline{\lambda} = \dfrac{\Pi r^2}{\Pi_{K1}}$，$\bar{\lambda} = \dfrac{\Pi_{K1} - \Pi s^2}{\Pi_{K1}}$，其中 Π_{K1} 为集中决策下供应链期望利润，即 $\Pi_{K1}(K, r, e) = (p-c+C_h+C_s)S(K) - (C_h+C_p)K - Cs\mu - \dfrac{nr^2}{2} - he^2$。

证明：根据式（7－17），K_2^* 和 e_2^* 得到最优批发价为 $\omega_2(K_2^*, e_2^*) = \dfrac{2he - t(C_h - c)F(K_2^* - br - te)}{t \cdot F(K_2^* - br - te)}$，代入批发价格合同下供应商和零售商利润表达式，得

$$\begin{cases} \Pi_{s2} = \dfrac{2he}{tF(K_2^* - br - te)}S(K_2^*) - (C_h+C_p)K_2^* - \\ \qquad (1-\varphi)\dfrac{nr^2}{2} \\ \Pi_{r2} = \dfrac{tF(K_2^* - br - te)(p-c+C_h+C_s) - 2he}{tF(K_2^* - br - te)}S(K_2^*) - \\ \qquad C_s\mu - \varphi\dfrac{nr^2}{2} \end{cases} \tag{7-18}$$

根据式（7－18），此时 $\Pi_{s3}(K,e,r,w,\xi) \geqslant \Pi_{s2}(K,e,r,w)$，$\Pi_{r3}(K,e,r,w,\xi) \geqslant \Pi_{r2}(K,e,r,w)$，因此，当 $\lambda \in [\underline{\lambda},\bar{\lambda}]$ 时，与批发价格合同相比，零售商采用成本分摊合同实现了双方利润提升。

定理7.1、**定理7.2** 表明，与批发价格合同相比，零售商分摊减排投入成本和产能准备成本这一决策有助于供应商改变其生产运营行为，供应商利润的提升不仅在于消费者低碳偏好对需求的变化，更在于零售商对两个成本的分摊，这有利于整个供应链企业投入更多的资金生产满足消费者偏好的低碳产品；对于零售商而言，因为零售商分摊供应商的成本小于因为产品需求增加带来的收益，零售商利润增加，在此情况下不仅能够达到批发价格合同下最优的产能准备量，同时双方能够获得更高的利润，这也是双方签订成本分摊合同的基础。

7.4.2 预订合同

在预订合同下，决策过程如下：首先零售商承诺订购的量至少为 m，然后供应商根据低碳产品营销努力水平 r 以及承诺订购量 m 确定其最优的产能准备量 K 和单位产品碳排放减少量 e，等实际需求发生之后，零售商向供应商下实际订单，订购量为 $\min[K,\max(D,m)]$。供应商期望提供给零售商的销售量为 E（K）和零售商的期望销售量 N（K）分别为

$$E(K) = E\{\min[K,\max(D,m)]\} \tag{7-19}$$

$$N(K) = E[\min\{\min[K,\max(D,m)]\},D] \tag{7-20}$$

根据式（7－19）、式（7－20）分别得

$$\begin{cases} E(K) = E\{\min[K,\max(D,m)]\} \\ \quad = \int_0^{m-br-te} mf(x)\mathrm{d}x + \int_{m-br-te}^{K-br-te} (x+br+te)f(x)\mathrm{d}x + \int_{K-br-te}^{\infty} Kf(x)\mathrm{d}x \\ N(K) = E[\min\{\min[K,\max(D,m)]\},D] \\ \quad = \int_0^{K-br-te} (x+br+te)f(x)\mathrm{d}x + K[1-F(K-br-te)] \end{cases} \tag{7-21}$$

此时，供应商利润表达式为

$$\Pi_s(K,e) = (w-c)E(K) - C_pK - (1-\varphi)\frac{nr^2}{2} - C_h(K-D)^+ - he^2 \tag{7-22}$$

零售商利润表达式为

$$\Pi_r(m,r) = pE(K) - wN(K) - \varphi\frac{nr^2}{2} - C_s(D-K)^+ \tag{7-23}$$

由（7－22）式可知 Hessian 矩阵为

$$\begin{vmatrix} -(w-c+C_h)f(K-br-te) & t(w-c+C_h)f(K-br-te) \\ t(w-c+C_h)f(K-br-te) & -t^2(w-c+C_h)f(K-br-te)-2h \end{vmatrix}$$

可知其一阶顺序主子式 $H_1 = -(w-c+C_h)f(K-br-te) < 0$，二阶顺序主子式 $H_2 = [t^2(w-c+C_h)^2f^2(K-br-te)+2h][(w-c+C_h)f(K-br-te)] - t^2(w-c+C_h)^2f^2(K-br-te) > 0$，故 Hessian 矩阵为负定，函数式（7－22）存在最大值，则供应商利润 $\Pi_s(K,e)$ 是关于 K 和 e 的联合凹函数，即有 $\Pi_s(K,e)$ 唯一极大值，该函数分别对 K 和 e 求一阶导数可得

$$\partial\Pi_s/\partial K = (w-c+C_h))\bar{F}(K-br-te) - (C_h+C_p) = 0$$

$$\partial\Pi_s/\partial e = t(w-c+C_h)F(K-br-te) - 2he = 0$$

由此可得，在给定批发价格 $w(K,e)$、承诺订购量 m 的情况下，

预订合同下供应商最优产能准备量为 $F(K_4^* - br - te) = \frac{w - c - C_p}{w - c + C_h}$，即 $K_4^* = F^{-1}(\frac{w - c - C_p}{w - c + C_h}) + br + te$；最优碳排放水平为 $e_4^* = \frac{t(w - c - C_p)}{2h}$。

命题 7.5：零售商利润函数 $\Pi_r(m,r)$ 与供应商最优产能准备量 K 成正比。

根据零售商利润函数即表达式（7－23）对 K 求一阶导数得 $\frac{\partial \Pi_r}{\partial K} = (p - w + C_s)[1 - F(K - br - te)]$，由于 $(p - w + C_s)[1 - F(K - br - te)] \geqslant 0$ 恒成立，可以得出，零售商利润函数 $\Pi_r(m,r)$ 与供应商最优产能准备量 K 成正比，即当供应商产能准备量增加时，零售商利润随之增加，因此，供应商、零售商愿意采用预订合同来增加收益，实现帕累托改进。

定理 7.3：供应商的最优产能准备量决策如下：当 $K_4 < m$ 时，供应商的最优产能准备量为 K_4，零售商最优营销努力水平为 r_{4-1}^*；当 $K_4 > m$，供应商的最优产能准备量为 m，零售商最优营销努力水平为 r_{4-2}^*.

证明：当 $K_4 < m$ 时，零售商会预料到供应商最优产能准备量为 K_4，此时零售商利润为

$$\begin{aligned}\Pi_r(m,r) &= pE\min(K_4,D) - wK_4 - \varphi\frac{nr^2}{2} - C_s(D - K_4)^+ \\ &= (p + C_s)E\min(K_4,D) - C_s\mu - wK_4 - \varphi\frac{nr^2}{2}\end{aligned} \tag{7-24}$$

根据零售商利润函数即式（7－24）可知 Π_r 与承诺订购量 m 无关，因此对于零售商而言，最优的承诺订购量 $m = 0$，此时等于基本的批发价格合同；同时根据零售商利润函数即（7－24）式对 r 求一

阶导数、二阶导数得 $\frac{\partial \Pi_r}{\partial r} = b(p + C_s)F(K - br - te) - n\varphi r$，$\frac{\partial^2 \Pi_r}{\partial r^2} = - b^2(p + C_s)f(K - br - te) - n\varphi < 0$，由于 Π_r 是关于 r 的凹函数，有唯一极大值，由此令 $b(p - w) - b(w + C_s)F(K - br - te) - n\varphi r = 0$，即可得预订合同下营销努力水平 r_{4-1}^*。

当 $K_4 > m$ 时，零售商会预料到供应商最优产能准备量为 K_4，此时零售商利润为

$$\begin{aligned}\Pi_r(m,r) &= (p - w)N(m) - \varphi \frac{nr^2}{2} - C_s (D - K_4)^+ \\ &= (p - w)N(m) - \varphi \frac{nr^2}{2} - C_s S(K) - C_s \mu \qquad (7-25)\end{aligned}$$

根据式（7－25）对 m 求一阶导数得 $\frac{\partial \Pi_r}{\partial m} = (p - w + C_s)\bar{F}(m - br - te) > 0$，可知 Π_r 与承诺订购量 m 成正比，因此对于零售商而言，最优的承诺订购量为 $\max\{m, K_4^*\}$，此时对比基本的批发价格合同，预订合同下零售商和供应商利润均上升；同时根据式（7－25）对 r 求一阶导数、二阶导数得 $\frac{\partial \Pi_r}{\partial r} = b(p + C_s)F(K - br - te) - n\varphi r$，$\frac{\partial^2 \Pi_r}{\partial^2 r} = - b^2(p + C_s)f(K - br - te) - n\varphi < 0$，由于 Π_r 是关于 r 的凹函数，有唯一极大值，由此令 $b(p + C_s)F(K - br - te) - n\varphi r = 0$ 即可得预订合同下营销努力水平 r^{*4-2}。

根据以上两种激励方案分析：成本分摊合同下能够激励供应商提高产能，达到系统最优产能准备量，在 $\lambda \in [\underline{\lambda}, \bar{\lambda}]$ 时，与批发价格合同相比，零售商采用成本分摊合同实现了双方利润提升；预订合同模型下，通过公式不能判断是否达到集中决策时的最优产能准备量，因此在此基础上与产能共享情况下对预订合同进行讨论，期望能达到产能投资的激励效果，下面将进一步设计产能共享合同，分析能否激励

供应商建设更高的产能准备量，实现供应链协调。

7.5 扩展分析

在低碳供应链管理中，共享经济作为一种新的经济模式提高了资源的使用效率，产能共享推动企业去产能以及去库存，很多学者对产能共享进行研究，证明了在提高库存使用率、供应链效率等方面均具有重要作用，本节在产能共享情况下对预订合同进行讨论。

在预订合同下，决策过程如下：首先零售商承诺至少订购 m，然后供应商根据营销努力水平 r 和承诺订购量 m 确定其最优的产能准备量 K 和碳排放减少量 e，开始销售后需求发生，同时不确定性消除，零售商向供应商下实际订单，订购量为 min［K，max（m，D）］。假设需求实现后 $K \leqslant$ max（m，D），供应商可以跟供应商 2 进行产能共享，供应商 2 单位生产成本为 c_2，同时约定向供应商 2 的订货成本为 c_2，售卖给零售商时批发价格为 w_2，满足 $w_2 - c_2 < w - c$、$C_s < w_2 - c_2$（产能共享收益大于缺货损失）这两个条件时，供应商会选择在需求实现后进行产能共享。

供应商和零售商的利润表达式为

$$\Pi_s(K,e) = (w - c + C_h)S(K) - (C_p + C_h)K - (1 - \varphi)\frac{nr^2}{2} - he^2 + (w_2 - c_2)(D - K)^+ \qquad (7-26)$$

$$\Pi_r(m,r) = (p - w + C_s)S(K) - C_s\mu - \varphi\frac{nr^2}{2} - (w_2 - c_2)(D - K)^+ \qquad (7-27)$$

由式（7-26）可知 Hessian 矩阵为：

$$\begin{vmatrix} -(w-c+C_h+w_2-c_2)f(K-br-te) & t(w-c+C_h+w_2-c_2)f(K-br-te) \\ t(w-c+C_h+w_2-c_2)f(K-br-te) & -t^2(w-c+C_h+w_2-c_2)f(K-br-te)-2h \end{vmatrix}$$

可知其一阶顺序主子式 $H_1=-(w-c+C_h+w_2-c_2)f(K-br-te)<0$，二阶顺序主子式 $H_2=[t^2(w-c+C_h+w_2-c_2)^2f^2(K-br-te)+2h][(w-c+C_h+w_2-c_2)f(K-br-te)]-t^2(w-c+C_h+w_2-c_2)^2f^2(K-br-te)>0$，故 Hessian 矩阵为负定，函数即式（7-26）存在最大值，则供应商利润 $\Pi_s(K, e)$ 是关于 K 和 e 的联合凹函数，即有 $\Pi_s(K, e)$ 唯一极大值，该函数分别对 K 和 e 求一阶导数可得

$\partial\Pi_s/\partial K=(w-c+C_h+w_2-c_2)\bar{F}(K-br-te)-(C_h+C_p)=0$，$\partial\Pi_s/\partial e=t(w-c+C_h+w_2-c_2)F(K-br-te)-2he=0$，由此可得，在给定批发价格 $w(K, e)$、承诺订购量 m 的情况下，预订合同下供应商最优产能准备量为 $F(K_5^*-br-te)=\dfrac{w-c-C_p}{w-c+C_h+w_2-c_2}$，即 $K_5^*=F^{-1}\left(\dfrac{w-c-C_p}{w-c+C_h+w_2-c_2}\right)+br+te$；最优碳排放水平为 $e_5^*=\dfrac{t(w-c-C_p)}{2h}$。

根据式（7-27）对 r 求一阶导数，即 $\partial\Pi_r/\partial r=b(p-w+C_s+w_2-c_2)F(K-br-te)-\varphi nr$，由于 $\dfrac{\partial^2\Pi_r}{\partial^2 r}=-b^2(p-w+C_s+w_2-c_2)f(K-br-te)-n\varphi<0$，则 Π_r 是关于 r 的凹函数，有唯一极大值，由此可得，在产能共享时零售商最优营销努力水平为 $r_5^*=\dfrac{b(p-w+C_s+w_2-c_2)F(K_5-br-te)}{\varphi n}$。

因此，可得以下结论：

命题7.6：产能共享情况下，供应商最优产能准备量 K_5^*、最优碳排放水平 e_5^* 和零售商最优营销努力水平 r_5^* 分别为

$$\begin{cases} K_5^* = F^{-1}\left(\dfrac{w - c - C_p}{w - c + C_h + w_2 - c_2}\right) + \\ \qquad \dfrac{b^2(p - w + C_s + w_2 - c_2)F(K_5 - br - te)}{\varphi n} + \dfrac{t^2(w - c - C_p)}{2h} \\ r_5^* = \dfrac{b(p - w + C_s + w_2 - c_2)F(K_5 - br - te)}{\varphi n} \\ e_5^* = \dfrac{t(w - c - C_p)}{2h} \end{cases} \tag{7-28}$$

从式（7－28）可以得出，供应商产能准备量K_5^*与产能不足给零售商带来的单位损失 C_s、批发价格 w_2 正相关，这表明批发价格 w_2 越高或单位损失 C_s 越大，则供应商产能准备量K_5^*越高。因此一方面表明零售商可以加重惩罚迫使供应商提高产能准备量，另一方面表明批发价格 w_2 越高，则供应商更愿意提高产能准备量来增加收益；供应商碳排放水平 e_5^* 与消费者低碳偏好水平 t 正相关，与单位产品碳排放减少量的成本 h 负相关，表明消费者低碳偏好水平 t 增加时，供应商会努力提高碳排放减少量。

零售商营销努力水平r_5^*与市场价格 p、批发价格 w_2 正相关，与批发价格 w、营销投入的成本系数 n 负相关，这表明批发价格 w 越低或市场价格 p 以及批发价格 w_2 越高，零售商营销努力水平r_5^*越高，那么零售商会主动扩大市场需求，相对而言，零售商、供应商利润均会增加。

命题 7.7：与批发价格合同相比较，产能共享合同超过批发价格合同下的最优营销努力水平，即 $r_2^* < r_5^*$；产能共享决策等于批发价格合同下的最优碳排放水平，即 $e_2^* = e_5^*$；产能共享决策超过批发价格合同下的最优产能准备量，即 $K_2^* < K_5^*$。

证明：最优产能准备量和最优营销努力水平大小见式（7－29），即

$$\begin{cases} K_2^* = F^{-1}(\frac{w-c-C_p}{w-c+C_h}) + \frac{b^2(p-w+C_s)F(K_2-te-br)}{\varphi n} + \\ \frac{t^2(w-c-C_p)}{2h} \\ < K_5^* = F^{-1}(\frac{w-c-C_p}{w-c+C_h+w_2-c_2}) + \\ \frac{b^2(p-w+C_s+w_2-c_2)F(K_5-br-te)}{\varphi n} + \frac{t^2(w-c-C_p)}{2h} \\ r_2^* = \frac{b(p-w+C_s)F(K_2-te-br)}{\varphi n} \\ < r_5^* = \frac{b(p-w+C_s+w_2-c_2)F(K_5-br-te)}{\varphi n} \end{cases}$$

(7－29)

从式（7－29）可以得出，首先比较批发价格合同和产能共享合同决策的最优营销努力水平，明显得出 $r_2^* < r_5^*$，说明在产能共享决策下，零售商在与供应商共同分担单位产能准备成本 C_p 时，为了自身利润更愿意提高营销努力水平 r_5^*，主动扩大市场需求。

接下来比较批发价格合同和产能共享合同决策的最优产能准备量，可以得出 $K_2^* < K_5^*$，即产能共享决策超过批发价格合同下的最优产能准备量，也就是说产能共享合同决策下，供应商最优产能准备量超过批发价格合同，主要原因在于，产能共享决策满足了 $w_2 - c_2 > C_s$（即产能共享收益大于缺货损失）这个条件，当 $K \leqslant \max(m, D)$ 时，产能共享发生，产品需求全部得到满足，即缺货损失降为0，降低了缺货给供应链带来的损失，但是可能会产生为了及时补充不足的产能承担的成本损害自身利益的情况。

命题7.8：以批发价格合同为基准，在此基础上设计产能共享合同和成本分摊合同两种机制协调供应链。研究结果表明，成本分摊合同能够达到系统最优产能，实现了产能协调；在预订合同基础上设计产能共享合同决策，产能共享合同超过批发价格合同下的最优产能准备量，同时超过批发价格合同下的最优营销努力水平，达到供应商扩大产能投资的激励效果。

证明：不同合同下供应商最优产能准备量和零售商最优营销努力水平如表 7－2 所示。

表 7－2　不同合同下最优产能准备量 K、最优营销努力水平 r 和最优碳排放水平 e

	最优产能准备量	最优营销努力水平	最优碳排放水平
集中决策	$F^{-1}(\frac{p-c+C_s-C_p}{p-c+C_h+C_s})+\frac{b^2(p-c+C_s-C_p)}{n}+\frac{t^2(p-c+C_s-C_p)}{2h}$	$\frac{b(p-c+C_s-C_p)}{n}$	$\frac{t(p-c+C_s-C_p)}{2h}$
批发价格合同	$F^{-1}(\frac{w-c-C_p}{w-c+C_h})+\frac{b^2(p-w+C_s)F(K_2-te-br)}{\varphi n}+\frac{t^2(w-c-C_p)}{2h}$	$\frac{b(p-w+C_s)F(K_2-te-br)}{\varphi n}$	$\frac{t(w-c-C_p)}{2h}$
成本分摊合同	$F^{-1}(\frac{C_h+(1-\xi)C_p}{w-c+C_h})+\frac{b^2(p-w+C_s)F(K_3-br-te)}{\varphi n}+\frac{t^2(w-c)-t^2\cdot C_p(1-\xi)}{2h(1-\xi)}$	$\frac{b(p-w+C_s)F(K_3-br-te)}{\varphi n}$	$\frac{t(w-c)-tC_p(1-\xi)}{2h(1-\xi)}$
预定合同	$F^{-1}(\frac{w-c-C_p}{w-c+C_h})+\frac{b^2(p-w)-b(w+C_s)F(K_4-br-te)}{\varphi n}+\frac{t^2(w-c-C_p)}{2h}$	$\frac{b(p-w)-b(w+C_s)F(K_4-br-te)}{\varphi n}$	$\frac{t(w-c-C_p)}{2h}$
产能共享合同	$F^{-1}(\frac{w-c-C_p}{w-c+Ch+w_2-c_2})+\frac{b^2(p-w+C_s+w_2-c_2)F(K_5-br-te)}{\varphi n}+\frac{t^2(w-c-C_p)}{2h}$	$\frac{b(p-w+C_s+w_2-c_2)F(K_5-br-te)}{\varphi n}$	$\frac{t(w-c-C_p)}{2h}$

根据表 7－2，**命题 7.8** 得证。

7.6　算例分析

本章研究了由一个供应商和一个零售商组成的两级低碳供应链成本分摊以及承诺订购合同决策问题，本节利用数值分析了不同合同机制下供应链的最优产能准备量 K、最优营销努力水平 r 和最优碳排放水平 e 以及供应链企业的利润变化，并探讨了不同合同机制下重要参数 $\{m、\lambda、w_2\}$ 对低碳供应链上企业利润的影响。

假设市场需求 D 服从区间 $[0, 2000]$ 的均匀分布，$p=500$ 美元，$c=100$ 美元，$w=200$ 美元，$C_p=50$ 美元，$C_h=20$ 美元，$C_s=30$ 美元，$b=0.9$，$n=6$，$\varphi=\frac{1}{2}$，$c_2=150$ 美元。五种合同下决策参数以及供应链企业的利润如表7-3所示。

表7-3　五种情况下决策参数、利润比较

项目		K（件）	e（kg）	r	Π（美元）	Π_s（美元）	Π_r（美元）	ξ
集中决策		1736	9.5	57	330190	*	*	*
批发价格合同		871	1.25	41.25	175248	87659	97589	*
成本分摊合同	$\lambda=0.3$	1736	18.75	21.66	298866	230801	68065	0.875
	$\lambda=0.4$	1736	14.37	23.10	298866	197782	101084	0.84
	$\lambda=0.5$	1736	7.08	32.38	298866	164763	134103	0.7
	$\lambda=0.6$	1736	5.00	36.50	298866	131744	167122	0.6
	$\lambda=0.7$	1736	3.75	43.92	298866	98725	200141	0.42
预订合同	$m=800$	885	1.25	61.25	168501	21751	146750	*
	$m=1000$	888	1.25	63.26	214326	17006	197320	*
产能共享合同	$w_2=175$	1122	1.25	46.21	175248	92634	82614	*
	$w_2=195$	1040	1.25	45.67	175248	92614	82634	*
	$w_2=225$	943.7	1.25	43.58	175248	92594	82664	*

注：*表示在当前合同情境下，不需要计算的无关参数。

从表7-3得出，①集中决策时，整个供应链的期望利润最高，同时供应链的期望利润是产能准备量、营销努力水平的联合凹函数。②批发价格合同时，供应链期望利润未超过 $\Pi=330190$ 美元，最优产能准备量未超过 $K=1736$ 件，最优碳排放水平未超过 $e=9.5$，最优营销努力水平未超过 $r=57$，可见供应链存在双重边际化效应。③成本分摊合同时，K 恒等于系统最优产能准备量，实现了产能协调；与批发价格合同相比，最优碳排放水平 e 增大，这表明零售商分摊减排投入成本和产能准备成本这一决策有助于供应商改变其生产运营行为，有利于整个供应链企业投入更多的资金生产满足消费者偏好的低碳产品；同时随着 λ 增大，供应商利润减少，零售商利润增大，总利润增大，这也是双方签订成本分摊合同的基础，λ 起着分摊供应链期望利润的作用。如果事前设置合同，供应商谈判具有更大话语权，零售商利润可能低于批发价格合同，此时拒绝合同，对于零售商来说，宁可采用批发价格合同，也不愿采用能达到系统最优的补偿合同执行，因此只有当两方旗鼓相当时，零售商才有动力进行产能激励；同时 ξ 对供应商、零售商利润函数的影响与 λ 作用相反；由图7-2可知，与批发价格合同相比，在 $\lambda\in[0.4, 0.7]$ 时，成本分摊合同供应商、零售商利润均大于批发价格合同下的利润。④预订合同时，在一定条件下与批发价格合同相比，最优产能准备量 K 增大，达到供应商扩大产能投资的激励效果。⑤产能共享合同时，在一定范围内，最优营销努力水平 r 增大，最优产能准备量 K 增大，超过批发价格合同下的产能水平；由图7-3可知，与批发价格合同相比，随着 w_2（170美元 $<w_2<250$ 美元）增大，供应商利润减少，零售商利润增大，总利润不变，w_2 起着分摊供应链期望利润的作用。

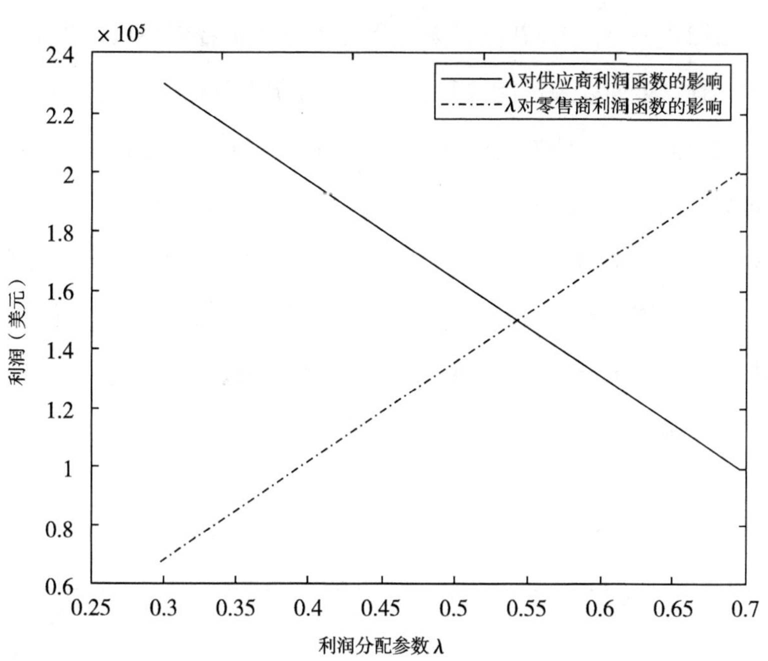

图7-2　λ对供应商、零售商利润函数的影响

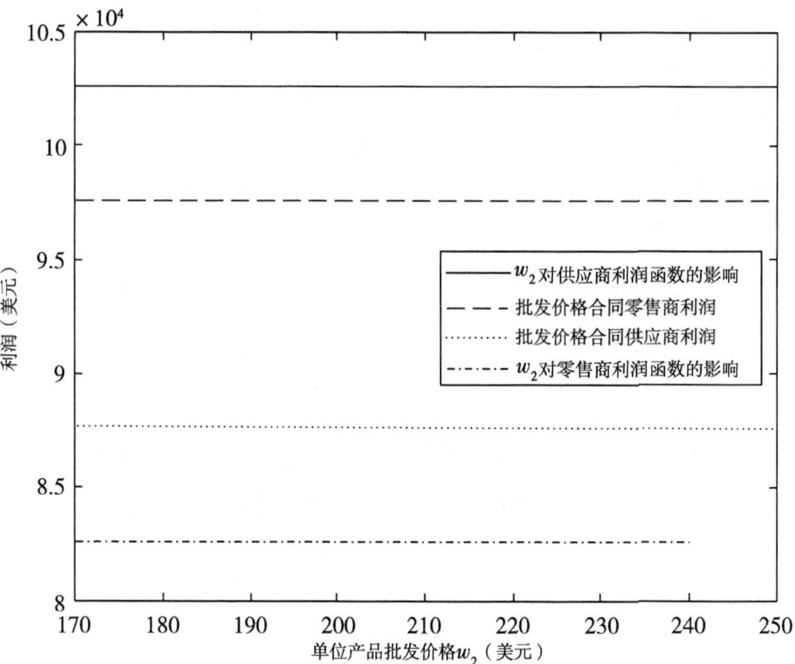

图7-3　w_2对供应商、零售商利润函数的影响

由图7-4可知，在一定条件下与批发价格合同相比，成本分摊合同、预订合同以及产能共享合同均超过批发价格合同时产能水平，达到供应商扩大产能投资的激励效果；成本分摊下最优碳排放水平 e 超过集中决策，因此从低碳化角度而言，该合同最优；预订合同以及产能共享合同均超过批发价格合同时最优营销努力水平 r，说明愿意付出更高的努力程度；由图7-5可知，成本分摊合同以及预订合同均超过批发价格合同时系统利润，说明设置合同机制提高了利润，实现了帕累托改进。

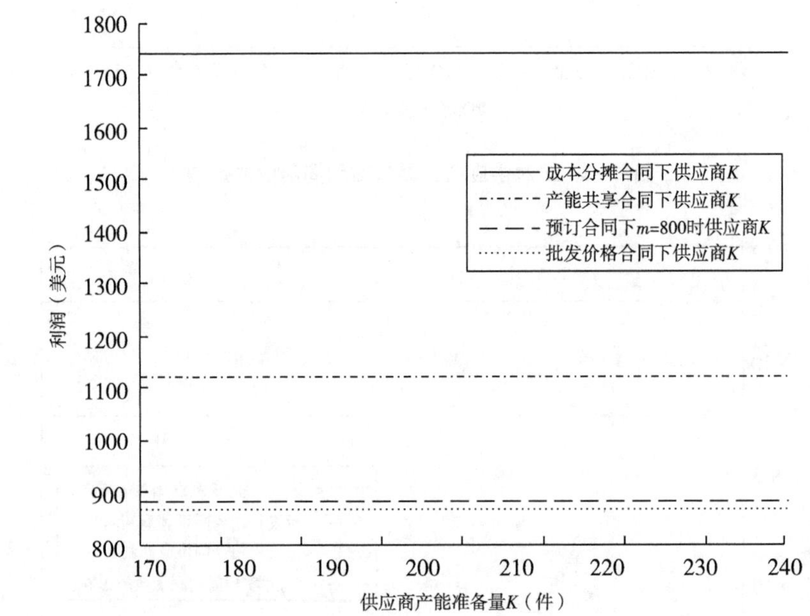

图7-4　批发价格、成本分摊、预订合同、产能共享合同下供应商产能准备量对利润的影响

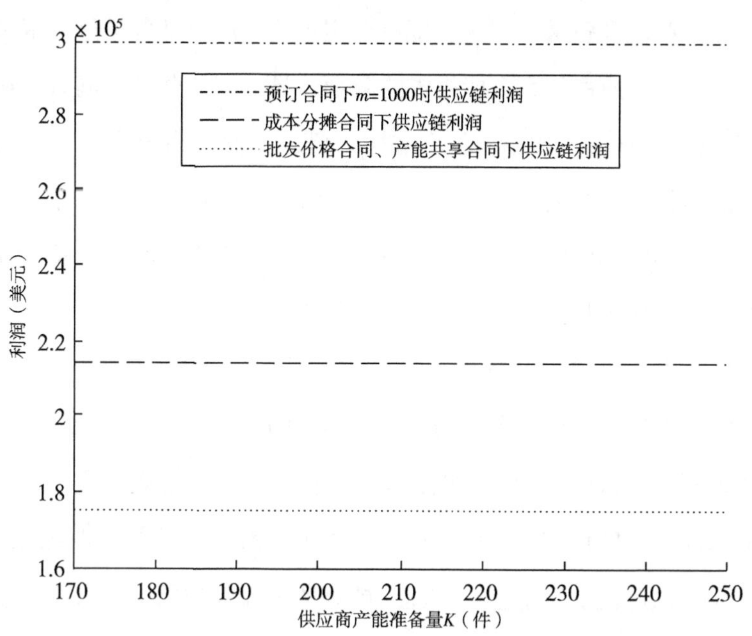

图7-5　预订合同、批发价格、产能共享、成本分摊合同下供应链利润

7.7　本章小结

本章研究了由单个供应商和单个零售商组成的两级低碳供应链产能协调问题，针对供需不匹配问题，下游零售商需要协调机制促使供应商创造更高的产能水平。因此以批发价格合同为基准，提出预订合同和成本分摊合同两种机制协调供应链。

通过分析可得以下结论。

①成本分摊合同时，随着 λ 增大，最优产能准备量 K 恒等于系统最优产能准备量，实现了有效的供应链协调。随着 λ 增大，供应商利润减少，零售商利润增大，总利润增大，λ 起着分摊供应链期望利润的作用，一定范围内成本分摊合同下供应商、零售商利润均大于批发价格合同下的利润，实现了帕累托改进。

②预订合同时，在一定条件下与批发价格合同相比，随着 m 增

大，最优产能准备量 K 增大，能够分担供应商产能准备量过大带来的损失，达到供应商扩大产能投资的激励效果。产能共享合同时，在一定范围内，最优产能准备量 K 增加，超过批发价格合同下的产能水平，此时供应商利润减少，零售商利润增大，总利润不变，w_2 起着分摊供应链期望利润的作用，也说明了在产能共享合同时为了及时补充不足的产能所承担的成本损害了自身利益。

本章在前人研究基础上，以低碳产品为背景扩大供应商产能投资，考虑供应商面对未来市场需求不确定的风险，提出激励方案，丰富了低碳供应链中产能激励机制设计研究，能够为低碳供应链管理者应对供应商产能供应不足提供指导和建议。因此，在实际的供应链管理当中，供应链上下游企业管理人员要考虑面临的风险，采取有效的合同机制共担不确定性带来的风险，零售商只有针对具体情况采取合适的合同激励供应商，才能达到产能最优，但是也要考虑设置合同机制对供应链成员的影响，成员利润的提高也是至关重要的。本章研究仅仅涉及单供应商和零售商、上下游信息完全共享、单渠道等问题，未来可以研究多个供应商或多个零售商、上下游信息不完全共享、多周期、双渠道等问题。

第 8 章　区块链技术影响下的供应链系统动态响应性研究

8.1　引言

牛鞭效应的控制与优化是供应链多级库存管理研究与实践的关注焦点。牛鞭效应即需求信息扭曲放大，造成库存积压、生产决策失误，影响供应链系统的运作效率。尤其针对“难储存、高风险、非标品”的易腐品供应链和要求高响应性的应急供应链。例如鲜花供应链的各级分销商和零售商之间供需信息不匹配时，导致高库存货损和巨大的资源浪费（焦捷，2019）。面对新型冠状病毒肺炎疫情，供应链中信息延迟将导致救治物资断裂、疫情防控困难（胡卿汉，2020）。如何通过有效信息技术提高供应链上企业信息的精准性、促进和协调供应链上下游企业的信息流整合、弱化牛鞭效应的负面影响等成为供应链管理中迫切需要解决的问题。近年来，企业中较多采用 EDI、ERP 和 RFID 等信息网络技术解决方案，然而由于技术架构的限制，数据的交换受限于高昂的人工干预成本、低效的信息流同步、信息获取难度大且易被篡改，系统内部的信息无法与其他企业或部门整合等（李宁，2020），因而对牛鞭效应的控制作用并不显著，有些企业甚至放弃使用。

区块链技术作为一种新兴的颠覆性信息技术正加速突破供应链管理领域的应用，为供应链中库存问题提供柔性的解决方案（Babich & Hilary，2020）。区块链技术的分布式数据结构能有效促进信息的实时共享，减少信息延迟，解决供应链中需求不稳定导致的牛鞭效应，实现更高的供应链管理效率（Perboli，2018）。相较于其他信息技术，区块链技术可与前沿技术相结合，如大数据、物联网技术等，简化信息集成的过程，提高供应链中信息实时共享的精准性、及时性和访问性，以较低的成本引入链上新的参与企业（Choi，2019）。在实际应用中，Maersk（丹麦航运公司）和IBM成功应用区块链技术于全球物流供应链中，避免了因文档数据错误、信息不对称及其他信息障碍造成延误的可能，每年节约380亿美元的成本（Wamba & Queiroz，2020）。然而目前区块链技术处于探索和研究初期，大部分中小企业对其如何应用并不清晰。因此本章在区块链技术解决供应链系统中信息时滞和不准确的基础上，探究区块链技术的应用对于多级库存系统中牛鞭效应的影响，建立区块链技术影响下的供应链多级库存系统控制模型。

牛鞭效应的现象主要表现在订单信息和库存信息波动上。区块链技术应用在供应链系统中，确保了共享开放的数据库结构，实时向供应链系统提供采购订单、库存水平、运输清单、发票等信息，同时智能合约将这些数据和协议进行匹配和验证，保证需求信息准确性和及时性（Kshetri，2018），从而减少信息延迟时间（Wang，2019），严控库存水平的波动（Tijan et al.，2019），保证订单信息和库存的准确性。牛鞭效应的控制与弱化的研究主要分为两大类：第一类通过数理统计方法量化牛鞭效应。张钦等（2001）研究需求模型ARIMA（0，1，1）下牛鞭效应的量化，并指出信息共享对供应商的价值。刘红等（2007）建立三种需求预测技术对两级供应链牛鞭效应影响的量化模型及仿真模型。代宏砚等（2013）通过建立解析模型量化分析在库存信息不准确的多级供应链系统中的牛鞭效应。第二类通过控制论进行建模。Dejonckheere（2003）应用控制理论（传递函数、频率响应图和光谱分析）度量 order-up-to 策略下的牛鞭效应，并把频率响应图中的最大振幅值作为牛鞭效应的度量。Hoberg 等（2007，2014）研究控制论中频率响应图、白噪声 H_2-norm 和 $H_\infty-norm$ 度量供应链中牛鞭效应。唐亮和靖可（2012）运用控制论中的 H_∞ 鲁棒控制策略抑制不同形式客户需求引起的牛鞭效应。

这些研究分别从静态和动态角度探讨牛鞭效应问题，但就目前已有的研究文献来看，①第一类方法：通过详细的数理建模得到较为严谨的理论结果，但可能会对模型做过多的假设（李卓群和梁美婷，2018）。第二类方法：模型设计较为复杂，提高了研究难度，但大量的研究表明控制论在处理系统的动态性能时具有较强的优势。②国内外对牛鞭效应的成因研究集中在物流延迟（Hu，2019）和交货延迟（赵川等，2018），忽略了信息延迟对需求波动的影响，未能解释不通畅的信息结构和不同步的信息流造成的牛鞭效应问题。③尚未有文献通过定量方法研究区块链技术对牛鞭效应的影响。在此背景下，本章从动态角度出发，运用线性控制理论构建二级库存系统控制模型，引入区块链技术影响下的校正因子，设计二级库存系统控制模型的系统结构图，利用传递函数、时域响应分析、频域响应曲线和白噪声放大曲线分析并比较顾客固定需求和随机需求信号输入下区块链技术对控制系统的动态响应特性。本章研究量化区块链技术对供应链系统中牛鞭效应的影响，描述不同需求下订单量和库存的动态响应，探究区块链技术影响下的信息校正因子对牛鞭效应的抑制作用，丰富了区块链技术在供应链多级库存管理中的应用，揭示供应链背景下区块链技术应用的实际和理论意义，为易腐品供应链或应急供应链管理者提供新的技术思路。

8.2 多级库存系统控制模型

8.2.1 问题描述

本章在 Hoberg（2007）的研究基础上采用级库存策略，即基于供应链上下游的库存信息和需求信息总和的级库存控制策略。遵循 Dejonckheere（2004）提出的基于控制论的分析三步骤：求导传递函数、绘制频率响应图、计算输出方差/输入方差（牛鞭效应量化值）。

基于此，考虑由一个分销商和零售商组成的二级供应链系统，增加白噪声分析系统动态响应性。首先，在每个周期 T 开始时，利用指数平滑法计算分销商和零售商的终端顾客需求。其次，通过供应链系统的提前期和安全放置时间计算其目标库存水平。再次，分销商和零售商依据库存偏差和顾客的需求预测值计算一个周期 T 末的订单量；零售商接收顾客的订单信息早于分销商，且零售商的需求满足后，再把其订单发送给分销商。最后，供应链上下游共享需求信息、库存信息和订单数据。具体有以下七个方面的假设。

①供应链中所共享的信息受到信息延迟的影响，包括数据异步输入过程中的延迟、信息传递的延迟，且各方的延迟时间为固定且已知。

②区块链技术的分布式节点共识算法、智能合约机制和 P2P 网络构架能够有效提高供应链系统中共享信息的精准性和及时性。相较于传统的信息技术，更能促进供应链的信息交互效率，避免信息不对称现象。因此本章引入区块链技术影响下的信息校正因子，假设区块链技术应用程度越高，需求预测信息越准确，需校正延迟和扭曲的信息越少，校正因子 μ 就越小。修正后的订单量可表示为 $O_{t,n}=F_n+\mu\Delta S_n$，其中 O_n 为订单量，F_n 为预测值，ΔS_n 为库存误差。

③存在订单延迟时间，即当企业向上级供应商发出订单后，上级供应商通常会经过一定时间结束现在的生产任务后，才会展开对新的订单的生产任务。

④在运输和仓储过程中不存在货损现象。

⑤终端客户需求是随机的。

⑥用指数平滑模型表示需求函数。

⑦存在生产和物流延迟时间，即当上级供应商收到订单后，需要一定的生产时间和一定的运输时间。

符号定义见表 8 - 1。

表 8 - 1　本章的符号定义

符号	定义
α_n	n 级库存的指数平滑需求预测的因子，$0<\alpha_n\leqslant 1$
L_n	n 级库存的提前期，描述下订单到货物到达之间的运输延迟
C_n	n 级库存放置时间以避免需求的不确定性
F_n	一个周期 T 内的预测值
TS_n	一个周期 T 内的期望库存水平，$TS_n=F_n\sum_{k=1}^{n}(L_k+C_k)$
S_n	一个周期 T 内的实际库存水平
ΔS_n	一个周期 T 内的库存误差，$\Delta S_n=TS_n-S_n$
O_n	一个周期 T 内的订单量，$O_{t,n}=F_n+\Delta S_n$
τ	信息延迟时间
μ	区块链技术影响下的信息校正因子，$0<\mu\leqslant 1$
I_n	n 级库存的库存水平
$G_{O_n}(z)$	n 级库存的订单量和需求量的传递函数
$G_{I_n}(z)$	n 级库存的库存量和需求量的传递函数
w	频率

8.2.2 库存系统建模

本章主要采用 z 变换表示在频域中的库存系统。因为控制系统中的频域设计可以兼顾动态响应和噪声抑制两方面的要求，除此之外，在离散条件下，z 变换能够更精准地描述供应链中的运输延迟和信息延迟。因此，延迟时间 T 的 z 变换描述为 z^{-T}。其系统结构如图 8－1所示。

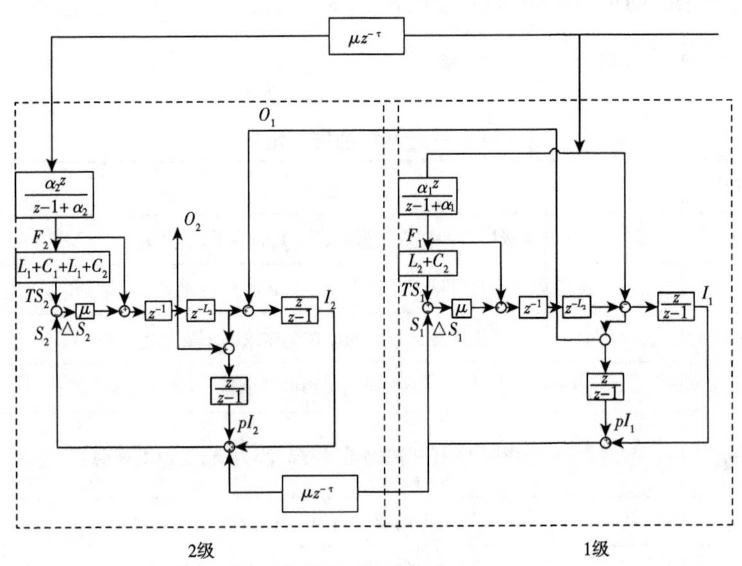

图 8－1 区块链技术影响下的两级库存系统结构

控制理论中，传递函数描述系统输出量和输入量在频域和时域中的动态特性关系。本章定义多级库存系统控制模型的输入量为随机的顾客需求，输出量为库存量和订单量，从而得到以下形式的传递函数。为简化公式的计算，令 $L_1 + C_1 = T_1$，$L_2 + C_2 = T_2$。

零售商 1 级库存的传递函数表述如下：

$$I_1(z) = \frac{z}{z-1}[O_1(z)z^{-L_1} - D(z)] \quad (8-1)$$

$$PI_1(z) = \frac{z}{z-1}[O_1(z) - O_1(z)z^{-L_1}] \quad (8-2)$$

$$F_1(z) = \frac{\alpha_1 z}{z-1+\alpha_1}D(z) \quad (8-3)$$

$$S_1(z) = I_1(z) + PI_1(z) \quad (8-4)$$

$$TS_1(z) = F_1(z)(L_1 + C_1) \quad (8-5)$$

$$\Delta S_1(z) = TS_1(z) - S_1(z) \quad (8-6)$$

$$O_1(z) = [\mu\Delta S_1(z) + F_1(z)]z^{-1} \quad (8-7)$$

分销商 2 级库存的传递函数表述如下：

$$I_2(z) = \frac{z}{z-1}[O_2(z)z^{-L_2} - O_1(z)] \quad (8-8)$$

$$PI_2(z) = \frac{z}{z-1}[O_2(z) - O_2(z)z^{-L_2}] \quad (8-9)$$

$$F_2(z) = \frac{\alpha_2 z}{z-1+\alpha_2}D(z)\mu z^{-\tau} \quad (8-10)$$

$$S_2(z) = I_2(z) + PI_2(z) + S_1(z)\mu z^{-\tau} \quad (8-11)$$

$$TS_2(z) = F_2(z)(L_1 + C_1 + L_2 + C_2) \quad (8-12)$$

$$\Delta S_2(z) = TS_2(z) - S_2(z) \quad (8-13)$$

$$O_2(z) = [\mu\Delta S_2(z) + F_2(z)]z^{-1} \quad (8-14)$$

本章定义零售商的订单量 $O_1(z)$ 响应顾客需求 $D(z)$，表示为 $G_{O1}(z) = O_1(z)/D(z)$；零售商的库存量 $I_1(z)$ 响应顾客的需求 $D(z)$，表示为 $G_{I1}(z) = I_1(z)/D(z)$。同理，分销商的传递函数分别表示为 $G_{O2}(z) = O_2(z)/D(z)$ 和 $G_{I2}(z) = I_2(z)/D(z)$。

具体的传递函数表示如下：

$$G_{O1}(z) = \frac{O_1(z)}{D(z)} = \frac{\alpha_1\mu T_1(z-1) + (\mu+\alpha_1)(z-1) + \alpha_1\mu}{(z-1+\mu)(z-1+\alpha_1)} \tag{8-15}$$

$$G_{I1}(z) = \frac{I_1(z)}{D(z)} = \frac{-z^{L_1+1} + z^{L_1}(1-\alpha_1-\mu) - \sum_{n=0}^{L-1}\alpha_1\mu z^n + \alpha_1\mu T_1 + \alpha_1 + \mu}{z^{L_1-1}(z-1+\alpha_1)(z-1+\mu)} \tag{8-16}$$

$$G_{O2}(z) = \frac{O_2(z)}{D(z)} \tag{8-17}$$

其中，

$$\begin{aligned} O_2(z) = {} & [\alpha_1\mu^2 T_1 + \mu^2 + \alpha_1\mu]z^{t+2} + \\ & [(\alpha_1\mu T_1 + \mu + \alpha_1)(\alpha_2\mu - 2\mu) + \alpha_1\mu^2]z^{t+1} + \\ & [(\alpha_1\mu - \alpha_1\mu T_1 - \mu - \alpha_1)(\alpha_2\mu - \mu)]z^t + \\ & [\alpha_2\mu^2(T_1+T_2) + \alpha_2\mu + \mu^2]z^3 + \\ & [\mu^2(\alpha_2 - \alpha_1 - \alpha_1\mu T_1 - \mu) - \alpha_2\mu^2(3-\mu-\alpha_1)(T_1+T_2) - \\ & \quad (3-\mu-a_1)(\alpha_2\mu+\mu^2)]z^2 + \\ & [\alpha_2\mu^2(T_1+T_2) + \alpha_2\mu + \mu^2](3-2\mu-2\alpha_1+\alpha_1\mu)z + \\ & [(2\mu^2 - \alpha_2\mu^2)(\alpha_1\mu T_1 + \mu + \alpha_1) - \alpha_2\mu^2(2-\mu-\alpha_1) - \alpha_1\mu^3]z + \\ & [\alpha_2\mu^2 - \alpha_2\mu^2(T_1+T_2) - \alpha_2\mu - \mu^2](1-\mu-\alpha_1+\alpha_1\mu) + \\ & (\mu^2 - \alpha_2\mu^2)(\alpha_1\mu - \alpha_1\mu T_1 - \mu - \alpha_1) \end{aligned}$$

$$D(z) = (z-1+\alpha_2)(z-1+\alpha_1)(z-1+\mu)^2 z^{\tau}$$

$$G_{I2}(z) = \frac{I_2(z)}{D(z)} \tag{8-18}$$

其中，

$$\begin{aligned}
I_2(z) = {} & (\alpha_1\mu T_1 + \mu + \alpha_1)z^{3+t+L_2} + \\
& [(\alpha_1\mu T_1 + \mu + \alpha_1)(\alpha_2 - \mu - 3) + \alpha_1\mu]z^{2+t+L_2} + \\
& [(\alpha_1\mu T_1 + \mu + \alpha_1)(3 - 2\alpha_2 - 2\mu + \alpha_2\mu) + \\
& \quad \alpha_1\mu(\alpha_1 - 2 + \mu)]z^{1+t+L_2} + \\
& (\alpha_1\mu - \alpha_1\mu T_1 - \mu - \alpha_1)(1 - \alpha_2 - \mu + \alpha_2\mu)z^{t+L_2} + \\
& (\alpha_1\mu^2 T_1 + \mu^2 + \alpha_1\mu)z^{t+2} + \\
& [(\alpha_1\mu T_1 + \mu + \alpha_1)(\alpha_2\mu - 2\mu) + \alpha_1\mu^2]z^{t+1} + \\
& (\alpha_1\mu - \alpha_1\mu T_1 - \mu\alpha_1)(\alpha_2\mu - \mu)z^t + \\
& [\alpha_2\mu^2(T_1 + T_2) + \alpha_2\mu + \mu^2]z^3 + \\
& \mu^2(\alpha_2 - \alpha_1 - \alpha_1\mu T_1 - \mu)z^2 - \\
& (3 - \mu - \alpha_1)[\alpha_2\mu^2(T_1 + T_2) + \alpha_2\mu + \mu^2]z^2 + \\
& [\alpha_2\mu^2(T_1 + T_2) + \alpha_2\mu + \mu^2](3 - 2\mu - 2\alpha_1 + \alpha_1\mu)z + \\
& [(2\mu^2 - \alpha_2\mu^2)(\alpha_1\mu T_1 + \mu + \alpha_1) - \alpha_2\mu^2(2 - \mu - \alpha_1) - \alpha_1\mu^3]z + \\
& [\alpha_1\mu^2 - \alpha_2\mu(T_1 + T_2) - \alpha_2\mu - \mu^2](1 - \mu + \alpha_1 + \alpha_1\mu) + \\
& (\mu^2 - \alpha_2\mu^2)(\alpha_1\mu - \alpha_1\mu T_1 - \mu - \alpha_1)
\end{aligned}$$

$$D(z) = (z-1)(z-1+\alpha_2)(z-1+\alpha_1)(z-1+\mu)^2 z^{\tau+L_2-1}$$

为确保多级库存系统的稳定性，本章利用 Nise（2017）提出的极点法分析控制系统即定位传递函数的极点（通过传递函数的分母为零时确定）。若所有的极点 z_i 均在复平面的单位圆内（$z_i < 1$），则系统稳定；若所有极点 z_i 都在圆上或内部（$z_i \leqslant 1$）且单位圆上至少有一

个极点（$z_i=1$），则系统临界稳定；若至少有一个极点 z_i 在单位圆之外（$z_i>1$），则系统不稳定。鉴于此，通过上述方法判定系统是否稳定。其分析过程如下所述。

①对零售商的订单量的传递函数 $G_{O1}(z)$，其特征方程 $(z-1+\alpha_1)(z-1+\mu)=0$ 时，极点 $z_1=1-\alpha_1$、$z_2=1-\mu$，由于订单量的调整因子 μ 和指数平滑系数 α 均大于零且小于等于 1，则 z_1 和 z_2 都在复平面的单位圆内，故系统稳定。

②对零售商的库存量的传递函数 $G_{I1}(z)$，其特征方程 $z^{L_1-1}(z-1+\alpha_1)(z-1+\mu)=0$ 时，极点 $z_1=1-\alpha_1$、$z_2=1-\mu$ 和 $z_3=z_4=\cdots=z_{L+1}=0$，该系统稳定。

③对分销商的订单量的传递函数 $G_{O2}(z)$，其特征方程 $(z-1+\alpha_2)(z-1+\alpha_1)(z-1+\mu)^2z^{\tau}=0$ 时，极点 $z_1=1-\alpha_1$、$z_2=z_3=1-\mu$、$z_4=1-\alpha_2$ 和 $z_5=z_6=\cdots=z_{\tau}=0$；可得极点均在复平面的单位圆内，故系统稳定。

④对分销商的库存量的传递函数 $G_{I2}(z)$，其特征方程 $(z-1)(z-1+\alpha_2)(z-1+\alpha_1)(z-1+\mu)^2z^{\tau+L_2-1}=0$ 时，极点 $z_1=1$、$z_2=1-\alpha_2$、$z_3=1-\alpha_1$、$z_4=z_5=1-\mu$ 和 $z_6=z_7=\cdots=z_{\tau+L_2-1}=0$；可得极点均在复平面的单位圆内，该系统稳定。

8.3 动态响应性分析

经典控制理论中应用 z 变换分析线性控制系统的动态性能，通常采用时域法和频域法。而供应链的性能指标主要集中在订单和库存的波动。其中频域分析法中较多应用频域响应曲线和白噪声 $H_\infty-norm$ 分别描述固定需求和随机需求对供应链中订单和库存行为的响应。因此本节主要分别采用时域分析法、频域响应曲线、$H_\infty-norm$ 衡量供应链中的牛鞭效应，以此验证两级库存中引入的变量对多级库存中的信息延迟和牛鞭效应的抑制作用，从而证明此系统的有效性、合理性和创新性。

8.3.1　时域分析

线性控制系统中的时域分析法通常在单位阶跃函数作用下，测定系统的动态性能。因此，为研究多级库存系统的动态响应性，本节假定系统在单位阶跃输入信号作用下，分析供应链的订单量和库存量随时间的响应。一个时期 T 内的需求单位阶跃变化为

$$h(t) = \begin{cases} 0, t < T \\ 1, t \geqslant T \end{cases} \tag{8-19}$$

其控制系统的脉冲传递函数为 $G(z) = C(z)/R(z)$ ，而 $R(z) = z/(z-1)$ 。则系统的输出量的 z 变换函数为

$$C(z) = \frac{z}{z-1}G(z) \tag{8-20}$$

将式（8－20）通过 z 反变换推导出输出信号的脉冲序列 $C(t) = \sum_{i=1}^{n} C_i z_i^k$ ，$C(t)$ 代表线性系统在单位阶跃响应作用下的响应过程。

为讨论参数 μ 对供应链系统中零售商的订单量和库存量的时域响应过程。设定指数平滑系数 $\alpha_1 = \alpha_2 = 0.2$，供应链的提前期 $L_1 = L_2 = 4$ 和库存放置时间为 $C_1 = C_2 = 1$，利用 MATLAB 仿真得到其单位阶跃响应曲线，如图 8－2、图 8－3 和图 8－4 所示。

通过对比分析可得：①μ 值越小，其订单量的阶跃响应越趋于平稳，最终趋于输入单位阶跃信号值 1，且系统的稳态误差为 0。②对比图 8－2 和图 8－3，零售商的订单量峰值为 2.2，而分销商受信息延迟的影响，订单量峰值为 5.16。因此可得受信息延迟的影响，库存系统的订单量波动显著增大，在供应链系统易产生牛鞭效应。③μ 值越小，系统的稳定性能越高，但其响应性反而降低。④对比图 8－3 和

图 8－4，信息延迟时间越长，μ 值抑制作用越显著，稳定性能越高，信息精准性越高。

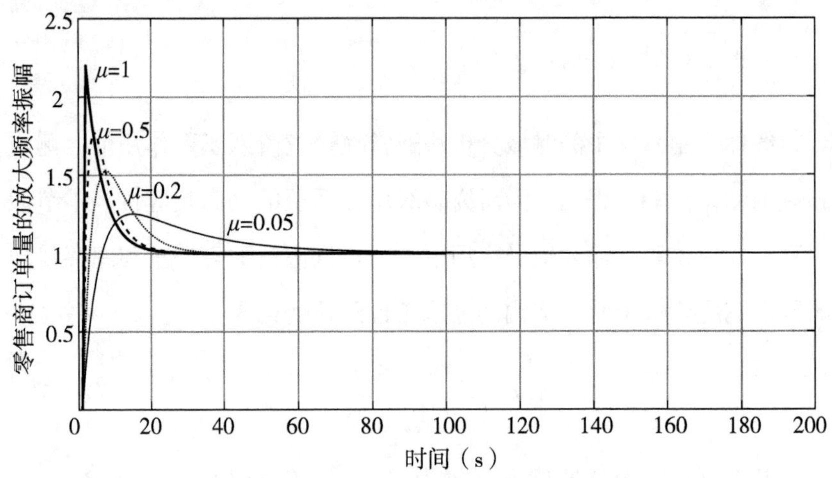

图 8－2　零售商订单量的阶跃响应曲线

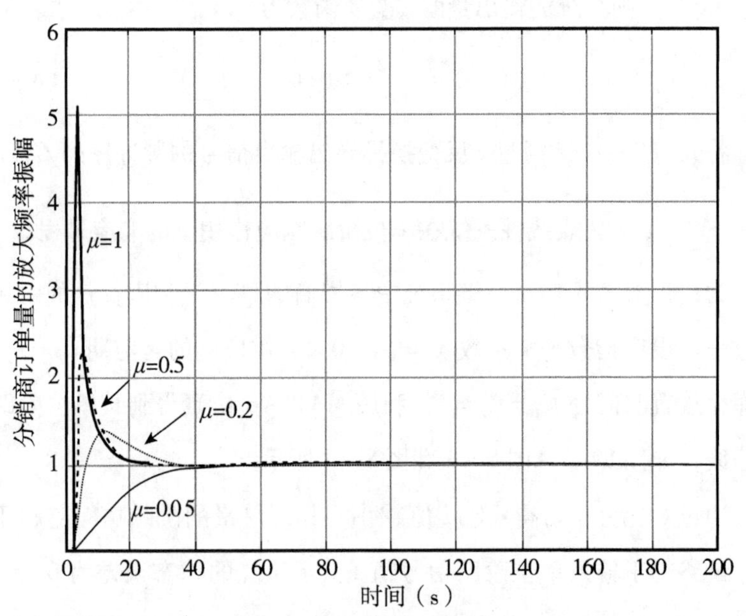

图 8－3　$\tau=2$ 分销商订单量的阶跃响应曲线

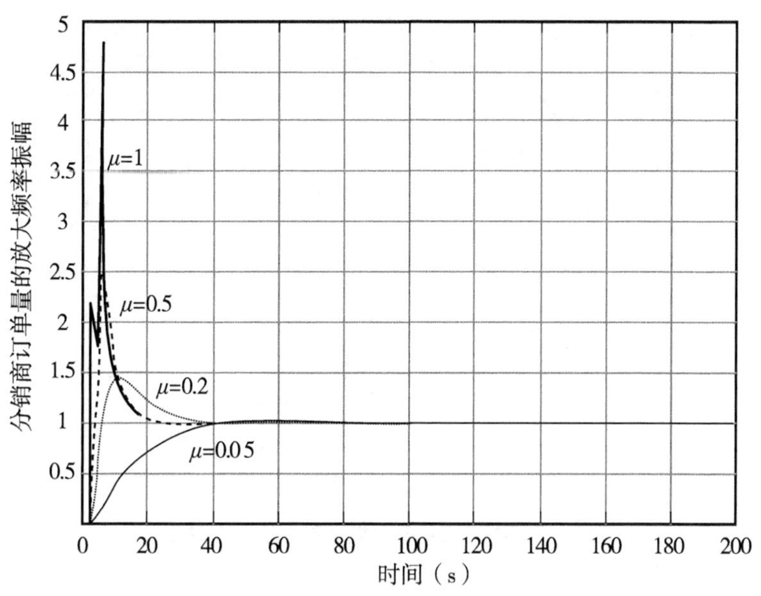

图8－4 τ＝4分销商订单量的阶跃响应曲线

8.3.2 频域分析

本节应用频率响应曲线衡量订单量和库存量波动效应。系统的频率响应是指一个样本周期 t 内，在正弦波信号频率 $\omega \in [0, \pi]$ 输入时，系统输出、输入的标准差放大率。频率响应曲线可通过传递函数的绝对值计算得到。

$$|G(\omega)| = |G(z)|_{e^{jw}} = \sqrt{Re^2[G(e^{j\omega})] + Im^2[G(e^{jw})]} \quad (8-21)$$

其中 Re 表示幅值的实部，Im 表示幅值的虚部。

8.3.2.1 零售商的频率响应

为讨论参数 μ 对供应链系统中零售商的订单量和库存量的放大效应影响，通过设定参数指数平滑系数 $\alpha_1 = \alpha_2 = 0.2$，供应链的提前期 $L_1 = L_2 = 4$ 和库存放置时间为 $C_1 = C_2 = 1$，得到其频率响应图。结果如图8－5、图8－6和图8－7所示，横坐标描述输入正弦信号（固定顾客需求）的频率 ω，纵坐标为系统的输出，即订单量和库存量的放大量。

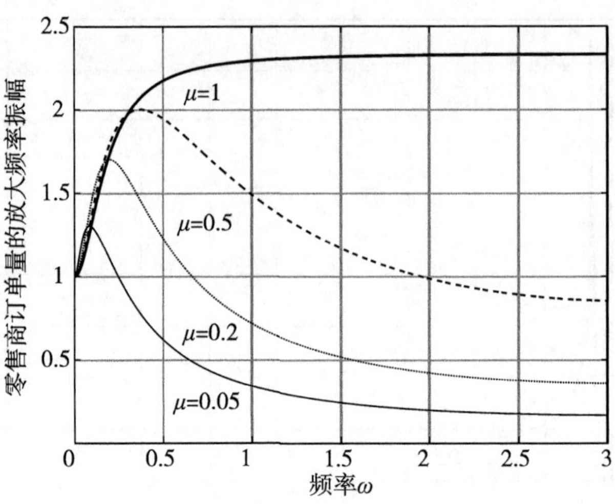

图 8－5　零售商的订单量放大的频率响应曲线

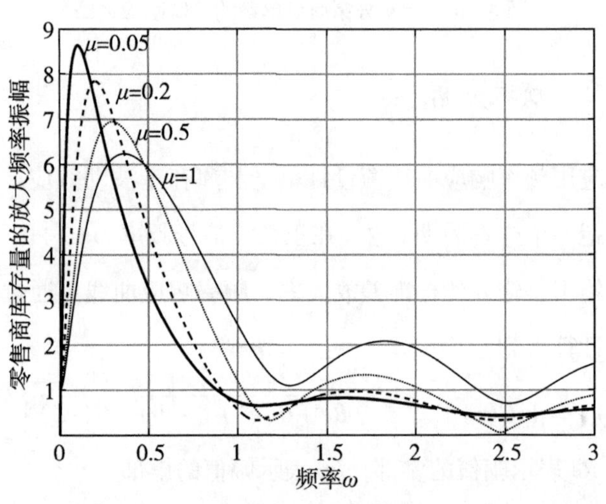

图 8－6　零售商的库存量放大的频率响应曲线

从图 8－5 和图 8－6 可观察到：当频率 $\omega=0$ 表示恒定需求，不论 μ 值的参数变化，订单量和库存量均未波动。当频率 ω 趋于 π 时，表示交替需求信号的输入，则订单量和库存量的放大频率振幅随 μ 值增大而减小。且 $\mu=1$ 时，最大订单振幅为 2.33 和最大库存振幅为 1.58；$\mu=0.05$ 时最小振幅分别为 0.17 和 0.57。引入参量 μ 值可以极其有效地抑制供应链中订单可变性和库存的波动。并且从图 8－7 可知，库存量的波动伴随着订单量的高可变性。

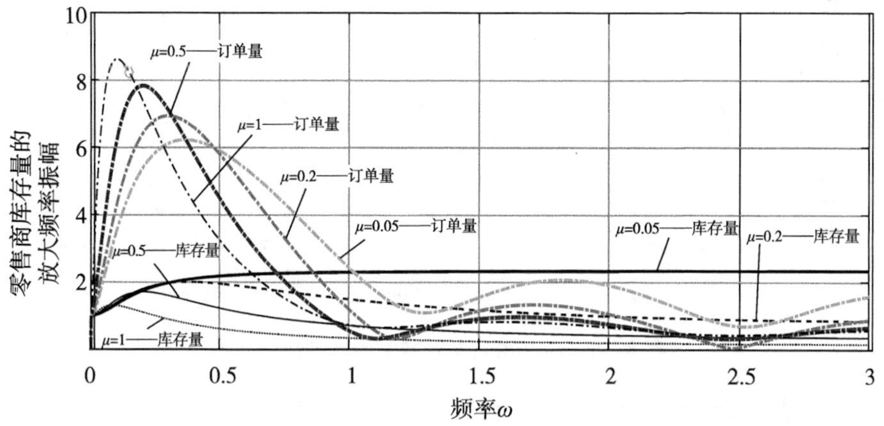

图 8－7　零售商的库存量和订单量放大频率响应曲线

8.3.2.2　分销商的频率响应

依据对上述零售商的频域分析，得出高库存可变性伴随着高订单可变性。因此，对于分销商只分析订单放大响应。通过图 8－1 分析可得，分销商更易受到信息延迟的影响。因此本节讨论参数 μ 和信息延迟时间 τ 对分销商的订单量效应影响。同样设定相同的参数得到分销商的频率响应图，如图 8－8 和图 8－9 所示。

①通过设定信息延迟时间 $\tau=2$ 时，从图 8－8 可知分销商的订单放大效应随变量 μ 值减小而降低。此外，μ 值越小、频率 ω 趋于 π 时，订单波动呈下降趋势且趋于 0。

②当 τ 值设置为随机，μ 值选取 0.2 和 0.5 时，从图 8－9 可得：τ 值一定时，μ 值越小，订单越能一直波动；μ 值一定时，τ 值越大，其订单量波动越大。即无论减少参数 μ 还是 τ，都能够有效抑制牛鞭效应，且 τ 和 μ 都取到最小、ω 趋于 π 时，订单波动趋于 0。

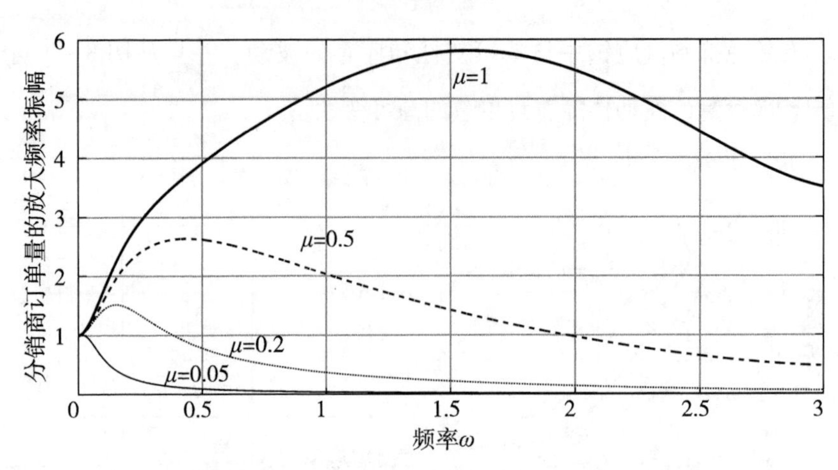

图 8-8　$\tau=2$ 时订单量放大频率响应图曲线

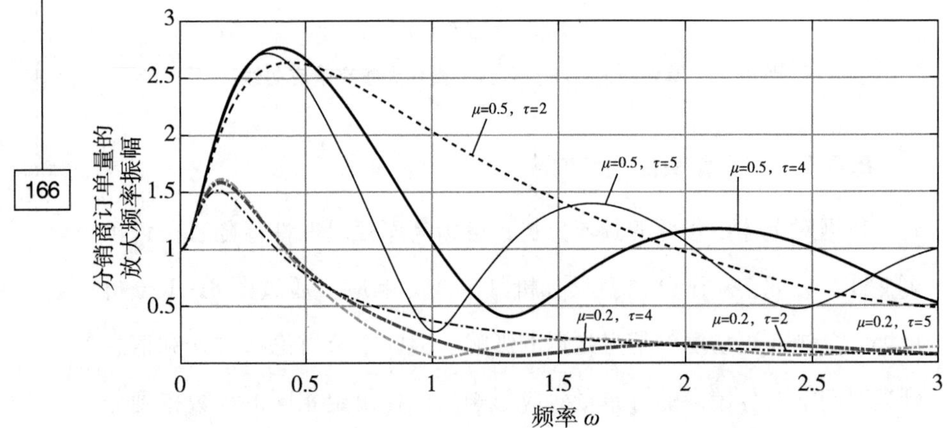

图 8-9　不同 τ 值和 μ 值订单频率响应对比

通过对零售商和分销商的频率响应分析，其库存量和订单量的波动均随 μ 值减小而得到有效的抑制。但是上述频域分析假设顾客的需求信号由单个正弦输入（固定需求），属于理想状态下的顾客需求。需进一步讨论随机需求输入时，参数 μ 对供应链多级库存系统的影响。

8.3.3　白噪声分析

白噪声（White Noise）遵从高斯（正态）分布，而功率谱类似于白色光谱，均匀分布于整个频率轴。因此，本节利用白噪声信号放大来

表示输入信号为随机的顾客需求。白噪声订单量放大（H_2-norm）主要描述正态分布需求下订单量标准差与需求标准差之比。同样白噪声库存量放大，即计算正态分布需求下库存量标准差与需求标准差之比。其传递函数 $G(z)$ 的稳定系统的 H_2-norm 表述为 $\|G(z)\|_2$，即

$$\|G_o(z=e^{j\omega})\|_2=\frac{1}{2\pi}\int_0^{2\pi}|G(e^{j\omega})|^2\mathrm{d}\omega \tag{8-22}$$

应用传递函数，白噪声订单量放大的运算步骤为

$$\|G(z)\|_2=\sqrt{\frac{\det[X_{k+1}+Y_{k+1}]_b}{a_k\det[X_{k+1}+Y_{k+1}]}} \tag{8-23}$$

其中 X_{k+1} 和 Y_{k+1} 为关于传递函数系数的矩阵，即

$$X_{k+1}=\begin{bmatrix} a_k & a_{k-1} & a_{k-2} & \cdots & a_0 \\ 0 & a_k & a_{k-1} & \cdots & a_1 \\ 0 & 0 & a_k & \cdots & a_2 \\ \vdots & \vdots & \vdots & \ddots & \vdots \\ 0 & 0 & 0 & 0 & a_k \end{bmatrix},Y_{k+1}=\begin{bmatrix} 0 & 0 & 0 & \cdots & a_0 \\ 0 & \vdots & \vdots & ⋰ & \vdots \\ \vdots & 0 & a_0 & \cdots & a_{k-2} \\ 0 & a_0 & a_1 & \cdots & a_{k-1} \\ a_0 & a_1 & a_2 & \cdots & a_k \end{bmatrix}$$

(8-24)

$\det[X_{k+1}+Y_{k+1}]_b$ 为 X_{k+1} 和 Y_{k+1} 相加后得到的矩阵的最后一行由 $[2b_nb_0,2\sum_{i=0}^{1}b_ib_{i+n-1},\cdots,2\sum_{i=0}^{n-1}b_ib_{i+1},2\sum_{i=0}^{n}b_i^2]$ 代替所得到的行列式值。

为讨论随机顾客需求下参数 μ 和 α 对供应链中订单量的放大效应，通过设定参数 $L_1=L_2=4$，$C_1=C_2=1$，依据上述计算步骤计算 $\|Go_1\|_2$，见式（8-25）。利用MATLAB工具箱得到白噪声订单量放大曲线（见图8-10），其中横坐标为指数平滑系数、纵坐标为系统的输出。

$$\|Go_1\|_2=\sqrt{\frac{2\alpha^2\mu^2T_1{}^2+(4\alpha^2\mu+4\alpha\mu^2-2\alpha^2\mu^2)T_1-3\alpha\mu(\alpha+\mu)+2(\alpha^2+\mu^2)+\alpha^2\mu^2}{3\alpha^2\mu+3\alpha\mu^2-2\alpha^2-\alpha^2\mu^2-2\mu^2+4\mu+4\alpha-8\alpha\mu}}$$

(8-25)

从图 8－10 可得，当顾客需求为随机时，其订单量可变性随着指数平滑系数 α 和 μ 减小而降低，表明指数平滑系数和区块链技术影响下的信息校正因子均对订单量波动有抑制作用。

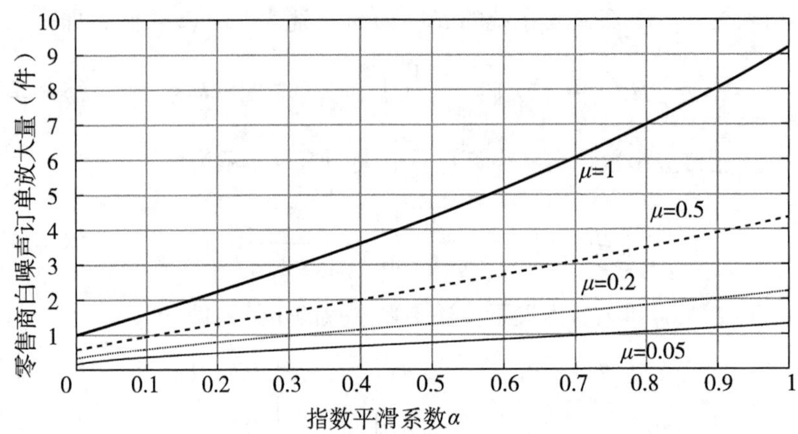

图 8－10　零售商白噪声订单放大量曲线

同理，为讨论随机顾客需求下参数 μ、α 和 τ 对供应链中订单量的放大效应，当设置参数 $\alpha_1=\alpha_2=\alpha$ 时，得到图 8－11 和图 8－12 的响应图。通过对比图 8－11 和图 8－12 可知，即使受到不同信息延迟的影响，变量 μ 和 α 依然对订单量波动具有显著的抑制作用。指数平

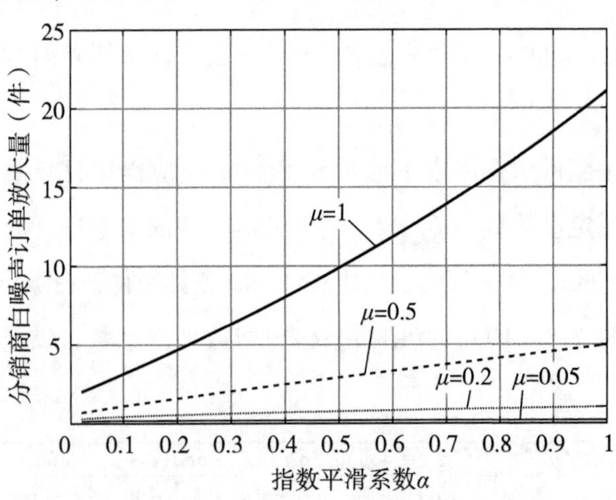

图 8－11　$\tau=2$ 分销商白噪声订单放大量曲线

滑系数和区块链技术影响下的信息校正因子 μ 值越小，订单量和库存量的抑制作用越显著。

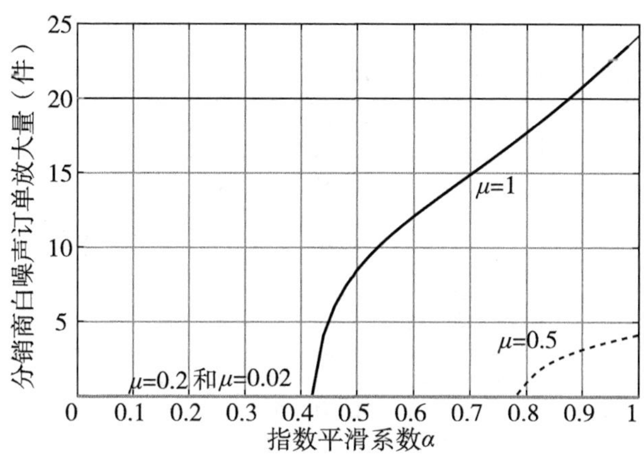

图 8－12　$\tau=4$ 分销商白噪声订单放大量曲线

8.4　仿真数据分析与讨论

本节应用 MATLAB R2017 对上述系统进行计算机仿真分析，求取时域响应曲线上五项性能指标（表 8－2），对比固定需要和随机需求下零售商和分销商动态响应的幅值（表 8－3～表 8－5）。并依据仿真数据结果探究区块链技术如何抑制供应链多级库存系统的牛鞭效应，满足顾客的随机需求。

表 8－2　多级库存控制系统的时域指标

参数		延迟时间 t_d（s）	上升时间 t_r（s）	峰值时间 t_p（s）	调节时间 t_s（s）	超调量 σ（%）
零售商的订单量（件）	$\mu=1$	1.227	0.359	2	48	120
	$\mu=0.5$	1.417	0.667	4	50	77.8
	$\mu=0.2$	1.833	1.583	7	61	52.43
	$\mu=0.05$	2.851	4.029	15	187	25.18

续表

参数		延迟时间 t_d (s)	上升时间 t_r (s)	峰值时间 t_p (s)	调节时间 t_s (s)	超调量 σ (%)
$\tau=2$ 分销商的订单量（件）	$\mu=1$	2.227	0.365	4	51	416
	$\mu=0.5$	2.833	1.053	5	52	130.9
	$\mu=0.2$	4.162	2.974	12	70	38.92
	$\mu=0.05$	13.613	25.552	64	229	2.44
$\tau=4$ 分销商的订单量（件）	$\mu=1$	2.227	0.367	6	52	381.4
	$\mu=0.5$	2.833	1.398	7	52	148.56
	$\mu=0.2$	5.035	3.444	12	69	45.19
	$\mu=0.05$	13.54	24.741	63	229	2.45

表 8-3　零售商的频域响应值和白噪声放大数值对比（$\alpha=0.2$）

振幅	$\mu=1$	$\mu=0.5$	$\mu=0.2$	$\mu=0.05$
$\lvert G_{O_1}\rvert$	2.33	0.854	0.36	0.17
$\lVert G_{O_1}\rVert_2$	2.23	1.31	0.795	0.477

表 8-4　分销商的动态响应数值

	$\lvert G_{O_2}\rvert$			
μ	$\tau=0$	$\tau=2$	$\tau=4$	$\tau=5$
1	3.44	3.5	3.85	7.78
0.5	0.47	0.48	0.53	1.00
0.2	0.065	0.068	0.073	0.14
0.05	0.0052	0.0053	0.0066	0.014

表 8-5　分销商的频域响应值和白噪声放大数值对比（$\alpha=0.2$）

	$\tau=2$		$\tau=4$	
μ	$\lvert G_{O_2}\rvert$	$\lVert G_{O_2}\rVert_2$	$\lvert G_{O_2}\rvert$	$\lVert G_{O_2}\rVert_2$
1	3.5	4.66	3.85	0
0.5	0.48	1.60	0.53	0
0.2	0.068	0.55	0.073	0
0.05	0.0053	0.185	0.0066	0

由表8-2所示，分析了多级库存系统在单位阶跃响应作用下的五项动态性能指标，包含延迟时间 t_d、上升时间 t_r、峰值时间 t_p、调节时间 t_s 和超调量 σ。其中 t_r、t_p 和 t_s 评价系统的响应性，σ 反映系统的准确性和稳定性。延迟时间 t_d 描述响应曲线第一次到达其终值所需的时间。表8-3~表8-5则描述了控制系统在不同需求信号下的订单量和库存量频域响应曲线，通过对比分销商和零售商订单量的时域指标和频域的动态响应值可得出以下结论：

①引入区块链技术影响下的信息校正因子，降低了系统的响应性，但提高了库存系统的精准性和稳定性，有效抑制供应链中的牛鞭效应。

假设供应链中输入单位阶跃响应信号，其订单量（输出信号）随着时间振荡稳定1时，则表示该库存系统性能满足顾客需求。依据上述仿真结果该多级库存均满足顾客的响应需求，但存在响应性、稳定性和精准性的区别。通过分析不受信息延迟影响的零售商的订单量，零售商的订单量响应的时间随着区块链技术影响下的信息校正因子 μ 值减小，呈逐渐递增趋势，响应时间从0.359s上升至4.029s，但系统订单量的可变性显著被抑制。即区块链技术引入零售商的系统时，区块链技术应用程度越高，系统的精准性和稳定性越高，但响应性逐渐减弱。而对比受到信息延迟影响的分销商系统，同样存在区块链技术影响下的信息校正因子 μ 值越小，系统稳定性和精准性越高，响应性越低问题。针对这一问题可解释为：零售商或分销商面对顾客随机需求情境下，直接根据顾客需求下订单，未考虑实际的库存量或者市场销售需求，故库存系统的响应性高，但系统存在过高的订单量或订单量可变性较高，其系统的超调量也会较大，势必引起供应链上游企业的库存量波动变大。区块链技术的应用有效促进供应链间信息的精准性、及时性和访问性，但随着区块链技术应用程度越高，其处理复杂供应链系统中的信息越多，导致系统的响应时间增加，但也因此保证信息的精准性，缓解供应链系统中的牛鞭效应。

②信息延迟时间越长，区块链技术影响下的信息校正因子越能有效抑制信息延迟所带来的牛鞭效应。

通过对比 $\tau=2$ 和 $\tau=4$ 分销商的阶跃响应性能指标，其延迟时间 t_d、上升时间 t_r、峰值时间 t_p、调节时间 t_s 和超调量 σ 值总体相差较小。但当 $\tau=4$，$\mu=0.05$ 时，系统的响应时间显著优于 $\tau=2$。而通过对比零售商和分销商的超调量可见：信息延迟情境下，区块链技术的信息校正因子能有效抑制订单的可变性，增强系统的稳定性和准确性。因此，当供应链系统中应用区块链技术时，信息延迟时间越长，越能达到弱化牛鞭效应的效果。

③随机需求信号下，指数平滑系数 α 和区块链技术影响下的信息校正因子 μ 值越小，订单量和库存量的抑制作用越显著，且系统的信息时滞越长，其抑制作用越显著。

结合表 8－3～表 8－5 频域响应数据和图 8－10～图 8－12 所示，当通过白噪声信号放大分析随机顾客需求时，指数平滑系数和区块链技术影响下的信息校正因子 μ 值越小，其订单量可变性越小。尤其 $\tau=4$，$\alpha=0.2$，$\mu=0.05$ 时，订单量的频率放大的数值为 0。进一步可得，对比表 8－4 所示，当信息时滞为 2 时，区块链技术对固定需求下订单可变性的抑制作用优于随机需求。而当 $\tau>2$ 时，区块链技术对随机需求下订单可变性的抑制作用优于固定需求。

④高库存可变性伴随高订单可变性。概言之，区块链技术应用供应链多级库存控制系统中，提高了系统的稳定性、准确性，解决了供应链系统中信息时滞问题，并验证了区块链技术影响下的供应链库存系统的有效性、合理性。

8.5　本章小结

牛鞭效应导致了供应链效率低下和库存成本的积压，是企业供应链管理中亟待解决的问题。本章为解决供应链系统中信息延迟和信息失真问题导致的牛鞭效应，应用区块链技术构建供应链系统控制模型，通过稳定性判定、时域分析法、频域响应图、白噪声放大探究区块链技术对信息延迟和扭曲下的供应链系统订单和库存的影响。系统仿真表明：信息延迟和扭曲会对供应链系统的绩效产生负面影响，而区块链技术的引入能有效地抑制系统中订单量可变性和库存量的波动，提高库存系统的准确性和稳定性；与较短的延迟时间相比，信息时滞越长，区块链技术和指数平滑系数对牛鞭效应抑制作用越显著。

本章在前人研究的基础上，首次引入区块链技术构建多级库存系统控制模型，采用定量方法分析不同需求情景下区块链技术对系统订单量和库存量的影响，优化了库存控制系统的稳定性和精准性，量化了区块链技术对牛鞭效应的影响，丰富了区块链技术在动态供应链系统的研究。同时对于管理者的启示：①需求信息存在延迟现象时，应用区块链技术能够有效抑制库存系统的偏差，缓解牛鞭效应，以提高顾客服务水平；②面对需求信息不匹配且时滞较长时，管理者应尽可能减少指数平滑系数 α 值，系统中订单量可变性越小，库存系统越精准；③应用区块链技术时，系统响应时间会达到一个稳定阈值，这时系统性能的稳定性和准确性最优。本章的研究也存在一定的不足，未考虑区块链技术的应用成本，仅研究区块链技术对二级供应链控制系统牛鞭效应的影响。在未来的研究中，将从博弈论角度探究区块链技术引入后，多级供应链系统动态变化和成本之间的关系达到供应链系统利益最大化。

第 9 章　中国电商环境下生鲜农产品仓储配送模式研究

9.1　引言

人口红利、移动互联网的普及、新兴技术的应用（例如，大数据、AI 技术）、仓储物流的优化整合、农业电商的相关法规政策以及消费升级的带动，正在促进我国生鲜电商市场快速崛起。据统计 2019 年中国生鲜电商市场规模稳步增长，达到 3506.08 亿元，其中电商交易平台仍是生鲜产品的主流销售渠道，2020 年上半年我国生鲜电商行业市场交易额已达到 1821.2 亿元，同比增长 137.6%。2019 年，中国生鲜电商市场在线渗透率在 7.04%；英国、美国在线渗透率相对较高，为 25% 和 20%；荷兰、德国、法国低于 15%。另外，中国消费者网购生鲜时核心关注为新鲜、便利、实惠；生鲜消费群体集中在 30 岁以上的高收入高学历女性；天猫、京东、盒马鲜生、一号店在品牌认知上占有较大优势，部分存在区域性特征，例如，上海的天天果园、广州的顺丰优选。随着电商消费逐渐进入低龄和高龄人群的生活视野，生鲜电商的目标用户群正在不断扩大。以上数据均显示生鲜电商市场有着广阔的发展空间，是电商发展的重要领域。

生鲜农产品电商，即用电商的手段在互联网上营销生鲜类产品，如新鲜果蔬、生鲜肉类等。生鲜农产品电商化，特别是普通蔬菜需要每日采集、运输，只要控制供需数量，保证每日的正常销量，多数情况下可以避免不必要的冷藏冷冻处理，将损耗率降到最低，甚至零损耗。因而保持产地与最终消费端的直达畅通，减少多个中间商的繁复过程就变得十分重要。研究中国电商环境下生鲜农产品的仓储配送管理模式具有现实意义。

学者 Laszlo（1990）在欧洲首次提出基于疫苗的运输和储存的冷链模型，是冷链物流研究的开端，而 James 和 Evans（2006）认为为了保证各产品在规定温度下储存，简单制冷是不可行的，除保证产品在货架上新鲜外，还要尽可能保持产品的原汁原味。Garcia（2010）通过研究生鲜农产品供应链中货物的查询与跟踪问题，发现基于网络的数据处理、储存与传输的管理系统将大大提高生鲜农产品物流的查询与跟踪效率。Jiang 和 Shu（2015）提出基于生鲜农产品物流的协同管理体系，能为消费者提供高效率、高质量、低成本和灵活的物流服务。Aramyan（2007）基于西红柿的供应链，提出了一个生鲜农产品概念化模型，从中总结影响生鲜农产品供应链的四个因素：效率、灵活、响应、食品质量。

国内的学者则认为随着汽油价格的上涨、城市内运输罚款的增加、包装材料费用的提高，生鲜农产品的物流成本正不断增加，也间接提高了生鲜农产品的仓储成本。胡冰川（2013）认为冷链配送是生鲜农产品电商的大难题，但从未来趋势看生鲜行业虽起步晚，但成长速度快、空间大。魏国辰（2009）提出运用现代物流理念和技术，构建大型生鲜批发市场、连锁超市、加工企业为主导的物流体系。吴传淑（2015）提出了优化供应链、推广 C2B 与 O2O 模式、加强冷链物流建设、拓展营销方式来加快中国生鲜电商发展。洪涛（2015）则提出本地化生鲜平台将成为农产品电商转型新方向，此外还需重视消费者购买行为的新变化。针对国内频发的果蔬滞销风波，甘小冰（2013）总结了美国、日本、韩国在生鲜供应链运作中形成的以农协为核心的产配销一体化组织，提出了政府应管理和组建生鲜农产品行业协会的观点。兰洪杰（2013）提出冷链物流系统仓储设备的建设方案、空间分布、规模、内部布局及运作机制要充分考虑企业、顾客需求，以提高仓储设施的利用率。此外，王艳玮和常莹莹（2013）认为目前存在四种物流配送模式：基于信息共享的共同配送、基于价值链的合作配送、基于持久往来的第三方物流、基于 JIT 的自营配送。

国内外研究表明，中国生鲜农产品电商若要茁壮发展需要关注以下四点：培育家庭农场；鼓励开展 C2B、O2O 模式；强化购物理念，发展“粉丝”经济；创新生鲜物流配送体系，加快建设冷链物流。这些都与生鲜农产品电商的仓储配送管理密不可分，以下将给出四种仓储配送创新模式。

9.2　线下服务站/自提点

设立服务站和自提点是近年物流发展的一种趋势，便于习惯网购但没时间等待取货的消费者。根据德国 INFAS 的调查，相较于宅配到家，人们更愿意接受自提。自提解决了“最后一公里”的难题，减少了送货上门的费用，更加适用于多批次、小批量且价值低的货物。特别是日常必需的蔬果，自提将降低大部分物流成本。

服务站不仅包括自提，还在生产基地、冷链物流和电商平台间快速传递消费者信息。它是一个小型的仓库，配备冷柜和相关设施。存储量根据长时间该区域需求量所决定（见图 9－1）。每份产品包装都经过射频技术处理，数据将自动进行管理分析。服务站可回收相关包装和可回收废料，真正实现绿色消费、绿色生活的理念。同时调查并反馈消费者的需求变化，实现快速响应。

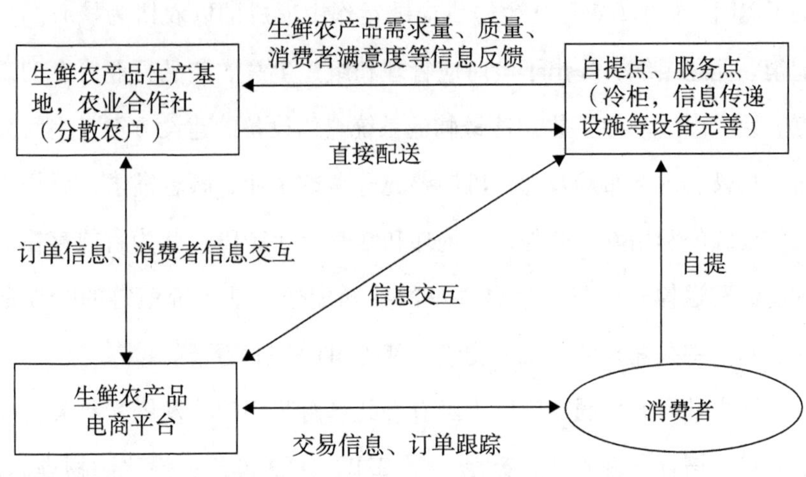

图9－1　生鲜农产品线下服务站操作流程

对于自提点，虽然依靠消费者主动自提可解决“最后一公里”的问题，但是并没有真正解决生鲜农产品从生产到服务站之间的农产品存储问题。为了保证当日采摘、当日自提，该仓储配送过程还需以下四个方面予以支持：①选址：在社区及地铁口等连接公司与家之间的路线上选取合理位置；②设施：冷柜、信息传输装置，智能机器人操作服务；③质量安全：RFID射频技术实时传递产品质量状态；④供应合作：多家物流及生产企业进行产品货物联运。

9.3　O2O超市延伸

超市较服务点规模更大、管理更规范。消费者只需在电商平台订购，临近超市就能进行“最后一公里”配送，非常便捷。消费者也可以门店领取，真正做到门店与电商平台的融合。并且消费者可自主选择一周所需，然后超市根据需求每天定时配送。如此，只需超市和生鲜农产品供应商信息共享，可实现传统线下销售的效果，尤其是线上消费者所需产品种类、价格、需求量、质量安全等信息（见图9－2）。

图9-2　O2O发展系统

生鲜农产品超市往往面临与农贸市场的价格竞争，如何赢得更多的消费者并获得盈利非常值得关注。同样，生鲜农产品从生产到超市之间存储的问题与服务站相似。日本企业Oisix的O2O模式获得广泛好评。自接到消费者订单，该企业向产业基地收购产品。日本国内一千多户农户与产业基地合作，按要求供应低农药或有机种植的农产品。Oisix不承担库存风险，收购价格低廉稳定，无中间商，终端价格也非常便宜。Oisix还在每件产品上标注产品名称、产地、净含量和种植人姓名，高度重视农产品品质安全。

英国网上食品零售商Ocado将B2C与O2O进行了整合，在地铁、商业街等人群集中地设置虚拟橱窗，消费者可通过智能手机扫码进行线上订购，进而实现社区用户体验。它还拥有自动化冷链仓储物流体系，在高速路中转站建立物流中心，85%的商品由供应商直配（见图9-3）。

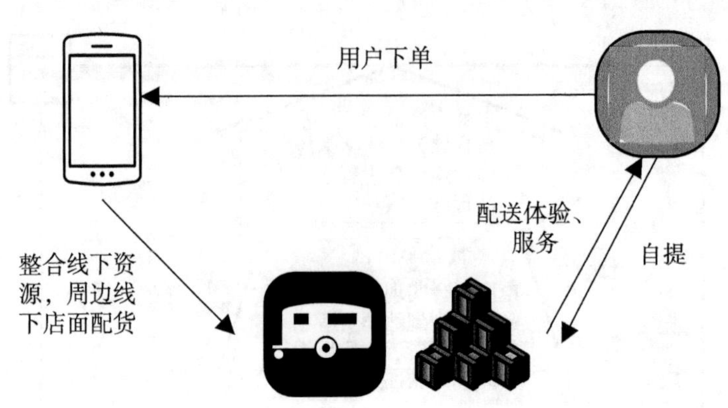

图 9-3　Ocado 线上线下体验

以上两种运作模式都关注产品质量和用户体验，充分开发线下资源。Oisix 将农产品生产管理及其质量控制委托于农户，进行精细化管理，避免仓储库存问题，而 Ocado 利用虚拟触屏体验和社区店同时获取消费者信息，采取供应商自主供货的方式，减少仓储采购问题，值得借鉴。

9.4　自动贩卖生鲜农产品柜

生鲜农产品自动贩卖机的构造类似于饮料贩卖机，具有冷藏冷冻功能，可自动控制温度、湿度、光照和气体成分，并与支付宝和微信相连实现实时付费。每个或每捆蔬菜上都贴有条形码，消费者根据偏好点选单品种或多品种拼装。它通常位于公司与家或者社区之间，便于消费者快速获取。生产基地直接对自动贩卖机进行补给与日常维护，解决生鲜农产品生产和到达消费者之间的转运存储问题，降低各项成本费用，实现产地直采直销（见图 9-4）。

目前，国内一些中心城市如上海、杭州、郑州、南京的万达、银泰、百联商场内已出现鲜榨橙汁的自动贩卖机。消费者通过手机支付就可获得 5 个新鲜橙子榨取的橙汁，味道纯正、安全新鲜。恒纯企业

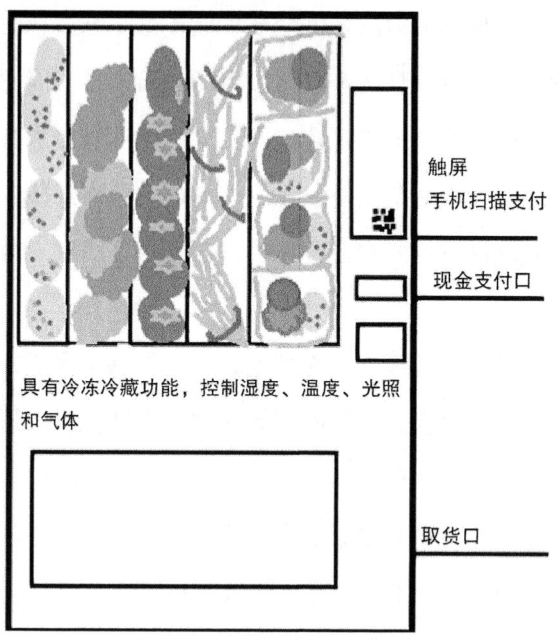

图9－4　生鲜农产品自动贩卖机

采取果园直通终端的模式，直接向果农传递市场讯息，解决采购问题；免费提供橙子种植和相关农业知识，从源头保证产品的优等质量。直采的橙子集中运往仓储分拣中心进行分拣，然后立即送往各个自动贩卖机进行销售。

恒纯鲜榨橙汁自动贩卖机的成功实践，为生鲜农产品自动贩卖机的构想提供了诸多启示：①企业应与种植生鲜农产品的农民深入沟通并开展合作，为其提供市场需求信息和相关技术培训；②每日采摘的生鲜农产品在仓储分拣中心集中清理、包装、贴标、扫码；③冷藏车配送至各个地铁口、社区等生鲜农产品自动贩卖机的分布点；④消费者随时 App 下单，回家时就能在自动贩卖机上提取预购货品。

9.5　生产基地直供到家

一方面，互联网使生产和销售信息更透明、产销沟通更顺畅，从而使线上订单实现线下物流直供变成可能；另一方面，我国农业生产仍是分散化、小规模，且大多跟不上市场最新需求。因此，我国的生鲜农产品生产很有必要逐步整合政府资源、企业资源和各个农户，进行统一承包经营，可借鉴国外农业生产的成功合作经验：①美国式大农场；②荷兰家庭农场式农业合作社；③日本分散农户与三级批发市场合作。

生鲜农产品的有效集中可降低生产、仓储、物流成本，提高产品到达终端消费者的速度。在我国城镇化建设不断推进的形势下，农用土地已呈现集中趋势。所以该直供模式下，消费者在电商平台订购并支付，生产基地的冷藏车定时定点送至各个社区。同时现代化的社区也将配套冷藏自取箱（信箱等）。冷藏车还可以与社区合作，在买菜高峰期停靠直接售卖（见图9－5）。

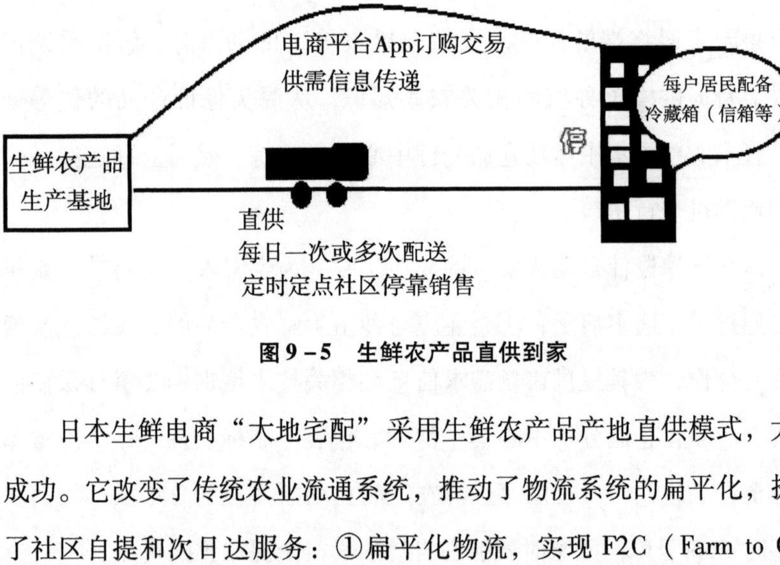

图9－5　生鲜农产品直供到家

日本生鲜电商“大地宅配”采用生鲜农产品产地直供模式，大获成功。它改变了传统农业流通系统，推动了物流系统的扁平化，提供了社区自提和次日达服务：①扁平化物流，实现 F2C（Farm to Customer），消除流程中的仓储浪费；②社区自提点，实现物流衔接的关键是物流交付的准时性和收货者诚信。大地宅配开通了网上订购，结合认领土地和托管种植等模式，待生鲜农产品成熟后，将其直接配送到家。用户可制订季度或年度生产计划，企业根据用户需求量进行蔬菜品种种植，统一配送。创造并引导消费者对宅配蔬菜的主动需求，成为该模式成功的关键。

根据当前我国生鲜农产品电商发展状况，由生鲜农产品特性引发的仓储和配送效率问题是导致很多试水生鲜电商企业失败的主要原因之一。另外，生鲜农产品电商比线下传统零售要投入更多资金，产业链的建设过程更漫长。因而，实施的关键是完善从生产到最终到达消费者的存储过程，提高转运速度，实现扁平化物流。

9.6　跨区域仓储配送

目前生鲜农产品电商仍是以小区域为主，并且小区域发展还存在诸多问题，进一步拓展就更加困难。但是待小区域生鲜农产品电商发展成熟以后，必将要实现跨区域的发展，不同区域间消费者需求状况、生鲜农产品生产及供应状况、生鲜农产品的调度问题和相关的冷链设施等问题，与小区域相比更加复杂。但是与小区域发展相同，还是要将冷链物流放在首要地位，因为这是其实现跨区域发展首先要解决的问题。

小区域生鲜农产品电商发展要尽量降低对冷库的依赖，将生产基地作为直接的仓库，减少中间仓储的环节。而对跨区域生鲜农产品电商的发展来说，跨区的仓储建设是必不可少的，因为这是区域间的差异、生鲜农产品的特性和冷链物流配送技术和时间及距离等所要求的。

9.6.1　跨区域生鲜农产品仓储管理的拓展难点

围绕中心城市发展的小区域生鲜电商明显难以扩张，是生鲜农产品电商发展的一个痛点。特别是发展普通菜品，只适合近距离小范围发展模式。当前的生鲜农产品电商发展现状仍以区域生鲜电商为主流，目前发展区域主要集中在北京、上海和广州等大城市。

根据当前农产品供应条件、全国冷库建设情况、冷链物流和供需状况等存在的问题，生鲜电商要实现跨区域大规模发展还是困难的。生鲜农产品电商物流配送有着最佳配送半径的条件，多城市、跨区域配送往往难度较高，不同区域的生鲜农产品消费需求差异也较大。相信只有当小区域生鲜电商发展足够成熟，且解决了冷链物流、生鲜农产品持续供求稳定、果蔬电商零售化、送货上门服务、确保农产品质量安全符合消费者标准等现有小区域生鲜农产品的难点问题，跨区域的生鲜农产品电商发展的成功率才会得到提高。

虽然短期内跨区域大规模生鲜农产品电商发展难以得到拓展，但根据当前的小区域发展模式，可以对将来的大规模发展进行初步探索及研究。

要促进多城市、跨区域的生鲜农产品电商发展，农产品供应链是取得成功的关键。但实现多地的农产品供应补给及流通，同时又要保证农产品“鲜”的要求，较小区域操作更加困难。而跨区域的勾连通常要通过冷库，冷库在跨区域的作用是：缓解市场供需问题，满足农产品冷处理要求，保证产品的安全及质量。所以跨区域冷库建设和信息的流通又是农产品供应链中的重中之重，谁能够解决跨区域农产品信息化冷库管理建设问题，谁就能在大规模生鲜农产品电商的江湖闯出一片天地。

目前跨区域仓储管理存在的问题：

①全国冷库容量较少，各区域分布不均；

②各个物流企业或电商平台没有将冷库、冷链物流、互联网平台等资源进行有效整合；

③缺乏冷库间的合作，建立单个的独立物流体系，无法使冷库利用率最大化，致使生鲜产品调度不灵活，缺乏流通性；

④冷库仓储管理信息传递不及时，未能实现从生产到销售过程中生鲜产品的信息共享；

⑤冷库建设及其配套设施造价昂贵且技术落后，等等。

9.6.2　跨区域生鲜农产品仓储管理的突破点

要实现跨区域生鲜农产品业务的发展，就要通过各地区冷库的联结，实现生鲜农产品的灵活调转，降低农产品的损失率和冷链物流的整体成本。各个大型冷库的建设要靠近农产品生产基地和中心城市，周边的交通如公路、铁路和航空便利。生鲜农产品在各区域冷库间的调动应设计最优路线，当然前期冷库建造选址就应该考虑到冷链配送最佳方案。除此之外，应对不同区域进行消费者购买生鲜农产品的情况进行调查，收集历年该地区的生鲜农产品的需求量等相关数据，以此建造不同规模的冷库，根据当地的气候环境等情况，有针对性地进行差别性的标准冷库管理。

各地冷库间，小区域分散仓储管理（第9.3节提到的超市、服务站）和冷链配送车都对各地区的生鲜农产品生产和存储量有明确的实时记录，通过强大的网络信息平台进行生鲜农产品的生产、配送、供货和补货等一系列相关活动。实现台湾的菠萝可以直达新疆，新疆的葡萄以最少的时间到达海南。

在向中心城市发展的基础上，进一步向周边多城市渗透，在小区域内实现生鲜农产品从生产到仓储管理的过程中，使小区域向多区域逐级扩大。一级冷仓向周边多数小城市渗透，实现功能最大化，最终实现一级冷仓在全国范围内实现互连。但需要注意的关键环节有以下四点：

①优先发展小区域型生鲜农产品电商，根据区域型发展成功模式向其他城市进行拓展，在全国范围内形成多个甚至几百个以城市为中

心的区域型生鲜农产品电商，以点状的形式覆盖全国，从而解决该地区农产品的需求，根据该区域消费者的饮食习惯，形成不同的农产品供应方案；

②企业进行资本合作，通过兼并、收购、合资等方式与各地域发展较好的生鲜农产品电商品牌合作，从而实现全国化的规模；

③实现生鲜农产品生产标准化，提高果蔬等农产品的常温销售量，从而减少生鲜农产调度对冷库和冷链物流的依赖性，降低跨区域冷链物流等成本费用，更易于拓展多城市、跨区域生鲜电商市场；

④各个小型区域实现合理的冷库容量配置，实现各类资源的整合、信息的互通，全国范围内冷库及冷链物流的互联，有助于农产品在全国范围内的流通，特别是在生产地域性产品或有特别消费需求产品时。

一级冷仓的冷冻冷藏管理如图 9－6 所示：

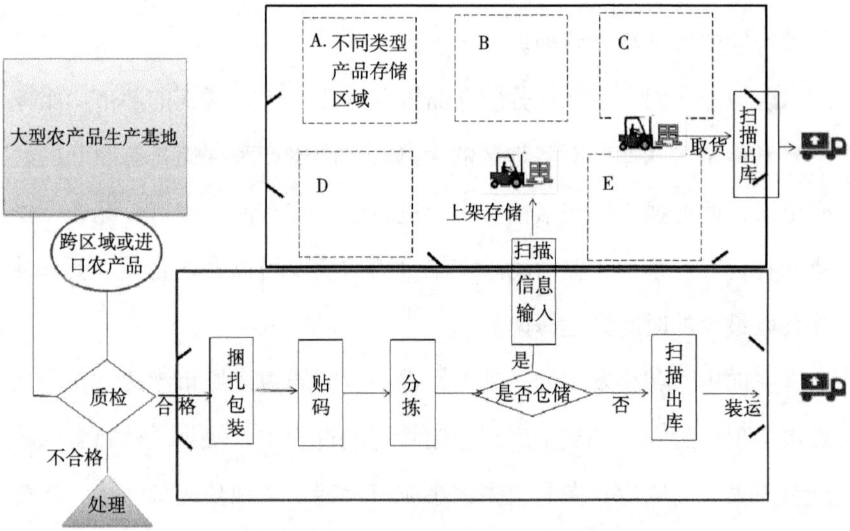

图 9－6　一级冷仓的冷冻冷藏管理

①冷仓内将分成不同气候环境的区域，温度级别按产品性质严格划分，设置最佳的温度和湿度，实现鲜度最优化；

②质量安全控制：入库严格检查，生产基地生产严格按照标准进行；

③机器人自动化包装、贴码、分拣；

④根据订单情况进行配送、仓储管理活动。

冷藏车与各地冷仓的对接要加快速度，产品进口、出库信息录入、输出与网络保持一致，尽可能实现内部仓储管理的机械化、自动化、智能化。完善冷仓基础设施建设，改变传统管理，是进行下一步生鲜农产品电商成功发展的重要基础。

本节讨论了生鲜农产品在跨区域、多城市、大范围内的仓储管理，保证生鲜农产品的各项指标在标准范围内，实现生产、管理、销售、成本等目标。而且上述讨论是在区域型生鲜农产品电商的市场得到拓展、小区域冷链物流和冷库健全的基础上进一步进行的。跨区域生鲜农产品电商要做到各地冷库对生鲜农产品的仓储量、供需量和安全质量进行监控和信息的交互，连接各地冷库的冷链配送路线合理，提高整个流程冷冻、冷藏技术，降低生鲜农产品损耗率，最终能够在全国各大城市实现生鲜农产品、信息和物流整合，达到高度的协调统一。这好像人体血管连接每一个部分又深入每一个部分，又好像器官统一协同工作一样，使整个生鲜农产品仓储配送系统像人体那样完美地运行。

9.7 本章小结

9.7.1 结论

生鲜农产品电商发展离不开品质安全、质量上乘的产品和高效的冷链物流。我国近年来对冷链物流和现代农业发展的投入呈逐年递增趋势，说明国家也认识到电商平台是解决农产品销售问题的一种可行渠道。国家在资金、政策等方面都大力支持农业产业结构升级和农业科技创新，引导鼓励各类资本投入农业生产。“十三五”规划，促进了冷库、冷柜和冷链设施的发展，使冷链物流在全国得到初步的建立，为生鲜农产品电商的发展提供了基础环境和政策支持。

如今，生鲜农产品电商的发展还停留在最初级探索阶段，如天猫、京东、亚马逊、沱沱工社等电商平台都在尝试突破在这方面的困境，摸索适合生鲜类农产品的电商发展模式。消费者的满意度主要是在生鲜农产品的“鲜”的程度上，本质就是控制库存，保证生鲜农产品从采摘到到达消费者手中的时间最小化，但是目前很难做到生鲜农产品零库存的状态。

本章对如何保证消费者吃到最新鲜的生鲜农产品进行了仓储管理角度的探讨，提出了四种适应小区域发展的新型生鲜农产品存储管理方法，以达到最新鲜的要求。在小区域内，降低生鲜农产品对冷库存储的需求，甚至对冷藏的要求，实现日采摘量与该区域的日需求量保持大致一致，将生鲜农产品的损耗降到最低。在小区域内只要做到对生鲜农产品生产基地、冷藏车、服务站、门店和自动贩卖柜等分散点的生鲜农产品进行一定的仓储管理，而不再是传统意义理解上的仓储管理。

本章提出了跨区域仓储联结的仓储管理模式，该模式只是在小区域内发展足够成熟的阶段，进而向全国范围进行拓展所需要的一种方法。该模式还是在追求生鲜农产品新鲜度的基础上，对需要在跨区域范围甚至是在全国范围内周转的生鲜农产品进行有效的仓储管理，实现全国冷库管理的信息联结、生鲜农产品管理实时在线状态。

但是本章所设想的方案在实施上仍旧困难重重，只是在生鲜农产品的冷链物流中仓储管理方面寻求突破，一方面，在仓储管理方面的全面冷链设施，冷库、冷冻车、生产基地、自动贩卖柜等配套设施建设所需资金庞大、耗时长、利润回报率低，导致很多企业只能大量投入而无法获得收益而破产。再者，该行业企业分散、合作力度不强、市场混乱导致无法汇集社会全部资源有效开展业务活动，也是生鲜农产品发展缓慢的原因。另一方面，消费者对生鲜农产品的质量要求与其他产品（家电、服装等）相比来说很难有一个统一的标准，生鲜农产品网购价格并不比农贸市场优惠等因素，很难吸引大批忠诚消费者。

本章主要对现今中国电商环境下生鲜农产品的发展状况和问题进行了一个较为详细的介绍，并对解决仓储管理问题方面给出相应的见解和解决方法，以供有兴趣的研究者参考。

9.7.2　启示

本章通过对生鲜农产品电商发展的研究，对发展过程中所遇到的阻碍和问题进行了分析。生鲜农产品电商化发展问题涉及生产、采购、存储、配送、销售的一般供应链问题，还包括农产品生产的质量安全标准、仓储物流技术、消费者消费行为方式、企业及相关协会的社会责任感等方面。

2016 年 4 月 6 日，李克强总理在国务院常务会议上提出要改变信息通信基础设施建设，并扭转冷链物流滞后“硬瓶颈”的局面。4 月 8 日商务部副部长王炳南在国务院政策例行吹风会上提出了加强扶持物流企业，建设完善冷仓冷链系统，加快冷链物流运输，重点投入关键农产品生产基地的冷仓建设。政府要加强引导市场在冷仓方面的建设，引入国外成功生鲜电商企业和仓储物流建设管理技术，以发展国内生鲜农产品电商，并给国内企业提供良好的合作伙伴和学习者。

生鲜农产品关乎每个人的健康和安全，企业和相关行业协会都应该具有高度社会责任感，每个农户、每家企业都要以诚信为基础从事生产。在整个产业链明确自己的分工，在每一个部分尽力做到完美。目前，生鲜农产品电商发展的过程中不管是电商企业、物流企业还是在主攻这方面的企业都要专注于解决仓储物流方面的问题，借鉴国外成功案例，寻求新模式突破困境。

发展生鲜农产品电商的最终主体对象是消费者，消费者的态度和行为决定了企业的成败。首先，要引导消费者建立健康的饮食习惯，倡导绿色生活的理念；其次，可以组织城市消费者深入田间生产活动，了解生鲜农产品生产过程，加强消费者对企业的信任，帮助企业开展直供到家的线上销售活动；最后，让消费者主动参加行业协会的活动，通过口碑等宣传形式扩大企业的社会影响。

第 10 章　时变价格产品的供应链协调模型研究

10.1　基本假设

为了使建立的时变价格产品供应商—销售商模型具有科学性和实用性，我们做以下七个方面的假设。

10.1.1　供应链系统结构假设

为了研究方便，假设供应链系统是由单一供应商和单一的销售商组成的单一产品供应链，并且市场需求仅仅在销售商处得到满足。在系统中，销售商根据市场需求信息以及自身的经营成本结构和供应商所提供的价格策略向供应商进行订货，供应商根据销售商的需求和订购信息以及产品生产成本结构进行生产批量决策和定价策略。

10.1.2　“经济人”假设

无论是销售商的订购批量决策还是供应商供应订货量那么多的产品，都可能有多种追求或考虑。但“经济人”无疑是一种最为合理的假设，即双方都追求自身利益（经济利益）的最大化。

10.1.3 市场需求假设

假设市场需求 $x_i(i=1,2)$ 是随机的、好预测的，概率密度函数为 $f_i(x_i)(i=1,2)$，继而服从分布函数 $F_i(x_i)(i=1,2)$。且第二期需求的概率密度函数是第一期需求的条件概率，即 $f_2(x_2 \mid x_1)$。第二期需求 x_2 分布函数是 $F_2(x_2 \mid x_1)$。

10.1.4 价格外生、价格随时间变化规律

销售商不能自己决定产品的销售价格。他是自由竞争市场中价格的接受者，即产品市场上所有销售商的供给叠加形成总供给，所有顾客的需求叠加形成总需求，产品的销售价格（市场价格）是由产品市场的总供给与总需求均衡共同决定的，单个市场的参与者没有足够大的力量影响产品价格的决定。

本模型中先假设价格随时间变化规律是：销售季节分两期，第一期按原价 p_0 销售，第二期削价销售，销价幅度为原售价的一半。用数学表达的函数形式是一个分段函数，即

$$p(t)=\begin{cases}p_0\left(0\leqslant t<\dfrac{T}{2}\right)\\ \dfrac{p_0}{2}\left(\dfrac{T}{2}\leqslant t<T\right)\end{cases} \tag{10-1}$$

式中：T 为一个销售周期，如图 10－1 所示。

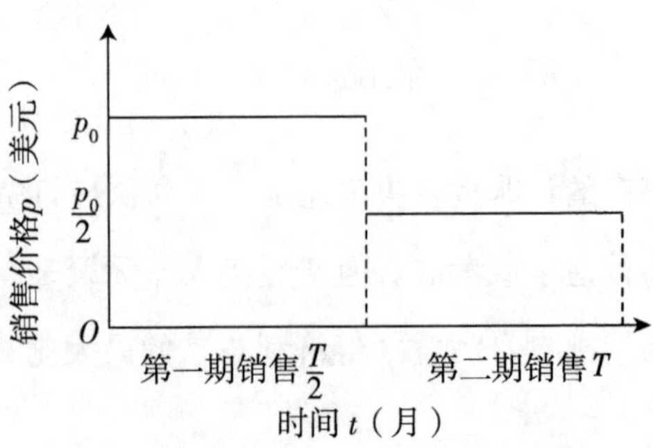

图 10－1 削价时价格随时间变化规律

本章中，子销售周期有两个，时间等长。第一期正价销售，第二期打折销售，依据实际情况，折扣为 2 ~9 折，即两期销售价格的关系满足 $p_2 = \lambda p_1$，$0.2 \leqslant \lambda \leqslant 0.9$。

对时变价格产品，其价格随时间变化的规律，未来有两种研究趋势：

第一种，T 这个总的销售周期不变，等分（或不等分）总销售周期 T 成 n（$n \geqslant 2$）个子销售周期 T_1、T_2，…，T_n，各期销售价格固定且递减，呈台阶式 n 级跳的下降，而各期销售价格间存在某种特定的递推函数关系。

第二种，当 n 趋于无穷大时，价格随时间变化变成了连续函数，而不是上述分段函数。随着总需求与总供给的不断调整、市场中价格规律的不断调控，价格随时间变化规律更类似于一个凸函数，初期价格随时间下降很快，然后下降的速度越来越慢，逐渐趋于平缓。为了更接近产品市场实际情况，可以假设价格随时间变化的函数是一个初始销售价格为 p_0 的指数函数，即满足函数式 $p(t) = p_0 e^{-p_0 t}(0 \leqslant t < T)$，如图 10 –2 所示。

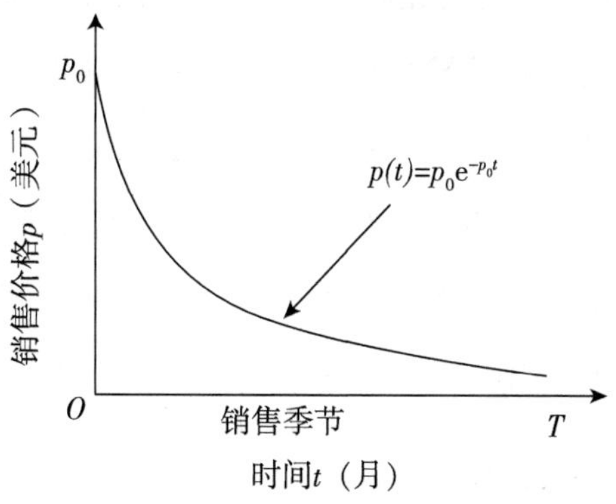

图 10 –2　销售价格随时间变化呈指数形式

10.1.5 完全信息假设

为了使供应商和销售商在订货批量决策时更加科学准确，假设他们各自能够通过各种渠道获得完全信息（价格、成本和需求的信息），即无论是供应商还是销售商都不会因为信息的不畅通或者信息的缺乏而做出错误的决策。

10.1.6 报童模型假设

因为时变价格产品供应链简化后的基本结构是销售商在含有随机需求的销售季之前向供应商为一种产品订一次货，已符合报童模型的基本结构，并且报童模型不复杂又足够丰富，可用于研究供应链协调中的三大问题（Cachon，2002）：①哪些契约可协调供应链？如果这一系列供应链最优化活动是一个纳什均衡的话，此契约可协调供应链。即对企业单方面来说已达到最优，不存在其他改进。在报童模型中，协调活动是订货量。②哪些契约拥有充足的柔性，允许供应链上企业间利润随意分配？③哪些契约值得采用？虽然可协调性与柔性利润分配是供应链契约非常好的性质，但是管理者在使用这些契约时所耗费的管理成本也是不容忽视的。在契约效率（契约协调下的供应链总利润占供应链最大化利润的比例）一定的情况下，简单的契约最受欢迎。

为了及时满足市场需求，假设供应商不允许延期交货，也不允许它提供小于订购量的产品给销售商。市场需求是随机的、好预测的，其采购决策问题可以用报童模型来表示。

10.1.7 风险中立

供应商和销售商都是风险中立的，他们的最大化期望效用都等于最大化期望利润。

10.2 符号定义

在销售价格随时间变化规律满足图10－2（第一种价格假设）时，定义如下符号，见表10－1。

表10－1 本章的符号定义

符号	定义
c	第一期供应商的单位运营成本
w	第一期供应商的批发价
p_i	各期的销售价，$i=1$，2
λ	第二期销售价格打折的比例
b_1	第一期退货时供应商的回扣信用
q	第一期期初总的订货量，即销售商只在供应商那里订一次货
y	第一期结束时销售商还未卖出的产品量
ρ_1	第一期结束时可退货给供应商的产品占q的比例
g_i	各期销售商所承担的善意成本
h_i	各期销售商所承担的库存持有成本
s_i	各期回收价格
X_i	各期顾客需求的随机变量，$X_i \geqslant 0$
$f_1(x_1)$	第一期需求x_1的概率密度函数
$F_1(x_1)$	第一期需求x_1的分布函数
$f_2(x_2 \mid x_1)$	第二期需求x_2的概率密度函数
$F_2(x_2 \mid x_1)$	第二期需求x_2的分布函数
$\Pi(q)$	供应商利润
$\Pi(r)$	销售商利润

10.3 模型中各事件发生的顺序

①作为斯塔克伯格模型（Stackelberg，1934）的领导者，供应商首先提供给销售商一个契约，明确了w、b_1和ρ_1。销售商可接受也可不接受。

②作为回应，第一期销售季节开始前销售商从供应商那里订购 q 单位的时变价格产品。

③供应商生产了 q 单位的产品，产品在销售季节第一期前运送到销售商处。

④第一期的需求产生。剩余库存的一部分退回给供应商并得到妥善回收。其他不能退货的留到第二期进行销售。

⑤第二期的需求产生。剩余库存在销售商那里销售以回收成本。

10.4 整合型供应链

在整合型供应链中，销售商的表现似乎是供应商的一个子部门。这个模型能够决策出系统整体的最优化策略。以整合型供应链的最优订货量与整体期望利润作为标杆，可以对扩展的供应链模型进行绩效评估。

10.4.1 第二期供应商和销售商总体期望利润

先定义销售季节第二期供应商和销售商总体期望利润，即

$$\Pi_2^I(y) = \int_0^y [x_2 p_2 - (y - x_2)(h_2 - s_2)] f_2(x_2 \mid x_1) \mathrm{d}x_2 \tag{10-2}$$

10.4.2 两期供应商和销售商总体期望利润

再定义第一期与第二期加总的供应商和销售商总体期望利润，即

$$\Pi_1^I(q) = -cq + \int_0^q [x_1 p_1 + \Pi_2^I(q - x_1) - (q - x_1) h_1] f_1(x_1) \mathrm{d}x_1 + \int_q^\infty [q p_1 + \Pi_2^I(0) - (x_1 - q) g_1] f_1(x_1) \mathrm{d}x_1 \tag{10-3}$$

其中 $\Pi_2^I(q - x_1) = \int_0^{q - x_1} [x_2 p_2 - (q - x_1 - x_2)(h_2 - s_2)] f_2(x_2 \mid x_1) \mathrm{d}x_2$，$\Pi_2^I(0) = 0$。

10.4.3 整合型供应链的性质

命题10.1：整合型供应链上最优订货量 q^0 的存在性与唯一性。整合型供应链的期望利润函数对于订货量 q 是凹的，因此存在唯一的一个最优订货量 q^0，可以使整合型供应链的期望利润最大化。

证明：先对 $\Pi_1^I(q)$ 求 q 的一阶导数，并设一阶导数等于0，则有

$$\frac{\mathrm{d}\Pi_1^I(q)}{\mathrm{d}q} = p_1 + g_1 - c - (p_1 - p_2 + g_1 - g_2 + h_1)F_1(q) - (p_2 + g_2 + h_2 - s_2)\int_0^q F_2(q - x_1)f_1(x_1)\mathrm{d}x_1 = 0 \tag{10-4}$$

接着对 Π_1^I （q） 求二阶导数得

$$\frac{\mathrm{d}^2\Pi_1^I(q)}{\mathrm{d}q^2} = -(p_1 - p_2 + g_1 - g_2 + h_1)f_1(q) - (p_2 + g_2 + h_2 - s_2)\int_0^q f_2(q - x_1)f_1(x_1)\mathrm{d}x_1 < 0 \tag{10-5}$$

所以，满足上式的 q^0 是能最大化整合型供应链的期望利润的最优订货量。

10.5 批发价策略下的供应链

当供应商与销售商都是独立个体的时候，他们都将只考虑自己期望利润如何最大化，而不考虑供应链总体的期望利润是不是最大。在这种情况下，销售商订购一单位产品需支付供应商 w 的批发价，高于第一期供应商的单位运营成本 c。接下来，销售商分别以销售价 p_1 和 $p_2 = \lambda p_1$ 把产品卖给外部顾客。

10.5.1 供应商期望利润

在此契约下，供应商两个销售期的总期望利润函数为

$$\Pi^S(q) = (w - c)q \tag{10-6}$$

10.5.2 销售商期望利润

销售商目标是选择一个最优的订货量（q^1），使自己的期望利润最大化。因此，类似的，先定义第二期销售商期望利润。由于第一期期末的剩余库存为 y，销售商在第二期的期望利润 $\Pi_2^R(y)$ 为

$$\Pi_2^R(y) = \int_0^y [p_2 x_2 - (y - x_2)(h_2 - s_2)] f_2(x_2 \mid x_1) \mathrm{d}x_2 + \int_y^{\infty} [y p_2 - (x_2 - y) g_2] f_2(x_2 \mid x_1) \mathrm{d}x_2 \tag{10-7}$$

再回到第一期，销售商在两个销售期内的期望利润为

$$\Pi^R(q) = -wq + \int_0^q [p_1 x_1 + \Pi_2^R(q - x_1) - (q - x_1) h_1] f_1(x_1) \mathrm{d}x_1 + \int_q^{\infty} [q p_1 + \Pi_2^R(0) - (x_1 - q) g_1] f_1(x_1) \mathrm{d}x_1 \tag{10-8}$$

10.5.3 供应商和销售商总体期望利润

供应商和销售商总体期望利润等于两个销售期内供应商期望利润 $\Pi^S(q)$ 与销售商期望利润 $\Pi^R(q)$ 的加总，即

$$\Pi(q) = -cq + \int_0^q [p_1 x_1 + \Pi_2^R(q - x_1) - (q - x_1) h_1] f_1(x_1) \mathrm{d}x_1 + \int_q^{\infty} [q p_1 + \Pi_2^R(0) - (x_1 - q) g_1] f_1(x_1) \mathrm{d}x_1 \tag{10-9}$$

10.5.4 批发价策略下供应链的性质

命题 10.2：供应商和销售商总体期望利润函数在决策变量 q 处是

凹的。因此存在唯一的最优解 q^1，它能使供应商和销售商的总体期望利润实现最大化。

证明：类似于**命题10.1**。

从**命题10.2**中，可以得到最优订货量 q^1 一定满足式（10-10）。

$$\begin{aligned}\frac{\mathrm{d}\Pi(q)}{\mathrm{d}q} &= -c+p_1+g_1-w-(p_1-p_2+g_1-g_2+h_1)F_1(q)-\\&\quad (p_2+g_2+h_2-s_2)\int_0^q F_2(q-x_1)f_1(x_1)\mathrm{d}x_1\\&=0\end{aligned} \tag{10-10}$$

命题10.3：批发价契约下供应链的最优订货量 q^1 小于整合型供应链下的最优订货量 q^0，即 $q^1<q^0$。

证明：为了证明**命题10.3**，将 q^1 代入$\frac{\mathrm{d}\Pi_1^I(q)}{\mathrm{d}q}$，得

$$\begin{aligned}\frac{\mathrm{d}\Pi_1^I(q^1)}{\mathrm{d}q} &= p_1+g_1-c-(p_1-p_2+g_1-g_2+h_1)F_1(q^1)-\\&\quad (p_2+g_2+h_2-s_2)\int_0^{q^1} F_2(q^1-x_1)f_1(x_1)\mathrm{d}x_1\\&= p_1+g_1-w-(p_1-p_2+g_1-g_2+h_1)F_1(q^1)-\\&\quad (p_2+g_2+h_2-s_2)\int_0^{q^1} F_2(q^1-x_1)f_1(x_1)\mathrm{d}x_1+(w-c)\\&=w-c>0\end{aligned} \tag{10-11}$$

所以 $\frac{\mathrm{d}\Pi_1^I(q^0)}{\mathrm{d}q}=0<\frac{\mathrm{d}\Pi_1^I(q^1)}{\mathrm{d}q}$。注意到 $\frac{\mathrm{d}\Pi_1^I(q)}{\mathrm{d}q}$ 关于 q 是严格递减的，我们可以得到 $q^1<q^0$。

命题10.3说明了如果没有供应链协调机制，相较于整合型供应链的最优订货量而言，销售商总是倾向于订较少的货。分布式供应链的期望利润将低于整合型供应链的期望利润。这种现象就是“双重边际效应”（Spengler，1950）。

同时，Cachon（2003）在 *Supply Chain Coordination with Contracts*

一文中已经证明，当且仅当供应商有一个非正的利润时批发价契约才能协调供应链。实际上，供应商往往偏好更高的批发价 w，所以一般不认为批发价是一种协调性契约。

在 10.6 节中供应商会给销售商提供退货策略，以鼓励销售商订更多的货，并协调供应链。

10.6　退货策略下的供应链

对时变价格产品来说，它生产提前期长、销售季节短、需求不确定，允许销售商退货是供应商常用的策略。“退货策略”即指销售商可以把未售出去的剩余产品以全价（批发价 w）或部分价格（回扣信用 b_1）退还给供应商，其目的是希望销售商增加存货量和降低销售价格。

为了鼓励销售商多订货，供应商提供退货策略，它要求销售商最多可以退与初始订货量 q 成一定比例的货，这一比例是 ρ_1。假设供应商愿意全部退货，即本模型中第一期期末供应商愿意退 $[0,\ \rho_1 q]$ 区间数量的货，同时销售商在销售季节第一期期末从供应商处得到单位回扣信用 b_1，即退货价格。这样的话，供应商就可以分担销售商所面临的风险了。

换句话说，我们可以这样定义退货策略下的供应链模型：开始供应商必须给销售商提供一个批发价 w，在销售季节开始之前供应商将以该价格批发的产品给销售商。同时，供应商也承诺在第一期销售期结束后以退货价（折扣信用 b_1）购回 $[0,\ \rho_1 q]$ 范围内剩余的产品。我们再假定供应商的生产能力无限（没有生产能力约束）。在第一期销售季结束后剩余的产品将以 b_1 价格退回给供应商，从中获得一定的补偿。即本模型中制造商退货策略的参数是 $\{b_1,\ \rho_1\}$。

10.6.1　供应商期望利润

当销售季节第一期的需求小于 $(1-\rho_1)\,q$ 时，供应商退货量是

$\rho_1 q$；当第一期需求大于（$1-\rho_1$）q 而小于 q 时，供应商退货量是 $q-x_1$；当第一期需求大于 q 时，第一期全部售出订货，期末无剩余库存，所以不存在退货。在此契约下，供应商两个销售期的总期望利润函数为

$$\Pi^S(q) = wq - \int_0^{(1-\rho_1)q} \rho_1 q b_1 f_1(x_1)\mathrm{d}x_1 + \int_{(1-\rho_1)q}^{q} (q-x_1) b_1 f_1(x_1)\mathrm{d}x_1 \tag{10-12}$$

10.6.2　销售商期望利润

类似的，先定义第二期销售商期望利润。由于第一期期末的剩余库存为 y，销售商在第二期的期望利润 $\Pi_2^R(y)$ 为

$$\Pi_2^R(y) = \int_0^{y} [p_2 x_2 - (y - x_2)h_2] f_2(x_2 \mid x_1)\mathrm{d}x_2 + \int_y^{\infty} [yp_2 - (x_2 - y)g_2] f_2(x_2 \mid x_1)\mathrm{d}x_2 \tag{10-13}$$

再回到第一期，销售商在两个销售期内的期望利润为

$$\begin{aligned}\Pi^R(q) = & -wq + \int_0^{(1-\rho_1)q} [x_1 p_1 + \rho_1 q b_1 - ((1-\rho_1)q - x_1)h_1 + \\ & \Pi_2^R((1-\rho_1)q - x_1)] f_1(x_1)\mathrm{d}x_1 + \\ & \int_{(1-\rho_1)q}^{q} [p_1 x_1 + (q - x_1)b_1 + \Pi_2^R(0)] f_1(x_1)\mathrm{d}x_1 + \\ & \int_q^{\infty} [qp_1 - (x_1 - q)g_1 + \Pi_2^R(0)] f_1(x_1)\mathrm{d}x_1\end{aligned} \tag{10-14}$$

10.6.3　供应商和销售商总体期望利润

供应商和销售商总体期望利润等于两个销售期内供应商期望利润 $\Pi^S(q)$ 与销售商期望利润 $\Pi^R(q)$ 的加总，即

$$\Pi(q) = \int_0^{(1-\rho_1)q} \{x_1 p_1 - [(1-\rho_1)q - x_1]h_1 + \Pi_2^R[(1-\rho_1)q - x_1]\} f_1(x_1)\mathrm{d}x_1 + \int_{(1-\rho_1)q}^{q} [p_1 x_1 + \Pi_2^R(0)] f_1(x_1)\mathrm{d}x_1 + \int_q^{\infty} [qp_1 - (x_1 - q)g_1 + \Pi_2^R(0)] f_1(x_1)\mathrm{d}x_1 \tag{10-15}$$

式（10－15）中，

$$\Pi_2^R[(1-\rho_1)q - x_1] = \int_0^{(1-\rho_1)q-x_1} \{p_2 x_2 - [(1-\rho_1)q - x_1 - x_2]h_2\} f_2(x_2 \mid x_1)\mathrm{d}x_2 + \int_{(1-\rho_1)q-x_1}^{\infty} \{[(1-\rho_1)q - x_1]p_2 - [x_2 + x_1 - (1-\rho_1)q]g_2\} f_2(x_2 \mid x_1)\mathrm{d}x_2 \tag{10-16}$$

$$\Pi_2^R(0) = \int_0^{\infty} -x_2 g_2 f_2(x_2 \mid x_1)\mathrm{d}x_2 \tag{10-17}$$

在提出**命题 10.4** 之前，先定义**条件 10.1**，以保证模型中有一个内部的最优解。

条件 10.1：供应商的退货策略（b_1，ρ_1）满足式（10－18），即

$$(1-\rho_1)^2(p_2 + g_2 - b_1 - h_1)f_1((1-\rho_1)q) - (p_1 + g_1 - b_1)f_1(q) - (1-\rho_1)^2(p_2 + g_2 + h_2)\int_0^{(1-\rho_1)q} f_2((1-\rho_1)q - x_1)f_1(x_1)\mathrm{d}x_1 < 0 \tag{10-18}$$

10.6.4　退货策略下供应链的性质

命题 10.4：在**条件 10.1** 成立的情况下，退货策略（b_1，ρ_1）下供应链的整体期望利润函数关于 q 是凹的，因此存在唯一的最优解 q^*，使得整体期望利润最大。

证明：对 Π（q）关于 q 求一阶导数，并设此函数为 0，则有

$$\frac{\mathrm{d}\Pi(q)}{\mathrm{d}q} = p_1 + g_1 + (1-\rho_1)(p_2 + g_2 - b_1 - h_1)F_1((1-\rho_1)q) - (p_1 + g_1 - b_1)F_1(q) - (p_2 + g_2 + h_2)(1-\rho_1)\int_0^{(1-\rho_1)q} F_2[(1-\rho_1)q - x_1]f_1(x_1)\mathrm{d}x_1 = 0 \quad (10-19)$$

接着对 Π（q）关于 q 求二阶导数，有

$$\frac{\mathrm{d}^2\Pi(q)}{\mathrm{d}q^2} = -(1-\rho_1)^2(p_2 + g_2 - b_1 - h_1)f_1((1-\rho_1)q) - (p_1 + g_1 - b_1)f_1(q) - (1-\rho_1)^2(p_2 + g_2 + h_2)\int_0^{(1-\rho_1)q} f_2((1-\rho_1)q - x_1)f_1(x_1)\mathrm{d}x_1 \quad (10-20)$$

由条件 10.1 可知，$\mathrm{d}^2\Pi(q)/\mathrm{d}q^2 < 0$。因此，**命题 10.4** 成立。

因为整合型供应链最优订货量是 q^0，而退货策略下的供应链最优订货量是 q^*，供应商的目标是提供给销售商一个退货策略（b_1，ρ_1），以满足 $q^0 = q^*$，此时的供应链即被协调。**命题 10.5** 就是定义这种最优的退货策略。

命题 10.5：在**条件 10.1** 成立的情况下，满足式（10－21）的退货策略（b_1^*，ρ_1^*）能有效协调供应链，即 $q^0 = q^*$。

$$w - c - (p_2 - 2p_1 - 2g_1 + g_2 - b_1^* - h_1)F_1(q) - (p_2 + g_2 + h_2)\int_0^q F_2(q - x_1)f_1(x_1)\mathrm{d}x_1 = -(1-\rho_1^*)(p_2 + g_2 - b_1^* - h_1)F_1[(1-\rho_1^*)q] + (p_2 + g_2 + h_2)(1-\rho_1^*)\int_0^{(1-\rho_1^*)q} F_2((1-\rho_1^*)q - x_1)f_1(x_1)\mathrm{d}x_1 \quad (10-21)$$

证明：如果 $q^0 = q^*$，**命题 10.4** 中的等式化简后即是式（10－21），故**命题 10.5** 成立。

10.7 算例、数值计算

10.7.1 假设

1）需求分布假设

为了便于表达式的数值计算，假设发生需求量 x_1 和 x_2 的概率服从均匀分布，且需求量最多是 500 件。那么第一期需求概率密度函数满足 $f_1(x_1) = \frac{1}{500}$，$0 \leqslant x_1 \leqslant 500$。同时此概率密度函数在 $x_1 < 0$ 时，即纵坐标左边，概率密度恒为 0，符合实际当中不可能出现负值需求量 x_1。因此，第一期的需求分布函数是 $F_1(x_1) = \frac{1}{500}x_1$，$0 \leqslant x_1 \leqslant 500$。

考虑到第二期需求概率密度函数是第一期需求概率密度函数的条件概率。由条件概率的概念：若 (Ω, F, P) 是一个概率空间，$B \in F$，若 $P(B) > 0$，则对于任意的 $A \in F$，称 $P(A \mid B) = \frac{P(AB)}{P(B)}$ 为已知事件 B 发生的条件下，事件 A 发生的条件概率。那么，若假设第一期发生需求为 x_1 且第二期发生需求为 x_2 的概率是 $\frac{1}{125000}$，则第二期需求概率密度函数满足 $f_2(x_2) = \frac{1}{250}$，$0 \leqslant x_2 \leqslant 250$。需求分布函数是 $F_2(x_2) = \frac{1}{250}x_2$，$0 \leqslant x_2 \leqslant 250$。

2）销售价格假设

设第一期正价销售，第二期打折销售，折扣为 2 ~ 9 折，即两期销售价格的关系满足 $p_2 = \lambda p_1$，$0.2 \leqslant \lambda \leqslant 0.9$。

10.7.2　常量赋初值

常量在满足 $p_1 > p_2 > w > c > b_1$，$g_2 < g_1$，$p_2 < p_1$ 关系的条件下赋初值，如表 10－2 所示。

表 10－2　模型数据赋初值

常量	值
c	50（美元/件）
w	90（美元/件）
p_1	200（美元/件）
λ	0.7
g_1	20（美元/件）
g_2	15（美元/件）
h_1	5（美元/件）
h_2	3（美元/件）
s_2	40（美元/件）
ρ_1	10%
b_1	25（美元/件）

10.7.3　算例结果

1）整合型供应链

算例结果：最优订货量 $q^0 = 469.88$（上取整，取 470）件时，对应的供应链整体利润 $\Pi_1^I(q) = 58910$ 美元。

对其他参变量赋初值，并用 MATLAB 辅助化简后，$\Pi_1^I(q)$ 随 q 变化的函数关系表达式为

$$\Pi_1^I(q) = 170q - 0.07q^2 - 0.000157q^3 \qquad (10-22)$$

为了直观，用 MATLAB 画出 $\Pi_1^I(q)$ 的函数曲线，见图 10－3。

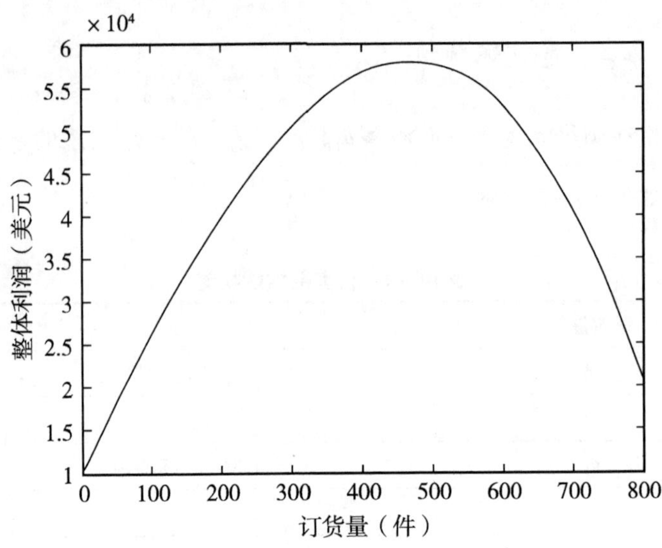

图 10－3　整合型供应链整体利润曲线

由图 10－3 可知，整合型供应链整体利润函数是一个凹函数，并在订货量取值范围为［0，800］件时，存在唯一的利润最高点。当订货量 q^0 取 470 件时，整合型供应链整体利润达到最大，为 58910 美元。图 10－3 还显示，当订货量 $q=0$ 件时，供应链整体利润是大于 0 的。

2）批发价策略

算例结果：最优订货量 $q^1=289.28$（上取整，取 290）件时，对应的供应链整体利润 $\Pi(q)=32701$ 美元，此时供应商的利润是 11600 美元，占供应链整体利润的 35.47%，销售商的利润是 21101 美元，占供应链整体利润的 64.53%。以整合型供应链的整体利润作为标杆，供应链效率为 32701/58910＝55.51%。

对其他参变量赋初值后，$\Pi(q)$ 随 q 变化的函数关系表达式如下所示。

整体利润为

$$\Pi(q) = 80q - 0.07q^2 - 0.000157q^3 \tag{10-23}$$

供应商利润函数为

$$\Pi_s(q) = 40q \tag{10-24}$$

销售商利润函数为

$$\Pi_r(q) = 40q - 0.07q^2 - 0.000157q^3 \qquad (10-25)$$

为了直观，用 MATLAB 画出整体利润函数、供应商利润函数与销售商利润函数的函数曲线，如图 10－4 所示。

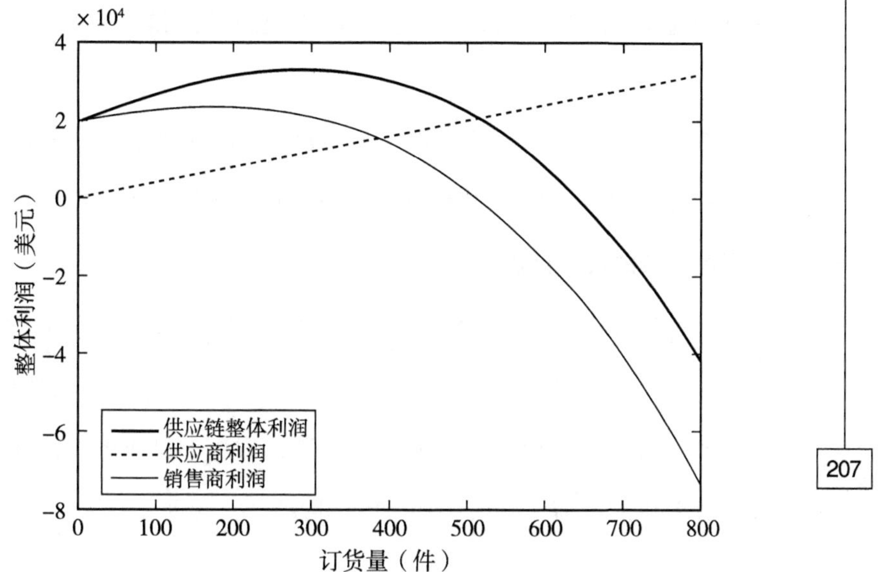

图 10－4 批发价策略下的供应链整体利润曲线

由图 10－4 可知，批发价策略下的供应链整体利润函数是一个凹函数，其中销售商的利润函数也是一个凹函数，而供应商的利润函数呈线性递增。供应链的整体利润曲线在订货量取值范围为［0，800］件时，存在唯一的利润最高点。当订货量 q^1 取 290 件时，批发价策略下的供应链整体利润达到最大，为 32701 美元。此时供应商的利润是 11600 美元，占供应链整体利润的 35.47%，销售商的利润是 21101 美元，占供应链整体利润的 64.53%。图 10－4 还显示，当订货量 $q=0$ 件时，供应链整体利润是大于 0 的。当订货量 $q>600$ 件时，供应链整体利润都开始小于 0。由于批发价策略下的供应链效率仅为 55.51%，因此批发价协调策略是不可协调供应链绩效的。

3）退货策略

（1）模型优化

目标是追求最优订货量等于整合型供应链的最优订货量 $q^0=470$ 件，并且希望退货策略下供应链的整体利润等于或接近整合型供应链的整体利润，使供应链效率最高。那么优化此供应链，有如下的分析结果。

首先，用 MATLAB 推导出，当退货比例 ρ_1 和回扣信用 b_1 的关系满足式（10－26）时，退货策略下供应链的最优订货量 q^* 才等于整合型供应链的最优订货量 q^0。

$$b_1 = (185.51 + 145.56\rho_1 - 295.56{\rho_1}^2 + 148.52{\rho_1}^3)/\rho_1 \tag{10-26}$$

即 ρ_1 与 b_1 有如下对应关系，同时算出对应的供应链整体利润 $\Pi(q)$ 以及供应商 $\Pi^S(q)$、销售商利润 $\Pi^R(q)$，见表 10－3。

表 10－3　ρ_1 与 b_1 的关系及利润

ρ_1	0.1	0.2	0.3	0.4	0.5	0.6	0.7	0.8	0.9	1.0
b_1（美元）	197.2	102.0	68.8	51.4	40.5	33.0	27.6	23.6	20.5	18.4
整体利润 $\Pi(q)$（美元）	58822	57935	56661	55131	53477	51829	50319	49077	48236	47927
供应商利润 $\Pi^S(q)$（美元）	34895	34414	34245	34238	34338	34500	34679	34845	35009	35024
销售商利润 $\Pi^R(q)$（美元）	23927	23521	22416	20893	19139	17329	15640	14232	13227	12903
$\Pi^S(q)/\Pi(q)$	0.5932	0.5940	0.6044	0.6210	0.6421	0.6657	0.6892	0.7100	0.7258	0.7308
$\Pi^R(q)/\Pi(q)$	0.4068	0.4060	0.3956	0.3790	0.3579	0.3343	0.3108	0.2900	0.2742	0.2692

又因为 b_1 必须满足式子 $p_1 > p_2 > w > c > b_1$，其中供应商单位运营成本 $c=50$ 美元。所以退货比例 ρ_1 只能取 0.5～1.0。而在此范围内只有 $\rho_1=0.5$ 时，整体利润最高，其值为 53477 美元。那么退货策略（40.5，0.5）就是最佳的退货策略。此时以整合型供应链的整体

利润作为标杆，供应链效率为90.78%。

观察表10-3发现，随着退货比例ρ_1增加，回扣信用b_1递减，整体利润$\Pi(q)$值、销售商利润$\Pi^R(q)$值也递减。而供应商利润函数$\Pi^S(q)$值则先下降，再上升。虽然ρ_1的剧烈变化可导致b_1的剧烈变化，但并不会给整体利润带来较猛烈的变化，一直保持比较高的水平。

另外，由表10-3的后两行数据发现，随着退货比例ρ_1增加，供应商所占总利润的比例呈递增趋势，销售商所占总利润的比例呈递减趋势。这些退货策略可以随意在供应商和销售商之间分配供应链利润，买卖各方所占总利润的比例不固定。

那么在退货策略（40.5，0.5）下，供应链整体利润函数简化为

$$\begin{aligned}\Pi(q) = {} & 0.0000422q^3 + 0.25\times(0.05+0.000315q)q^2 + \\ & 0.00031q^2(250-0.5q) + (0.17)q^2 - \\ & 0.5\times(3.75-0.000015q^2)q + \\ & 1.875q - 6875 + 0.44q(500-q)\end{aligned} \tag{10-27}$$

$$\Pi^S(q) = 35590.1625 + 28.5525q \tag{10-28}$$

$$\Pi^R(q) = \Pi(q) - \Pi^S(q) \tag{10-29}$$

用MATLAB画出$\Pi(q)$、$\Pi^S(q)$和$\Pi^R(q)$的函数曲线，见图10-5。

由图10-5可知，退货策略（40.5，0.5）下的供应链，其整体利润函数、销售商利润函数关于原点都是凹函数，并在订货量取值范围为［0，800］件时，存在唯一的利润最高点。当订货量q^*取470件时，批发价策略下的供应链其整体利润达到最大，为53477美元。图10-5还显示，当订货量$q=0$件时，供应链整体利润是大于0的。由于在此协调策略下的供应链效率是90.78%，因此退货策略（40.5，

0.5）是可以协调供应链上买卖双方订货行为的。

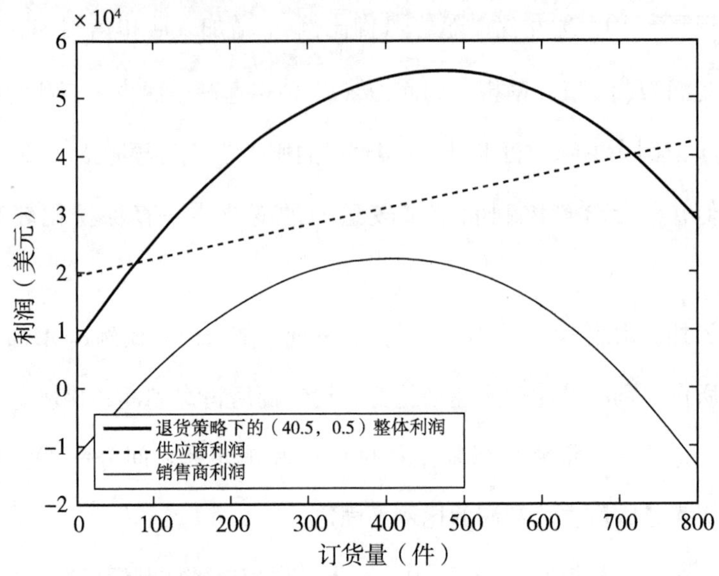

图 10－5　退货策略（40.5，0.5）下的供应链利润曲线

（2）折扣比例系数 λ 的灵敏度分析

第二期销售价格的折扣比例系数 λ，其灵敏度分析如表 10－4 所示。

表 10－4　折扣比例系数 λ 的灵敏度分析

λ 取值	0.2	0.3	0.4	0.5	0.6	0.7	0.8	0.9
$\Pi(q)$（美元）	49685	50443	51201	51960	52718	53477	54235	54994

表 10－4 可用图 10－6 来形象地表示。

由图 10－6 可知，$\Pi(q)$ 随折扣比例系数 λ 取值的增加，其值呈线性递增。说明随着第二期销售价格打折力度的减弱，供应链整体利润稳步提高。在产品销售过程中，这一现象短期内是符合实际情况的。长期内还需用打折策略吸引更多的顾客购买剩余库存，以间接增加销售商的订货量。

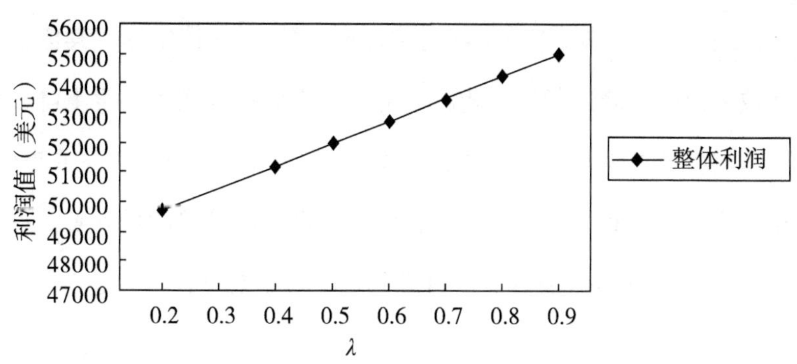

图 10-6　折扣比例系数 λ 的灵敏度分析

（3）折扣信用 b_1 的灵敏度分析

因为在供应商和销售商利润函数加总时抵消了变量 b_1 所在的几个表达式，退货策略下的整体利润函数中不含有变量 b_1。因此折扣信用 b_1 对退货策略下的整体利润值的变化不产生直接影响。

（4）退货比例系数 ρ_1 的灵敏度分析

第一期期末退货比例系数 ρ_1，其灵敏度分析如表 10-5 所示。

表 10-5　退货比例系数 ρ_1 的灵敏度分析

ρ_1 取值	0.1	0.2	0.3	0.4	0.5	0.6	0.7	0.8	0.9	1.0
$\Pi(q)$（美元）	58822	57935	56661	55131	53477	51829	50319	49077	48236	47927

表 10-5 可用图 10-7 来形象地表示。

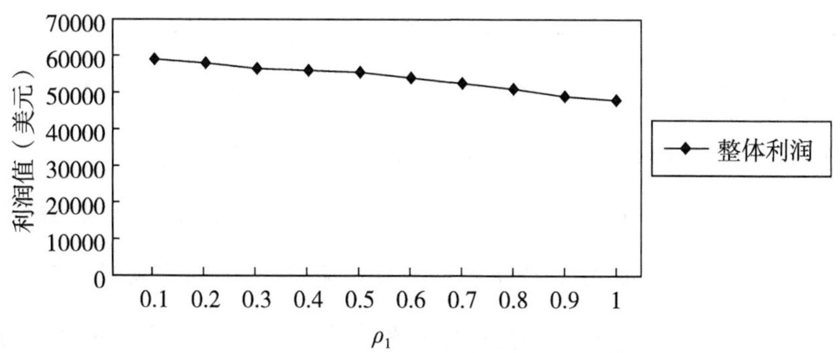

图 10-7　退货比例系数 ρ_1 的灵敏度分析

由图 10－7 可知，$\Pi(q)$ 随退货比例系数 ρ_1 取值增加，其值呈线性递减。说明随着退货比例增加，由于供应商的利润大幅度下降，以至于从供应链整体来看，销售商利润的增量无法弥补供应商的损失，使得供应链整体利润有所下降。它启示了供应链策略的设计者，退货比例系数 ρ_1 一定要设置在一个合理的水平，不能过大。

10.7.4　算例小结

对整合型、批发价策略、退货策略（40.5，0.5）下供应链整体利润函数的三个特征量加以总结，并横向比较，如表 10－6 所示。

表 10－6　三种供应链小结

项目	整合型	批发价策略	退货策略（40.5，0.5）
最优订货量 q（件）	469.88（上取整，取 470）	289.28（上取整，取 290）	470
供应链整体利润（美元）	58910	32701	53477
供应商利润所占比例（%）	—	35.47	64.21
销售商利润所占比例（%）	—	64.53	35.79
供应链效率（%）	100	55.51	90.78

用 MATLAB 软件在一张图中用同一坐标系表示三种供应链模型的利润曲线，以揭示各种协调策略对供应链整体利润的影响。

将三条利润曲线画在一张图即图 10－8 上，可清楚地观察到最优订货量与整体利润的关系随模型变化的趋势。在退货策略（40.5，0.5）下，供应链整体利润值可以在整合型供应链的最优订货量 q^0 处取得最优。而批发价策略的利润曲线整体大幅度低于整合型和退货策略供应链的利润曲线，其最优订货量也远远小于整合型和退货策略的最优订货量。

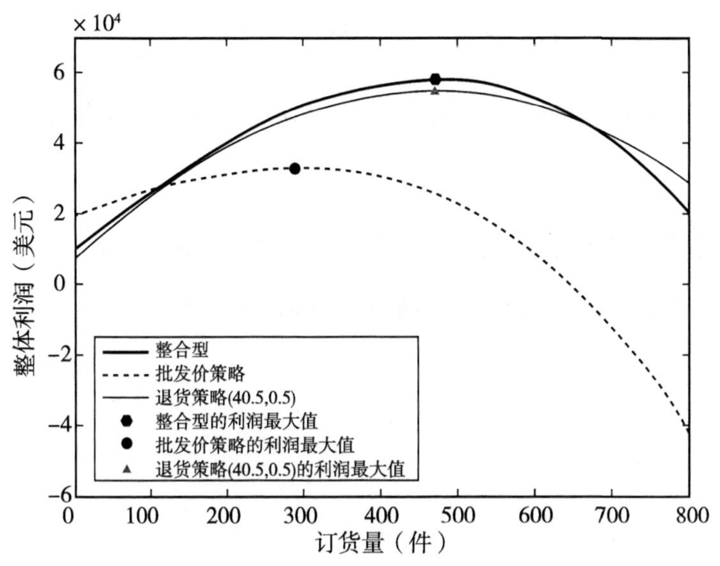

图 10－8　三种供应链整体利润曲线的比较

10.8　本章小结

本章以面临产品跌价风险和需求不确定风险的时变价格产品供应链的分销系统为研究对象，应用随机动态规划构建了单阶段销售模型。针对风险中性的销售商，设计了退货策略（b_1^*，ρ_1^*）以协调整个供应链系统，使独立个体的最优决策与系统整体的最优决策一致起来，有效地消除了系统的“双边际化效应”，从而供应商和销售商共担了市场存在的风险，克服了分散系统偏离系统最优决策的弊端。在该机制下，只要退货参数在条件 10.1 成立的情况下，满足式（10－30）的退货策略（b_1^*，ρ_1^*），就能有效协调供应链，即 $q^0 = q^*$。

$$
\begin{aligned}
&w - c - (p_2 - 2p_1 - 2g_1 + g_2 - b_1^* - h_1)F_1(q) - \\
&(p_2 + g_2 + h_2)\int_0^q F_2(q - x_1)f_1(x_1)\,\mathrm{d}x_1 \\
= &-(1 - \rho_1^*)(p_2 + g_2 - b_1^* - h_1)F_1[(1 - \rho_1^*)q] + \\
&(p_2 + g_2 + h_2)(1 - \rho_1^*)\int_0^{(1-\rho_1^*)q} F_2((1 - \rho_1^*)q - x_1)f_1(x_1)\,\mathrm{d}x_1
\end{aligned}
\tag{10-30}
$$

那么，供应商和零售商就会从追求个体最优决策出发，制定与系统整体利益一致的决策，从而基本实现供应链绩效的协调。

第 11 章　电商背景下双渠道供应链产能分配策略研究

11.1　绪论

11.1.1　研究背景

近年来，随着计算机信息技术的快速演变和我国经济的快速发展，电子商务得到了飞速发展。厦门市举办的 2020 全球电子商务大会上发布的《中国电子商务发展报告 2019—2020》数据显示，2019 年中国电子商务交易总额 34.81 万亿元人民币，与 2018 年相比，同比增长 6.7% 。中国电子商务规模持续扩大，2016 年开始从超高速增长期进入相对稳定的发展期。2019 年上半年，实物商品网上零售额的同比增长仍高达 21.6% ，电子商务继续承担国民经济发展的强大源动力。2020 年“双十一”交易额再次刷新纪录，所有平台的总交易额较 2019 年同比增长 87% ，达到 7697 亿元人民币。《中华人民共和国国民经济和社会发展第十三个五年规划纲要》中明确提出，要实施“互联网 +”行动计划，建设特色鲜明的电子商务，促进互联网和经济社会深度融合。

电子商务在改变人们传统生活方式的同时，对商品的销售渠道也产生了重要影响。为了降低成本、拓展市场规模，制造商不再满足于仅仅向零售商分销，借助于低成本且便捷的互联网，制造商自行开通电子直销渠道进行商品的销售，传统的单渠道供应链也正在向双渠道供应链转变。在双渠道供应链中，制造商不单单是传统零售商的上游供应商，而且是零售商的市场竞争对手。双渠道供应链的实施与发展面临着许多挑战，一个明显的问题就是互联网技术的快速发展和物流水平的提升引起市场规模的扩大，这会进一步增加上游企业的供给压力。当市场的总需求大于供应商的总供给时，制造商如何分配产能的零售渠道和它自己的电子直销渠道成了一个亟待解决的问题，并且制造商和零售商如何在博弈中使自身利润最大化也是双渠道供应链值得探讨的问题。

Guo 和 Wu（2018）认为，产能共享是将过剩产能与过剩需求结合起来的普遍做法，可以缓和竞争，提高均衡利润，是一种新型的经济形态。据国家信息中心最新发布的《中国共享经济发展年度报告(2021)》，2020 年我国共享经济交易规模 33723 亿元，比上年增长 2.9%，其中生产能力领域产能共享市场规模约 10848 亿元，较上年增长 17.8%。这说明我国共享经济正在向生产制造领域加速渗透，产能共享呈现加速发展态势。制造业产能共享的各企业可以通过互联网平台整合和配置分散的制造资源和制造能力，以此提高资源利用效率，重构供需结构，促进供需双方动态均衡。我们可以采用产能共享的方式解决双渠道供应链中产能不足的问题。

在全球经济一体化的背景下，各个国家的经济联系很紧密，一个国家经济领域的变动可能会影响世界整体经济，这就导致了供应链的不稳定性。在经历突发事件，如洪涝和地震等自然灾害、病毒暴发等公共卫生事件以及其他事故灾难时，会对供应链的稳定造成破坏。回看 2020 年年初的新型冠状病毒肺炎疫情暴发期间，全球的医疗用品供不应求，而当时恰逢假期，我国诸多企业并未开工。因市场需求量激增，许多企业不得不开工增加生产，给供应链带来很重的负担，故考虑应急情况下的双渠道供应链也是很有必要的。

11.1.2　国内外研究现状

11.1.2.1　国外研究现状

1）开通双渠道供应链的影响

随着电子商务的快速发展，不少制造商开通了电子直销渠道进行销售，与传统的零售渠道一起构成了双渠道供应链。双渠道供应链是一种新兴的销售渠道模式，其中电子直销渠道会挖掘出单一零售渠道无法达到的潜在买家群体，拓展产品市场（Moriarty，1990）。

有部分学者研究了双渠道供应链的开通对价格和利润的影响。Chiang 等（2003）的研究发现电子直销渠道的开通会导致批发价格的降低，它的威胁导致零售渠道销售额增加，通过增加零售商的销售收益来帮助制造商，即双方的利润都会增加。并且制造商开通直销渠道的目的是防止价格过高，以此来改善零售渠道的功能。Zhou 等（2019）假设在需求信息不对称情况下的双渠道供应链运作，研究制造商的双渠道定价对供应链成员行为和利润的影响，通过建模发现在某些情况下，制造商可以设置一个同时指定线上和线下价格的合同，不需要向零售商支付信息租金，实现全信息产出，而供应链的收益可以达到最大值。这些研究对以往的双渠道供应链可能破坏供应链绩效的情况做出了理论上的补充。

在双方的合同制定上，Shi 等（2020）做了进一步探讨。他们构建了一个由制造商、在线零售商和实体店组成的双渠道供应链，通过构建三个斯塔克伯格博弈模型来回答网络零售商和制造商是选择传统批发合同还是制造商直接出货合同。制造商直接出货合同的特点是零售商没有库存，订单依赖于制造商，零售商可以花更多的时间在营销和客户服务上。研究发现：当产品的匹配概率和到实体店的运输成本相对较低时，制造商直接出货合同是唯一的选择；对于网络零售商而言，合同选择往往取决于利润分成比例。对制造商而言，如果产品的匹配概率和到实体店的运输成本适中，则合同选择取决于利润的分享比例。

2）供应链产能分配研究

当产能有限时，许多学者研究了产能分配方面的问题。Yang 等（2014）证明了当产能有限时，供应商、零售商、消费者都可以同时受益于供应商有限的产能，从而实现“三赢”的结果。并且发现，当供应商的产能规模适中且不太大时，其投资直销能力的收益较高。

部分学者使用了博弈论框架来研究双渠道供应链的产能分配问题。Hall 等（2010）使用合作博弈解决了订货制造型供应链的产能分配和调度问题。当制造商的产能不足时，首先，制造商在各个零售商之间分配产能和一组修改后的订单；其次，制造商会给出一个报价，指定可用产能的限制，分销商可以在提交修改后的订单之前共享分配的产能；最后，制造商执行修改后的订单以使成本最小化。他提供了一个当制造商产能不足时解决产能分配问题供应链成员可行的方法。Liu 和 Zhang（2007）明白两个渠道的产品是可替代的，即渠道之间的需求是可以相互替代的，所以导致了渠道之间的竞争。研究得出了如果渠道替代率高，那么即使在可用产能充足的情况下，低需求零售商也不会被分配任何产能；而当渠道替代率较低时，产能分配策略取决于零售商的需求和可用产能。作者证明了渠道替代率和可用产能在制造商的决策中起着重要作用。

3）供应链协调研究

由于产能不足必然会引起渠道之间的竞争，所以也有学者探讨了供应链协调的问题。Zhang 等（2020）研究了绿色供应链协调对提高供应链绩效的影响，通过提出 TPT 关税合同，来证明此合同可以实现全球供应链优化，并且证明了政府的适当干预可以提高供应链绩效。Juan 和 Fidel（2019）研究了不同库存协调策略下制造商—买方供应链的演化动态。他们的贡献是提出一个库存协调分析模型，该模型改编自传统的制造商和买方之间的库存理论，表明在演化博弈理论框架下可以实现供应链协调。

4）产能共享研究

Guo 和 Wu（2018），研究了四个方面产能共享的问题。首先，根据产能共享价格是在市场需求确定之前确定还是在企业设定产品的市场零售价格之后确定，分为事前合同和事后合同，而且事后合同更加灵活；其次，思考了什么容量下设置共享价格以及产能转移价格的大小；再次，将制造商的产能信息可分为对称产能信息和不对称产能信息；最后，思考了市场需求随机或者市场需求确定的状态下企业扮演的角色具有不确定性或确定性。Hu 等（2013）研究了航空公司之间虚拟产能共享的问题，在独立运行库存控制系统中最大化自身利润，解决固定比例收益的合作协商问题。

11.1.2.2　国内研究现状

1）供应链定价研究

有许多学者研究了双渠道供应链定价方面的问题。韦才敏、李忠萍、范衡（2018）研究了供应链成员之间分别在斯塔克伯格竞争和 Bertrand 竞争下的行为对定价决策的影响以及最优定价决策问题，通过两阶段优化技术博弈模型得出，对整个供应链而言，集中决策下整个供应链利润最大；斯塔克伯格竞争对制造商有利但对整个供应链不利。侯书勤（2017）研究了 C2B 模式下供应链定价和产能协调策略问题，通过建立基于订购量承诺契约的供应链产能决策模型和基于供应链契约的产品定价策略及协调模型得到了订购量承诺契约对C2B模式下的供应链产能决策有积极的协调效果，以及成本分担契约对此模式下的供应链各结点成员的定价策略有积极的协调效果。赵瑞娟和周建亨（2019）研究了信息披露和不披露时供应链成员的定价策略，发现信息披露可以提升消费者的购买意愿，当制造商拥有双渠道进行销售时，在两周期内，实体店采用信息披露是有利于制造商的，并且它可以提高供应链中各成员的议价能力。

2）供应链产能分配研究

大量学者研究了产能不足时双渠道供应链产能分配方面的问题。蔡学媛（2018）研究了电商环境下产能有限时供应商定价与产能分配的联合优化策略，以及各供应链成员在一个普适性分配机制下的优化决策。通过博弈论和最优化理论得出，在市场规模充分大时，固定因子分配机制可一直协调供应链。王贤（2013）考虑在需求随机的情况下双渠道供应链中产能受限时成员的最优决策。当非合作模式时，分别考虑零售渠道优先分配产能或电子直销渠道优先分配产能；集中式决策时，分别考虑零售商采购外包不足的部分或制造商采购外包不足的部分。刘静（2017）除了考虑优先分配给实体渠道或线上渠道外，还考虑了按比例分配给双渠道的情况，算出最佳投产量进而得到收益，通过对比找出最优状态。蒋瑞轩（2016）则考虑了应急情况下的供货问题，建立了三种应急供货模型来应对缺货的发生，并通过算例具体比对三种模型的表现来判定优劣。

3）产能共享研究

吴璐和郭强（2019）在两个非对称的企业间，即低碳企业和普通企业间，研究了它们在不进行产能共享、进行产能共享时选择事前合同或事后合同两种情况下，供应链中节点企业的最优决策问题，发现了企业在共享产能时的利润不一定大于不共享产能的利润。徐婷婷和苏鸿飞（2018）探讨了共享经济视角下制造业的产能共享模式，在分析以互联网平台为基础的制造业产能共享模式现状的基础上，提出了实施制造业产能共享的建议与新思路。成蕴琳（2019）对新零售和共享制造融合格局的演进和协同发展路径进行分析，提出了相关举措，如通过大数据提高企业运营的信息化、对产品从研发到销售的各环节增强柔性来提高产能共享服务水平等。

4）供应链协调研究

在双渠道供应链协调方面，有很多学者进行了研究。徐广业（2011）运用优化理论、非合作博弈理论以及随机库存理论的方法，研究了在双渠道供应链中，如何设计一种两方收益共享契约和价格折扣的协调机制以实现供应链成员共赢，得出了此机制将有效激励制造商与零售商合作从而协调供应链的结论。王文宾等（2019）研究了混合销售，得出了随着供应商分享收益比例的提高，供应链的总利润也提高的结论，这表明收益共享契约可在一定程度上协调供应链。蒋佳锞（2019）通过建立斯塔克伯格博弈，研究了生鲜农产品双渠道供应链协调机制及构建合作模式下的利益分配模型，得出了双渠道供应链合作模式下总利润总是大于独立运营模式下的利润的结论，而维持双渠道供应链合作模式的关键是要确定合理的利润分配比例。

5）应急情况下的供应链

在应急情况下，即发生突发事件时，如疫情、地震等，很多学者研究了此时短周期产品双渠道供应链的应对。他们发现供应链具有一定的鲁棒性，若在集中式决策下的鲁棒范围内，则不用调整生产计划。李业凤等（2018）发现零售商成本变化超出一定限度，就必须对生产计划和价格进行相应调整来最优应对突发事件。王舒（2018）研究了当零售商通过促销提高自身收益，并且当供应链经历突发事件面临多种因素扰动时的分散决策下，成本分担加利润共享契约可以协调此种情况下的供应链。吴晓志（2015）等针对突发事件下需求和生产成本同时扰动时，分散式决策下改进收益共享契约可协调易逝品双渠道供应链。

张涛、陈颖等（2018，2019）都基于报童模型对季节性商品双渠道供应链协调方面做了研究。张涛等（2018）在报童模型基础上加入时间竞争因素，考虑零售商同时对订货量和努力水平决策时，违约共担契约和回购契约组合可对季节性商品供应链进行帕累托改进，实现供应链协调。陈颖等（2019）研究了在零售商隐瞒销售成本信息导致供应链中信息不对称情况时，作者使用分散式决策下构建联合契约的方式来协调供应链。

11.1.2.3 本节小结

现有文献研究了基于不同竞争模式下的产能分配问题、基于各种契约的协调机制问题、产能共享研究、双渠道供应链定价问题以及应急情况下短周期产品双渠道供应链的应对。在解决供给小于需求的问题时，大部分学者仅考虑基于定价或优先分配给某一方的形式，并且大部分都是使用博弈论或传统报童模型。从以上的研究可以发现，虽然双渠道供应链中产能分配问题已经展开，但是鲜有研究同时考虑短周期产品在应急情况下面临产能竞争时制造商的产能分配决策和双方的博弈问题。

因此，如何在应急情况下分配产能和进行博弈，实现双渠道供应链协调，是双渠道供应链中各成员面临的新问题。本节研究了电商背景下有限产能中供应商的产能分配策略，并分别在集中式决策和分散式决策下寻求最优订购量，使双渠道供应链利润最大，以及当双渠道供应链面对突发事件时的应对，完善和补充了已有研究。

11.1.3　研究内容和方法

11.1.3.1　研究模型

本章拟研究的具体的模型框架如图11－1所示，产能共享主要步骤如图11－2所示。

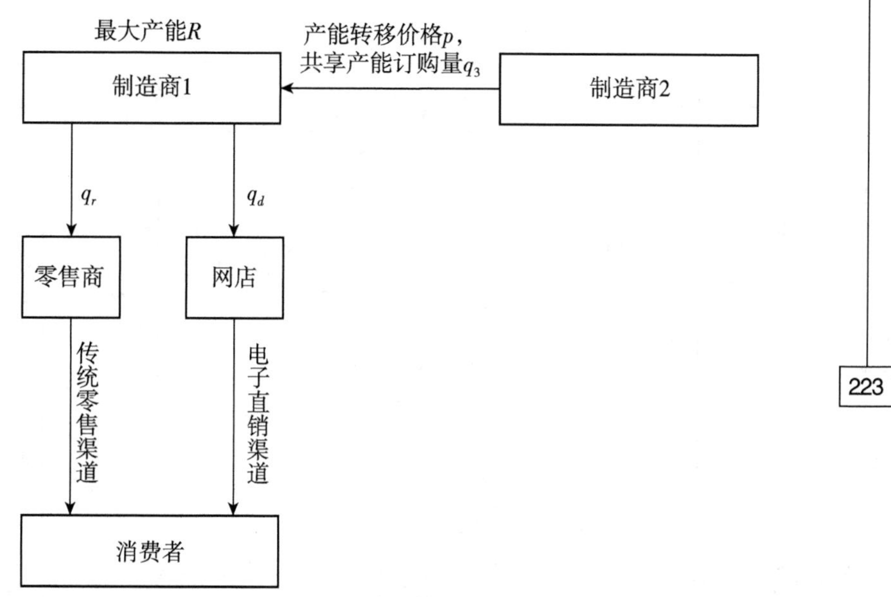

图11－1　模型框架

注：R为制造商1的最大产能，q_r为传统零售渠道的订购量，q_d为电子直销渠道的订购量，p为产能转移价格，q_3为共享产能订购量。

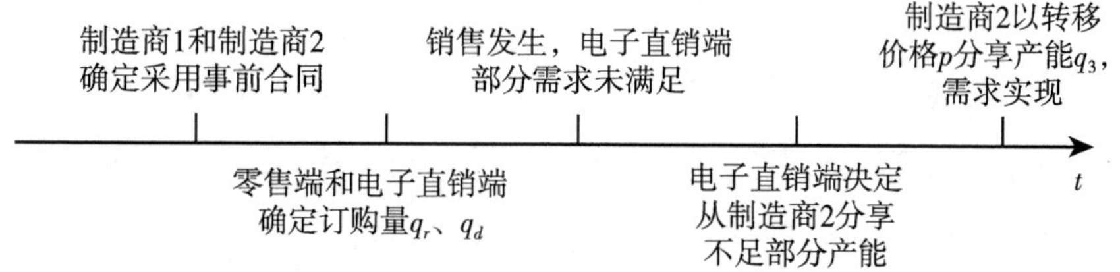

图11－2　产能共享主要步骤

11.1.3.2 技术路线

图 11－3 展示了本章研究的技术路线。

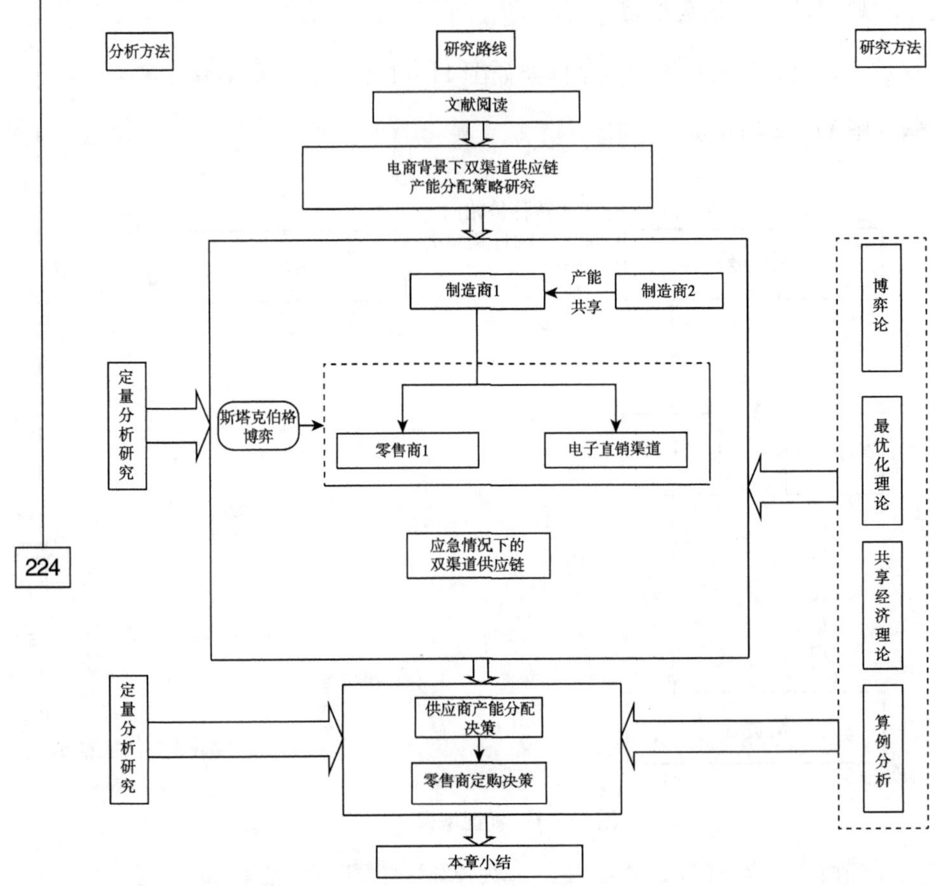

图 11－3 本章研究的技术路线

11.1.3.3 研究方法

本章综合运用了博弈论、最优化理论、供应链契约理论、行为经济理论、共享经济理论，最后通过算例分析进行模型结果的验证，研究了电子商务背景下双渠道供应链产能分配策略。

1）博弈论

博弈论是研究具有竞争性质现象的数学理论和方法。博弈论考虑游戏中的个体的预测行为和实际行为，并研究它们的优化策略，在生物学、经济学、国际关系、军事战略、计算机科学等学科中得到广泛应用。其中，斯塔克伯格模型是典型的非合作博弈模型，也是一种动态博弈。它属于先动优势模型，首先行动者在竞争中取得优势。

2）最优化理论

最优化理论是指追求最优方案以达到最优结果，是解决运筹学问题的重要数学工具。函数的凹凸性分析是求解非线性规划问题的主要途径之一，在双渠道供应链成员策略优化的求解过程中，通过分析目标函数的凹凸性和极值可得出各成员的最优策略。

3）供应链契约理论

供应链契约的本质是一种协调机制，通过改变供应链的协调机制，使供应链达到协调运作状态。它是经济学契约理论在供应链中的一种运用，主要分为定价契约、回购契约、收益共享契约和数量弹性契约，以研究双渠道供应链的协调问题。

4）行为经济学理论

前景理论认为人们通常不是从财富的角度考虑问题，而是从输赢的角度考虑，关心收益和损失的多少。面对风险决策，人们会选择躲避还是勇往直前？这当然不能简单绝对地回答，因为还要考虑到决策者所处的环境、企业状况等情况，我们先抛开这些条件来研究在只考虑风险本身的时候，人们的心理对决策的影响。

5）共享经济理论

共享经济这个术语最早由美国得克萨斯州立大学社会学教授马科斯·费尔逊（Marcus Felson）和伊利诺伊大学社会学教授琼·斯潘思（Joel Spaeth）在 1978 年发表的论文（*Community Structure and Collaborative Consumption*：*A Routine Activity Approach*）中提出。该模式包括一个由第三方创建的、以信息技术为基础的市场平台（大多是互联网，强调互联网技术的使用降低了交易成本），个体以租、售、借或者分享的方式与他人进行物品或服务的交换。共享经济的关键在于如何通过互联网整合和配置分散的资源，实现最优匹配和零边际成本。

11.2 双渠道供应链产能分配的基本模型建立过程

本章以制造商双渠道结构模型为研究对象，制造商不但将商品批发给零售商，而且自行开通电子直销渠道进行双渠道销售，在现实中这种模式已经被普遍运用。本章仅研究由一个零售商和一个制造商组成的双渠道供应链在市场上总需求大于总供给时，商品的渠道分配和供应链成员间的利益分配，并探讨分别在集中式决策和分散式决策下的博弈均衡。本章考虑生命周期较短的快消品，且供应商产能有限，市场需求为随机需求；运用报童模型、博弈论、最优化理论等设计出数学模型，最终进行算例分析来证明命题；同时，给出有针对性的改进对策，为供应链成员提供一些参考。

11.2.1 基本模型

1）研究假设

假设 11.1：此博弈发生在一个销售周期内。

假设 11.2：制造商为斯塔克伯格博弈的主导方，零售商为斯塔克伯格博弈的跟随方。

假设 11.3：渠道各成员都是理性的，此供应链是一个风险中性的双渠道供应链。

假设 11.4：两条渠道都拥有一定数量的忠实客户。

假设 11.5：实体价格大于线上价格。

假设 11.6：产能转移价格大于批发价格，小于销售价格。

假设 11.7：为了简化报童模型，不考虑滞销损失 v，假设 $v=0$。

假设11.8：在市场需求确定之前确定产能转移价格 p，即事前合同。

假设11.9：此供应链是一个信息对称的供应链，信息传递流畅。

假设11.10：本章使用报童模型，产能投入不足会失去销售机会。即当总需求大于总供给时，超过供给部分的需求得不到满足。

2）变量定义与符号规定

本章的双渠道供应链是由一个开通电子直销渠道的制造商和一个传统零售商共同组成的。假设市场需求服从均匀分布，随机需求 x_m 服从 $(0,m]$ 上的均匀分布。

x_D：总需求。

$f_D(x)$：市场需求的概率密度函数。

$F_D(x)$：市场需求的概率分布函数。

m：商品的最大市场需求量。

x_d：电子直销渠道的需求量。

$f_d(x)$：电子直销渠道需求的概率密度函数。

$F_d(x)$：电子直销渠道需求的概率分布函数。

x_r：传统零售渠道的需求量。

$f_r(x)$：传统零售渠道需求的概率密度函数。

$F_r(x)$：传统零售渠道需求的概率分布函数。

c_m：制造商生产单位产品的成本。

q_r：传统零售渠道的订购量。

q_d：电子直销渠道的订购量。

R：制造商1的最大产能（上限）。

X_M：制造商1的生产能力，$X_M=q_r+q_d$。

q_3：共享产能部分的订购量，且 $q_3=(x_d-q_d)^+$，即电子直销渠道不足部分的产能等于共享产能部分的订购量。

w：制造商制定的单位批发价格。

p_d：电子直销渠道的产品价格，为外生变量，且 $p_d \geqslant w$，以避免串货。

p_r：零售商的实体零售价格，为外生变量，且 $p_r \geqslant p_d > w > c$。

s：单位产品的缺货损失。

p：产能转移价格，且 $p > w$，$p < p_d \leqslant p_r$，为外生变量。

Π：利润。

下标 c、s 分别表示集中式决策和分散式决策。

3）利润函数表达式

零售商的期望利润函数为

$$\Pi_r = E[p_r \min(x_r, q_r)] - wq_r \tag{11-1}$$

制造商的期望利润函数为

$$\Pi_m = E[p_d \min(x_d, q_d) - s(x_d - q_d)^+] + wq_r - c_m X_M \tag{11-2}$$

双渠道供应链的总期望利润函数为

$$\Pi = E[p_d \min(x_d, q_d) - s(x_d - q_d)^+] + E[p_r \min(x_r, q_r)] - c_m X_M \tag{11-3}$$

11.2.2 集中式决策下的策略分析

当进行集中式决策时，决策者以实现供应链整体利润最优为目的来进行决策。因为制造商是双渠道供应链中的领导者，所以由他来做出产能分配决定。

对式（11-3）中的 q_r、q_d 求一阶导数，令一阶导数等于0，得到两个渠道的最优订购量 q_r^* 与 q_d^*，即

$$q_r^* = F_r^{-1}\left(\frac{-p_r + c}{-p_r}\right) \tag{11-4}$$

$$q_d^* = F_d^{-1}\left(\frac{-p_d - s + c}{-p_d - s}\right) \tag{11-5}$$

将 q_r^* 与 q_d^* 代入式（11－3）中，得到整体双渠道供应链最大利润，即

$$\Pi = (p_d + s - c)q_d^* + (p_r - c)q_r^* - (p_d + s)\int_0^{q_d^*} F_d(x)\mathrm{d}x - \frac{sm}{2} - p_r\int_0^{q_r^*} F_r(x)\mathrm{d}x \qquad (11-6)$$

11.2.3 分散式决策下的斯塔克伯格博弈分析

制造商和零售商均以自身利润最大化为目标进行决策，两者进行斯塔克伯格博弈竞争。本章中，制造商作为双渠道供应链中斯塔克伯格博弈的领导者，零售商作为追随者。制造商优先做出决策，零售商根据制造商的决策、给定的批发价以及对自己需求的预测等信息确定订货量，综合做出利于自身的决策；制造商再考虑到零售商可能做出的应对后决定自己的最优行动，从而获得最大利润。决策顺序为：

第一步，制造商决定担任斯塔克伯格博弈的领导者，根据自身生产条件和市场需求决定产能 X_M。

第二步，零售商作为此次博弈的追随者，再决定自身的订购量 q_r。

第三步，制造商向零售渠道配送产品，需求实现。

采用逆向递归法进行求解。先对式 Π_r 中的 q_r 求一阶导数令其等于0，得到 $\dot{q}_r$，即

$$\dot{q}_r = F_r^{-1}\left(\frac{-p_r + w}{-p_r}\right) \qquad (11-7)$$

将其代入 Π_m 中，并求关于 X_M 的一阶导数，令其等于0，得到 $\dot{X}_M$，即

$$\dot{X}_M = F_d^{-1}\left(\frac{-p_d - s + c}{-p_d - s}\right) + F_r^{-1}\left(\frac{-p_r + w}{-p_r}\right) \qquad (11-8)$$

将$\dot{q}_r$与$\dot{X}_M$代入Π_r、Π_m中，分别得到零售商、制造商以及供应链整体最大利润值为

$$\Pi_r = (p_r - w)q_r^* - p_r\int_0^{q_r^*} F_r(x)\,dx \tag{11-9}$$

$$\Pi_m = (p_d + s - c)(X_M^* - q_r^*) - (p_d + s)\int_0^{X_M^* - q_r^*} F_d(x)\,dx - \frac{sm}{2} + (w - c)q_r^* \tag{11-10}$$

利润之和为

$$\Pi^1 = (p_r - c)q_r^* - p_r\int_0^{q_r^*} F_r(x)\,dx + (p_d + s - c)(X_M^* - q_r^*) - (p_d + s)\int_0^{X_M^* - q_r^*} F_d(x)\,dx - \frac{sm}{2} \tag{11-11}$$

11.3 随机需求下双渠道供应链产能不足决策

前文的基本模型里，没有考虑制造商产能不足的情况。在现实生活中，由于快消品的生命周期较短，制造商难以精准地预测随机需求，且受限于自身的生产设备和技术水平，产能不能同时满足零售渠道和直销渠道市场需求的情况时有发生。本章我们考虑采用产能共享的方式来解决产能不足的问题，让“订货量”得到一个补货的机会。

11.3.1 模型构建与描述

电子商务的快速发展，使实体零售业遭受极大冲击，大量传统实体零售企业面临着销售收入下降甚至亏损倒闭的困境。商品同质化、标准化程度高的企业受到的冲击最大，如3C产品。2020年以来，新型冠状病毒肺炎疫情的突发，促使网上交易需求量激增，同时运输能力受限。所以本章暂不考虑零售渠道缺货的问题，仅考虑电子直销渠道供货不足的情况。

产能受限的情况下，制造商作为领导者首先根据自己的能力水平决定产量，而零售商作为博弈中弱势的追随者只能在制造商做出决策之后再做出自己的订购决策。由于市场需求是随机需求，所以供不应求的情况屡见不鲜。在这种情况下，博弈的双方会调整订购量使利润损失变得更小，由于双方的调整行为使两者在利润上产生了冲突。为了避免这种情况发生，本章将在基本模型的基础上采用产能共享的方式，进一步探讨制造商产能不能满足所有订单时供应链各个成员的订货决策。

模型的研究假设、变量定义与符号规定与第11.2.1节均相同。

当制造商产能不能同时满足零售渠道和电子直销渠道的需求时，原供应商1寻求制造商2进行产能共享，以满足电子直销端不足部分的产能。制造商2以提前确定好的产能转移价格p向电子直销端分享它需要的产能 q_3，最终需求得以实现。

产能共享后，制造商和零售商各自的利润函数为

$$\Pi_m = E[p_d \min(x_d, q_d) - s(x_d - q_d)^+] + wq_r - c_m R - p(x_d - q_d)^+ \tag{11-12}$$

$$\Pi_r = E[p_r \min(x_r, q_r)] - wq_r \tag{11-13}$$

双渠道供应链整体期望利润为

$$\Pi = E[p_d \min(x_d, q_d) - s(x_d - q_d)^+] + E[p_r \min(x_r, q_r)] - c_m R - p(x_d - q_d)^+ \tag{11-14}$$

11.3.2　集中式决策

因为制造商和零售商采用集中式决策使双渠道供应链整体利润最大化，所以决策时要由一个统一的决策者来决定产能分配策略。对 Π 中的 q_r、q_d 求一阶导数，令其分别等于0，得到双渠道供应链整体利润最大化时两个渠道的最优订购量为

$$\overline{q_r} = F_r^{-1}\left(\frac{-p_r + c}{-p_r}\right) \tag{11-15}$$

$$\overline{q_d} = F_d^{-1}\left(\frac{-p_d - s + c - p}{-p_d - s - p}\right) \tag{11-16}$$

将两个渠道的最优订购量代入三个利润函数，得到此种情况下的最大利润为

$$\overline{\Pi_m} = (p_d + s - c + p)q_d^* - (p_d + s + p)\int_0^{q_d^*} F_d(x)\mathrm{d}x - \frac{sm}{2} + (w - c)q_r^* - p\mathrm{d}x \tag{11-17}$$

$$\overline{\Pi_r} = (p_r - w)q_r^* - p_r\int_0^{q_r^*} F_r(x)\mathrm{d}x \tag{11-18}$$

$$\overline{\Pi} = (p_d + s - c + p)q_d^* + (p_r - c)q_r^* - (p_d + s + p)\int_0^{q_d^*} F_d(x)\mathrm{d}x - p_r\int_0^{q_r^*} F_r(x)\mathrm{d}x - \frac{sm}{2} - px_d \tag{11-19}$$

11.3.3 分散式决策

双渠道供应链比单渠道供应链更复杂，供应链成员在分散化决策机制下缺乏协调时，会导致“双重边际效应”，这不利于供应链协调，实现帕累托最优。在分散式决策下，各成员都以最大化自身利润做出决策，从而导致整体利润没有达到最优化。我们定义一个双渠道供应链各成员都参与的斯塔克伯格博弈。制造商 1 作为领导者先根据自身能力和对市场需求的预测决定自己的最大产能；接着零售商作为博弈的追随者，确定自己的订货量 q_r；当销售发生后出现产能不足问题时，电子直销渠道再决定自己需要的共享产能部分的订购量 q_3。

本章讨论在斯塔克伯格博弈下的产能分配策略和订购策略，假设本章中 $x_d > q_d$。

根据逆向递归法，后决策的成员先求解。制造商和零售商的斯塔

克伯格博弈求解顺序如下：

第一步，在 Π_m 中对 q_3 求一阶导数，得

$$\frac{\partial \Pi_m}{\partial q_3} = -p_d - p_d F_d(x_d - q_3)(-1) - s - sF_d(x_d - q_3)(-1) + c - p$$

$$= -p_d + (p_d + s)F_d(x_d - q_3) - s + c - p \quad (11-20)$$

因为 $x_d - q_3 = q_d$，所以上式变为

$$\frac{\partial \Pi_m}{\partial q_3} = -p_d + (p_d + s)F_d(q_d) - s + c - p \quad (11-21)$$

令其等于0，得到 q_d 的最优值 $\overline{q_d^*}$，即

$$\overline{q_d^*} = F_d^{-1}\left(\frac{p_d + s - c + p}{p_d + s}\right) \quad (11-22)$$

第二步，将 $\overline{q_d^*}$ 代入 Π_m 中，再对 q_r 求一阶导数，令其等于0，得到 q_r 的最优值 $\overline{q_r^*}$，即

$$\overline{q_r^*} = F_r^{-1}\left(\frac{-p_r + w}{-p_r}\right) \quad (11-23)$$

第三步，将上述过程中得到的最优值代入 Π_m 和 Π_r 中，即可得出制造商和零售商各自的最大利润值，即

$$\overline{\Pi_m^*} = (p_d + s - c + p)q_d^* + (w - c)q_r^* - \frac{sm}{2} - (p_d + s)\int_0^{q_d^*} F_d(x)\mathrm{d}x - px_d \quad (11-24)$$

$$\overline{\Pi_r^*} = (p_r - w)q_r^* - p_r\int_0^{q_r^*} F_r(x)\mathrm{d}x \quad (11-25)$$

$$\overline{\Pi}^* = (p_r - c)q_r^* - p_r\int_0^{q_r^*} F_r(x)\mathrm{d}x + (p_d + s - c + p)q_d^* - \frac{sm}{2} - (p_d + s)\int_0^{q_d^*} F_d(x)\mathrm{d}x - px_d \quad (11-26)$$

11.3.4　两种模式的比较

命题11.1：当制造商产能不足进行产能共享时，集中式决策下的

利润小于分散式决策下的利润。

证明：

集中式决策下供应链的利润为

$$\overline{\Pi} = (p_d + s - c + p)q_d^* + (p_r - c)q_r^* - (p_d + s + p)\int_0^{q_d^*} F_d(x)\mathrm{d}x - p_r\int_0^{q_r^*} F_r(x)\mathrm{d}x - \frac{sm}{2} - px_d \tag{11-27}$$

分散式决策下供应链的利润为

$$\overline{\Pi}^* = (p_r - c)q_r^* - p_r\int_0^{q_r^*} F_r(x)\mathrm{d}x + (p_d + s - c + p)q_d^* - \frac{sm}{2} - (p_d + s)\int_0^{q_d^*} F_d(x)\mathrm{d}x - px_d \tag{11-28}$$

其中，$\overline{q_r} = F_r^{-1}\left(\frac{-p_r + c}{-p_r}\right)$，$\overline{q_r^*} = F_r^{-1}\left(\frac{-p_r + w}{-p_r}\right)$，因为 $w > c$，所以 $\overline{q_r} < \overline{q_r^*}$；$\overline{q_d} = F_d^{-1}\left(\frac{-p_d - s + c - p}{-p_d - s - p}\right)$，$\overline{q_d^*} = F_d^{-1}\left(\frac{p_d + s - c + p}{p_d + s}\right)$，给$\overline{q_d}$括号中的分子分母同时乘以 -1，即$\overline{q_d} = F_d^{-1}\left(\frac{p_d + s + p - c}{p_d + s + p}\right)$，因为 $p_d + s + p > p_d + s$，所以$\overline{q_d} < \overline{q_d^*}$。

两个利润函数中，不同的项是 $-(p_d + s + p)\int_0^{q_d^*} F_d(x)\mathrm{d}x$ 与 $-(p_d + s)\int_0^{q_d^*} F_d(x)\mathrm{d}x$，其余项均相同；由符号规定可知 $p_d + s + p > p_d + s$，所以不同的项中，集中式决策的供应链的利润比分散式决策的小；且$\overline{q_r} < \overline{q_r^*}$，$\overline{q_d} < \overline{q_d^*}$，所以$\overline{\Pi} < \overline{\Pi}^*$。

证毕。

命题 11.2：当企业进行产能共享时采用事前合同的利润大于企业不进行产能共享时的利润。

证明：

企业进行产能共享时采用事前合同，分散式决策下的利润为

$$\overline{\Pi}^* = (p_r - c)q_r^* - p_r\int_0^{q_r^*} F_r(x)\mathrm{d}x + (p_d + s - c + p)q_d^* - \frac{sm}{2} - (p_d + s)\int_0^{q_d^*} F_d(x)\mathrm{d}x - px_d \quad (11-29)$$

企业不进行产能共享时分散式决策下的利润为

$$\Pi^1 = (p_r - c)q_r^* - p_r\int_0^{q_r^*} Fr(x)\mathrm{d}x + (p_d + s - c)(X_M^* - q_r^*) - (p_d + s)\int_0^{X_M^* - q_r^*} F_d(x)\mathrm{d}x - \frac{sm}{2} \quad (11-30)$$

因为$\overline{q_r^*} = \dot{q}_r$，$\overline{q_r^*} > \dot{q}_r$，且两式不同的项中 $p_d + s - c + p > p_d + s - c$，所以$\overline{\Pi}^* > \Pi^1$。

证毕。

11.3.5　突发事件下的双渠道供应链协调机制

近年来发生的突发事件如2003年的“非典”、2008年的汶川大地震和南方特大雪灾，以及2019年年底突发的新型冠状病毒肺炎疫情，严重破坏原有稳定供应链的平衡供给状态，造成不可估量的经济损失。本节考虑当发生突发事件时，制造商与零售商构成的双渠道供应链的应对。当制造商根据传统零售渠道的订购量以及电子直销渠道的预测需求量安排好生产（见图11－4）之后，发生了突发事件。而突发事件的不可抗因素打破了原有供应链的平衡状态，使零售商的缺货损失变大。

在制造商调整生产计划的过程中，因增加生产必然会给供应链中各个成员带来额外的偏差费用，设 λ_1 为制造商增加生产而带来的单位惩罚成本，且 $\lambda_1 > 0$。上标 N 表示没有发生突发事件，D 代表发生突发事件。

图 11－4　突发事件下应急物资的生产与供应

资源来源：全力加快疫情防控物质生产十条措施［EB/OL］.（2020－02－01）［2020－11－23］. 搜狐网，http:///www.sohu.com.

假设 m 为商品的最大市场需求量，$0<\theta<1$ 为零售端的忠实消费者系数，$1-\theta$ 为直销端的忠实消费者系数；b_1、b_2 为电子直销端和传统零售端的价格弹性系数，k_1、k_2 为两个渠道间的竞争系数。

两个渠道的需求量为

$$\begin{aligned} q_r &= \theta m - b_2 p_r + k_2 p_d \\ q_d &= (1-\theta)m - b_1 p_d + k_1 p_r \end{aligned} \tag{11－31}$$

制造商的期望利润函数为

$$\Pi_m^D = [q_r(w-c) + q_d(p_d-c)] - \lambda_1 (q_d - q_d{}^N + q_r - q_r{}^N)^+ \tag{11－32}$$

零售商的期望利润函数为

$$\Pi_r^D = q_r(p_r - w) - (s - s^N)^+ \tag{11－33}$$

由一阶导 =0，得到两个渠道的需求量，即

$$\begin{aligned} q_r^D &= \frac{1}{4}[sk + k\lambda_1 - b_2(\mu G + s + \lambda_1)] \\ q_d{}^D &= \frac{m[-2b_2(1-\theta)+k\theta]}{4b_2} - \frac{1}{2}b_1(s+\lambda_1) + \\ &\quad \frac{k^2(s+\lambda_1)}{4b_2} + \frac{k(s+\lambda_1+\mu G)}{4} \end{aligned} \tag{11－34}$$

因为原生产计划具有很强的鲁棒性，所以只有当零售商缺货损失的变化超过一定幅度时，才有必要对原生产计划进行适当调整来协调双渠道供应链，使它重新达到相对平衡的状态。

11.4　数值与算例分析

本章运用 MATLAB 做图表，对模型推导出的结果进行数值算例分析，对结论给予更加直观和形象的表达和验证。

假设制造商的生产成本为 $c = 30$ 元每件，零售商向制造商进货的批发价为 $w = 50$ 元/件；零售商的销售价格为 $p_r = 80$ 元/件，电子直销渠道的销售价格为 $p_d = 60$ 元/件；产能转移价格为 $p = 55$ 元/件；当市场供给小于需求时发生缺货，商品的单位缺货损失为 $s = 25$ 元/件；制造商 1 的最大产能 $R = 600$。

假设传统零售渠道与电子直销渠道的需求 x_d 与 x_r 都服从均匀分布 $x_D \sim N$（μ，100）。在算例分析中假设期望 μ 从 100 到 1000 变动，且两个渠道的期望 μ 相同，不同的 μ 值情形下，都会存在产能不足的情况。

由第 11.2 节、第 11.3 节中的表达式可以得出产能不足时，制造商和零售商在各种情形下的最优订货量以及最优利润。

表 11－1 与表 11－2 列出了制造商和零售商在产能不足的情况下使用产能共享方式时的最优订货量以及最优利润。表 11－1 是由制造商 1 寻求制造商 2 来弥补电子直销渠道不足部分的产能，是以双渠道供应链整体利润最大为目标做出的集中式决策；表 11－2 是在分散式决策下，各成员在斯塔克伯格博弈中以最大化自身利润为目标做出决策。

表 11 -1　产能共享时集中式决策

μ	$\overline{q_r}$（件）	$\overline{q_d}$（件）	$\overline{\Pi_m}$（美元）	$\overline{\Pi_r}$（美元）	$\overline{\Pi}$（美元）
100	104.00	103.30	16164.00	2650.04	18814.04
200	204.00	203.30	43058.83	5650.04	48708.87
300	304.00	303.30	88730.52	8650.04	97380.56
400	404.00	403.30	147150.11	11650.04	158800.15
500	504.00	503.30	226340.71	14650.04	240990.75
600	604.00	603.30	338269.96	17650.04	355920.00
700	704.00	703.30	460008.11	20650.04	480658.15
800	804.00	803.30	597485.25	23650.04	621135.29
900	904.00	903.30	795823.33	26650.04	822473.37
1000	1004.00	1003.30	934736.27	29650.04	964386.31

表 11 -2　产能共享时分散式决策

μ	$\overline{q_r^*}$（件）	$\overline{q_d^*}$（件）	$\overline{\Pi_m^*}$（美元）	$\overline{\Pi_r^*}$（美元）	$\overline{\Pi}^*$（美元）
100	114.30	105.21	22296.54	2661.51	24958.05
200	214.30	205.21	51507.15	5750.51	57257.66
300	314.30	305.21	89652.86	8671.51	98324.37
400	414.30	405.21	154150.66	11651.51	165802.17
500	514.30	505.21	237319.00	14651.51	251970.51
600	514.30	605.21	358247.71	17651.51	375899.22
700	714.30	705.21	489660.11	20851.51	510511.62
800	814.30	805.21	597489.81	23851.51	621341.32
900	914.30	905.21	796827.35	26651.51	823478.86
1000	1014.30	1005.21	952711.23	29651.51	982362.74

通过比较表 11 -1 与表 11 -2 中的数据，可以看出此模式下，分散式决策下的零售商最优订购量、制造商最优订购量以及供应链总利

润都比集中式决策下大，这就印证了前面的证明结果。

表 11 -3 是制造商和零售商在有限的产能下不进行产能共享时做出的订货决策，制造商作为博弈中的领导者有权利分配自己的产能，零售商作为追随者在制造商做出决策后再决定自己的订货量，制造商的产能分配决策直接影响了双渠道供应链各成员的利润。

表 11 -3　不进行产能共享时的决策

μ	$\dot{q}_r$（件）	$\dot{q}_d$（件）	Π_m（美元）	Π_r（美元）	Π^1（美元）
100	114.30	93.42	12722.39	1932.20	14654.59
200	214.30	103.42	21593.47	2932.20	24525.67
300	314.30	203.42	39625.68	3932.20	43557.88
400	414.30	303.42	113644.24	4932.20	118576.44
500	514.30	403.42	281332.00	5932.20	287264.20
600	614.30	503.42	290247.21	6932.20	297179.41
700	714.30	603.42	340217.52	7932.20	348149.72
800	814.30	703.42	496414.14	8932.20	505346.34
900	914.30	803.42	538217.35	9932.20	548149.55
1000	1014.30	903.42	692382.65	10932.20	703314.85

从表 11 -2 和表 11 -3 中可以看出，企业进行产能共享时制造商的订货量以及供应链总利润都比不进行产能共享时的大，这与前面的证明结果是一致的。除了不考虑零售端缺货的情况之外，可以发现制造商 1 寻求制造商 2 进行产能共享来解决产能不足的问题是很有效的，也给予了零售渠道需要的订货量。

11.5　本章小结

11.5.1　结论

随着电子商务的不断发展，传统的单渠道供应链逐渐转变为双渠道供应链。产能分配策略关乎制造商的获利水平，本章研究的随机需求下双渠道供应链的产能分配问题，为双渠道企业制定产能分配策略提供了理论上的补充。

本章的主要成果是应用最优化理论、博弈论以及共享经济理论，简化了报童模型，刻画出供应链参与者的期望利润函数，给出双渠道供应链产能分配策略的具体模型。在产能不足的情况下，使用产能共享的方式来解决这一问题。通过计算证明以及算例分析给出了需求随机下，双渠道供应链的产能分配策略：

①当制造商产能不足进行产能共享时，集中式决策下的利润小于分散式决策下的利润；

②当企业进行产能共享时采用事前合同的利润大于企业不进行产能共享时的利润；

③考虑了应急情况下的双渠道供应链，发现只有当零售商缺货损失的变化超过一定幅度时，才有必要对原生产计划进行适当调整来协调双渠道供应链。

本章的创新之处在于引入了产能共享的思维来解决产能不足的问题，与以往的靠外包或优先分配给某个渠道有明显的区别。

11.5.2 局限性及展望

本章研究的模型是在随机需求中假设两条渠道都为均匀分布，现实情况可能不会完全符合均匀分布；并且本研究没有考虑到零售商缺货的情况，在现实中零售商是有缺货的可能性的；另外，在报童模型中没有考虑滞销损失。未来的研究可找到与需求最为符合的函数，考虑到零售端缺货的情况，也可以在模型中增加滞销损失，会使模型更具现实意义。

第12章　基于深度学习的颜值估计及其在电商精准营销中的应用

12.1　引言

美是人类所广泛感知的一个概念，容颜美（Facial Beauty）是人类社会活动中最常感知的对象（毛慧芸，2011）。随着网络文化的传播，颜值这一词被广泛用于形容容颜美。但颜值的高低评判标准的依据是什么？Aarabi、Hughes等（2001）通过大量的实验研究发现，对于容颜美的感知存在美的客观标准，并建立一种基于面部特征比例的自动面部美容评分系统。近年来，随着人工智能研究的快速发展，不少学者利用图像处理及机器学习方法来进行较客观的颜值评价并给出科学、客观及可量化的描述。颜值估计方法主要分为：特征提取法及机器学习方法（Gunes，2004）。特征提取法主要利用计算机技术有效地提取人脸图像的特征向量，减少其信息冗余，降低维数（陈良仁，2016）。机器学习方法则关注推理及评价所提取的特征向量，并利用回归的颜值估计算法对人脸颜值进行评估，得到相应的数值。

深度学习是利用深层非线性网络结构，实现复杂函数逼近和表征输入数据分布式表示的机器学习算法（陈志军等，2012）。作为深度学习中最受欢迎的结构之一，深度卷积神经网络（Deep Convolutional Neural Network，DCNN）不仅因其强大的图像特征提取能力为语音识别、自然语言处理及计算机视觉领域带来了重大突破，也是第一个真正成功训练多层网络结构的学习算法，利用 BP 算法设计并训练（杨巨成等，2016）。目前在人脸识别领域，已被广泛应用。

基于上述分析，本章围绕面部特征提取方法，提出基于深度卷积神经网络的颜值评估计算法，并以梁玲玉、罗洛林等（2018）提出的 SCUT－FBP5500 作为此模型算法的多样化基准数据库。首先，对人脸图像进行预处理（检测、对齐、归一化等）；其次，利用 DCNN 提取图像脸部特征，标记脸部图像，并测试脸部图像的深度学习图像，将网络参数限制在有利于进一步学习的区域并防止深层网络降至局部最小值；再次，在初始化深层网络后，利用标记的人脸图像特征作为深度网络输入再次训练；最后，在面部的特征训练结束后，提取图像，并使用回归分析算法评估消费者客观颜值，构建消费者颜值与偏好相关性模型。为充分发挥卷积神经网络提取特征的能力，这里提出了合适优化的人脸识别损失函数。DCNN 算法框架如图 12－1 所示。

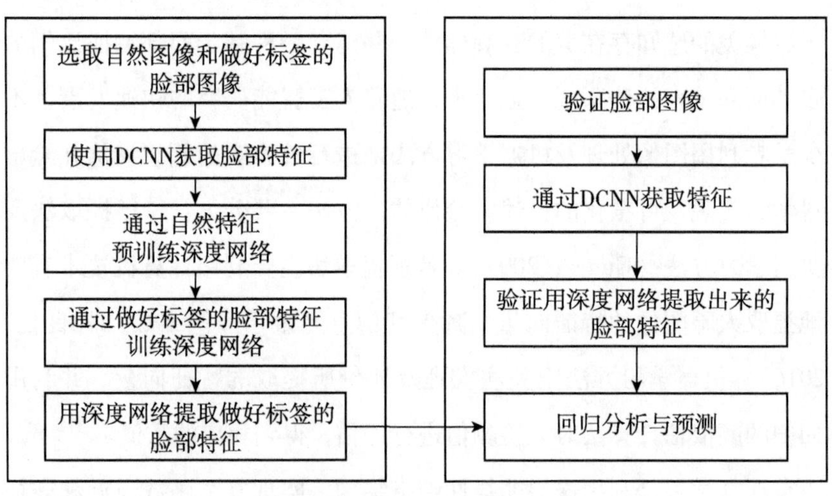

图 12－1　DCNN 算法框架

12.2　人脸图像预处理

人脸图像预处理过程，首先检测出人脸特征点（通常包括左右眼、鼻尖点、左右嘴角等）；其次对图像做相似变换（缩放、旋转、平移）使不同人脸图像归一化到同一个二维坐标系，使人脸图像对齐；最后为了算法的稳定性，对图片进行一些数值标准化的处理，即对不同光强、光源方向下得到的人脸图像进行补偿，以减弱由于光照变化造成的图像信号的变化。其中关键点检测为图像处理的最重要部分。

人脸关键特征点位置检测技术是人脸信息处理的关键技术。精确快速的特征点检测技术在人脸识别、手势、面部3D图像重建等方面具有重要的应用价值。

传统的特征点定位算法是基于局部灰度梯度模型，对于灰度图像更具有敏感性，但对于脸部肤色或颈部等区域的颜色干扰因素未做考虑。因此本章提出颜色信息与灰度信息相结合的复合模型，能够有效地区分虚假特征点，从而提高特征点定位的准确性与鲁棒性。本模型利用每个训练集的校准点特征作为中心来获取一定数量的像素，并引入灰度值构建矢量公式，即

$$c_{ki} = \begin{pmatrix} g_{ki} \\ w_p p_{ki} \end{pmatrix} \tag{12-1}$$

$$\bar{c}_i = \frac{1}{N}\sum_{k=1}^{N} c_{ki} \tag{12-2}$$

$$\mathrm{cov} = \frac{1}{N}\sum_{k=1}^{N} (c_{ki} - \bar{c}_i)(c_{ki} - \bar{c}_i)^T \tag{12-3}$$

$$d = (c'_i - \bar{c}_i)^T \mathrm{cov}_i^{-1} (c'_i - \bar{c}_i) \tag{12-4}$$

式中：k 为训练集图像的索引；i 为被选集特征图像的索引，通过归一化处理得c_{ki}；g_{ki}和p_{ki}为图像的特征向量；w_p 为权重系数；$\bar{c}_i$与 cov 分别为统计建模的局部符合特征训练集图像的均值和协方差矩阵计算，也为归一化复合局部梯度的特征向量，满足高斯分布。

根据式（12－1）～式（12－4）得出马氏距离 d，也可表示为特

征点检测过程中候选集的最大匹配点，人脸图像处理过程为原图、关键点检测、对齐、裁剪。

12.3 基于深度卷积神经网络的颜值估计算法

基于DCNN的颜值估计算法由网络结构、DCNN算法和softmax损失函数三个主要部分组成。

12.3.1 网络结构

本章模型采用VGGNet系列深度卷积神经网络（见表12-1），使用多个3×3的卷积核替代AlexNet中7×7的卷积核，小的卷积核既可以减少参数，也可以增加非线性映射，有助于提升网络的拟合能力，增加网络的深度，提升网络的准确性。其中VGG16由13个卷积层和3个全连接层组成，每个卷积层后连接一个ReLU激活函数层，使用最大池化方式，前两个全连接层都有4096个通道，最后一个全连接层的通道数与分类的类别数一致。使用VGGNet在LFW的无限制验证测试中达到了99.13%的准确度。

表12-1 VGGNet卷积神经网络结构

卷积网络配置（ConvNet Configuration）					
A级网络	A-LRN级网络	B级网络	C级网络	D级网络	E级网络
11权重层（11 weight Layers）	11权重层（11 weight Layers）	13权重层（13 weight Layers）	16权重层（16 weight Layers）	16权重层（16 weight Layers）	19权重层（19 weight Layers）
输入层Input（224×224像素图片）					
Conv3-64（卷积核数量）	Conv3-64 LRN	Conv3-64 Conv3-64	Conv3-64 Conv3-64	Conv3-64 Conv3-64	Conv3-64 Conv3-64
最大池化层（maxpool）					
Conv3-128	Conv3-128	Conv3-128 Conv3-128	Conv3-128 Conv3-128	Conv3-128 Conv3-128	Conv3-128 Conv3-128

续表

最大池化层（maxpool）					
Conv3 - 256 Conv3 - 256	Conv3 - 256 Conv3 - 256	Conv3 - 256 Conv3 - 256	Conv3 - 256 Conv3 - 256 Conv1 - 256	Conv3 - 256 Conv3 - 256 Conv3 - 256	Conv3 - 256 Conv3 - 256 Conv3 - 256 Conv3 - 256
最大池化层（maxpool）					
Conv3 - 512 Conv3 - 512	Conv3 - 512 Conv3 - 512	Conv3 - 512 Conv3 - 512	Conv3 - 512 Conv3 - 512 Conv1 - 512	Conv3 - 512 Conv3 - 512 Conv3 - 512	Conv3 - 512 Conv3 - 512 Conv3 - 512 Conv3 - 512
最大池化层（maxpool）					
Conv3 - 512 Conv3 - 512	Conv3 - 512 Conv3 - 512	Conv3 - 512 Conv3 - 512	Conv3 - 512 Conv3 - 512 Conv1 - 512	Conv3 - 512 Conv3 - 512 Conv3 - 512	Conv3 - 512 Conv3 - 512 Conv3 - 512 Conv3 - 512
最大池化层（maxpool）					
全连接层（FC - 4096）					
全连接层（FC - 4096）					
全连接层（FC - 1000）					
分类器（Softmax）					

12.3.2 深度卷积神经网络

深度卷积神经网络是一种由多个单层卷积神经堆叠而成的区分型深度学习神经网络结构，通过级联到一个或多个全连接层和一个 softmax 分类器构成最终输出层。其中卷积神经网络利用各级层卷积核与上层数据进行卷积计算，并引入偏置值经过激活函数，构成此层的卷积特征图。卷积运算的不同将导致特征图的不同，见图 12 - 2。

一般情况下可用下面的表达式来表示卷积层卷积运算过程，即

$$y_n^l = f\left(\sum_{\forall m}(y_m^{l-1} * c_{n,m}^l) + b_n^l\right) \tag{12-5}$$

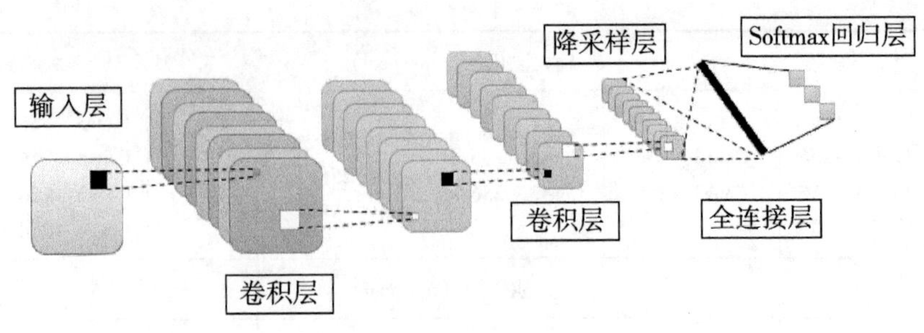

图 12－2　DCNN 结构

式（12－5）中，y_m^{l-1} 为第 $l-1$ 层 CNN 的第 m 个特征图的输入，$c_{n,m}^l$ 为从 $l-1$ 层第 m 个特征图至第 l 层第 n 个特征图的卷积核，b_n^l 为第 l 层第 n 个特征图的偏置项，$*$ 为卷积符，f（ ）为激活函数。由于传统 BP 算法选择的非线性激活函数 Sigmoid、tanh 不能解决神经网络中梯度弥散问题，为了得到更快的收敛速度，提升计算速度、增强图像鲁棒性，本章采用 RELU（Randomized rectified linear unit）激活函数，即

$$f(x) = \begin{cases} x, x > 0 \\ ax, x < 0 \end{cases} \tag{12-6}$$

式中 $a \sim U(1,u)$，每个训练样本中的 a 都随机采样均值分布，通常在测试中取 $a = \frac{l+u}{2}$。

卷积神经网络训练过程，首先前一层网络特征图输入时进行卷积，然后对其卷积输出进行池化，并将池化层中的特征图进行下采样，最后利用链式求导计算 softmax 损失函数对每个权重的偏导数（梯度）来更新权重。

卷积层的计算式为

$$y_j^l = f(z_j^l) \tag{12-7}$$

$$z_j^l = \sum_{\forall m} y_i^{l-1} * c_{ij}^l + b_j^l \tag{12-8}$$

式（12－7）及式（12－8）中，y_j^l、y_i^{l-1} 分别表示第 l 层 CNN 中第

j 个特征图、第 $l-1$ 层第 i 个特征图；c_{ij}^{l} 表示第 l 层第 j 个特征图与第 $l-1$ 层第 i 个特征图之间的卷积核；m 表示卷积的前一层的特征图的集合，b_j^l 为第 l 层中第 j 个特征图的偏置量。

池化层主要对输入的特征图进行压缩并提取主要特征，实现减少隐藏节点的卷积特征维数，降低设计分类器的负担，简化网络计算复杂度，抵抗微小位移变化的作用。由于本章采用 VGGNet 神经网络结构，采用最大池化方式。

最大值下采样，即

$$y_{j,k}^{i} = \max_{m \geqslant 0, s > n} \left\{ x_{j_s+m, ks+m}^{i} \right\} \tag{12-9}$$

卷积层中的权值与阈值通过随机梯度下降法得到，即

$$c_{ij}^{l} = c_{ij}^{l} + \alpha \frac{\partial L(c_{ij}^{l})}{\partial c_{ij}^{l}} \tag{12-10}$$

$$b_j^l = b_j^l + \alpha \frac{\partial L(b_j^l)}{\partial b_j^l} \tag{12-11}$$

式中：α 为学习率。

softmax 损失函数对卷积层参数的梯度可通过链式求导得到，即

$$\frac{\partial L(c_{ij}^{l})}{\partial c_{ij}^{l}} = \frac{\partial L(x_j^l)}{\partial x_j^l} \frac{\partial x_j^l}{\partial z_j^l} \frac{\partial z_j^l}{\partial c_{ij}^{l}} = \frac{\partial L(x_j^l)}{\partial x_j^l} \frac{\partial x_j^l}{\partial z_j^l} (x_i^{l-1}) \tag{12-12}$$

$$\frac{\partial L(b_j^l)}{\partial b_j^l} = \frac{\partial L(x_j^l)}{\partial x_j^l} \frac{\partial x_j^l}{\partial z_j^l} \frac{\partial z_j^l}{\partial b_j^l} = \frac{\partial L(x_j^l)}{\partial x_j^l} \frac{\partial x_j^l}{\partial z_j^l} \tag{12-13}$$

12.3.3　损失函数

softmax 损失是交叉熵损失函数与 softmax 分类器的结合，常用于多分类问题的经典损失函数。softmax 分类器是 logistic 回归分类器泛化到多类的情况。softmax 激活函数 $f_j(X_i) = \exp(W_{yi}^T X_i + b_{yi}) / \sum_j \exp(W_j^T x_i + b_j)$ 的作用是将模型预测结果进行归一化操作，输出结果在［0，1］区间内，可以做概率值。而交叉熵损失函数用于计算

模型预测结果与样本真实标签之间的误差。将 softmax 函数取负对数得到交叉熵损失，即

$$L_i = -\lg \frac{\exp(W_{yi}^T X_i + b_{yi})}{\sum_j \exp(W_j^T X_i + b_j)} \tag{12-14}$$

$W_{yi}^T X_i + b_{yi}$表示数字在类别 j 上的得分，yi 是第 i 个样本真实的类别标签，式（12 - 14）对应的类标签形式为独热编码（One - hot Encoding），在真实类别上的得分越高，损失越低。X_i 表示第 i 个样本的特征向量，L 表示损失，W 为权重矩阵，而W_{yi}^T表示权重矩阵中将特征 X_i 预测为 yi 类的权向量，b 为偏置。总体 N 个训练样本的 softmax 损失为

$$L = -\frac{1}{N}\sum_i^N \lg \frac{\exp(W_{yi}^T X_i + b_{yi})}{\sum_j \exp(W_j^T X_i + b_j)} \tag{12-15}$$

为了加速函数的收敛速度，本章先利用 softmax loss 训练好模型后，去掉分类器，使用 Triple loss 对特征提取层进行微调，以有利于提高人脸图像精度。

Triple loss 需要比较三个特征空间向量之间的距离，包括两个同类样本特征和一个与之不同类的样本特征，也被称为三元组。通过训练使在特征空间中特征距离根据不同个体的不同人脸图像而改变，同一个体的不同人脸图像的特征距离较小，反之特征距离较大。Triple loss 与 DCNN 相结合的方法直接有效，损失函数的具体形式为

$$L = \sum_i^N \left[\| f(x_i^a) - f(x_i^p) \|_2^2 - \| f(x_i^a) - f(x_i^n) \|_2^2 + \alpha \right]_+ \tag{12-16}$$

其中，x_i^p 与 x_i^a 是同类图片，即同一个人的不同图片，而 x_i^n 与 x_i^a 则为不同类图片，$f(\cdot)$ 表示对应图片经过神经网络提取出的特征。+表示［ ］内的值大于0 的时候，取该值为损失；小于0 的时候，损失

为0。当x_i^p与x_i^a的特征距离加上阈值α仍然小于或等于x_i^n与x_i^a的特征距离时，损失为0（见图12-3）。

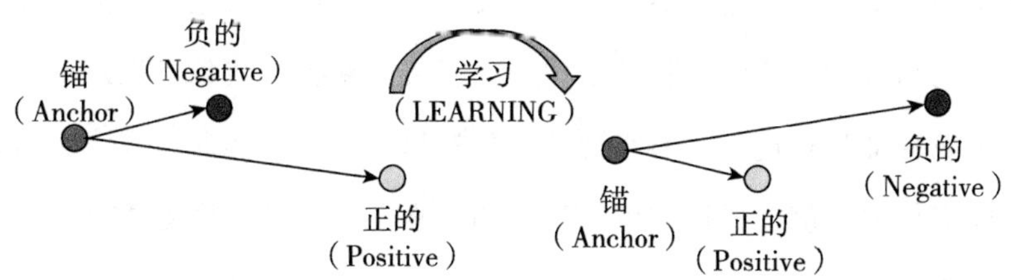

图12-3　三元组损失（Triplet Loss）作用示意

12.4　实证分析

企业持续发展的动力源于对收益的追求，企业营销则通过吸引消费者来实现。但随着社会的进步，消费者的需求趋于多样化、定制化。传统营销方法让企业难以满足消费者需求，而营销成本又变得越来越高。取得预期的营销效果，精准触达目标消费者，提高消费者满意度和忠诚度变得愈发重要。因此，企业需要精准、可衡量和高回报的营销方式。以网络和信息技术为核心的精准营销在一定程度上已经逐步成为现代企业营销发展的新趋势。本章应用深度卷积神经网络的颜值估计算法，探寻消费者颜值与购物偏好相关性，为企业挖掘更多的客户价值、提高核心竞争力、开展精准营销提供参考依据。

12.4.1　提出假设

消费者购物偏好是指消费者习惯于消费某种商品或特别喜爱消费某种商品的心理行为。它是一种产品属性偏好效果，代表消费者对某种产品或服务的一种嗜好或喜爱程度。消费者购物偏好是一种重要的市场信息，对于市场营销决策具有重要的参考价值。

我国是世界上重要的服装生产和出口国，服装消费占我国居民消费份额的40%以上。同时，服装创造的美来源于服装设计中本身的形式美，在生活中和自然界中多种因素如色彩、线条、形态等要通过美学中的形式美来表达。换言之，服装的形态是按照某些特定的形式美规律而组成的。其中色彩可以理解为服装的颜色，线条可以理解为服装的轮廓即款式造型，形态则是服装的风格体现。因此，本章以服装的购买偏好为例，通过颜色、款式和风格三个因素对服装进行分类。

①颜色分类：有彩色（明亮、素雅，例如：红、橙、黄、淡紫、浅绿等）、无彩色（中性色，例如：黑、白、灰等）；

②款式分类：时尚潮流款、中性款、大众基础款；

③风格分类：运动型、休闲型、时尚型、商务型、简约型。

基于以上分析研究，提出以下五个假设。

假设12.1：颜值与偏好时尚款式之间有显著正相关关系；

假设12.2：颜值与样式关注度之间有显著正相关关系；

假设12.3：颜值与服装颜色偏好之间有显著正相关关系；

假设12.4：颜值与是否偏好中性款式有显著正相关关系；

假设12.5：颜值与时尚型服装风格之间有显著正相关关系。

12.4.2 数据选取与处理

梁玲玉、罗洛林等（2018）认为脸部颜值预测（Facial Beauty Prediction，FBP）是一个多泛型计算问题，并且创新性地提出了一种多样化基准数据库SCUT－FBP5500，以实现多泛式脸部颜值预测；SCUT－FBP5500共有5500张具有不同属性和标签的前端数据集；不同的FBP示例采用不同的回归模型，相关学者利用预测值与特征值这两种变量进行不同组合，再结合深度学习方法对FBP数据集进行评估，结果表明SCUT－FBP5500数据集具有潜在应用性。

本章应用SCUT－FBP5500数据集的一部分作为训练集（Training

Set），让计算机学习每种脸部特征所对应的颜值分数，再选取一部分作为验证集（Testing Set），利用各算法模型预测验证集并不断改进模型精准性。选取最优模型相对应的参数来调整先前的训练集，从而得到最优模型以及颜值得分。

接着，选取 240 名高校学生作为分析集（Analysis Set）被试对象，每位被试提交一张正面免冠电子版照片（见图 12－4），像素为 413×295，分辨率为 300dpi。其中 133 位被试者填写了颜值与购物偏好的调查问卷，用以测度主观对服装款式、颜色和自己容貌颜值的认知。运用 SPSS 22.0 对量表进行分析。Cronbach's alpha 值为 0.771，说明问卷具有良好的信度，适合做因子分析。KMO 值为 0.731，Bartlett 球体检验卡方统计值的显著性概率为 0.000，表明问卷数据具有相关性。通过以上对初始问卷的分析可知，该问卷具有较高的信度和效度，可用于正式调查。

图 12－4　分析集实验数据示例

12.4.3 结果分析

利用SPSS软件对消费者颜值和购物偏好模型进行验证性因子分析及各因子间相关性分析。

12.4.3.1 消费者颜值与购物偏好的验证性因子分析

通过碎石图的节点情况进行分析，在特征值接近1的节点为6，说明提取的公共因子应该为6个左右，见图12－5。

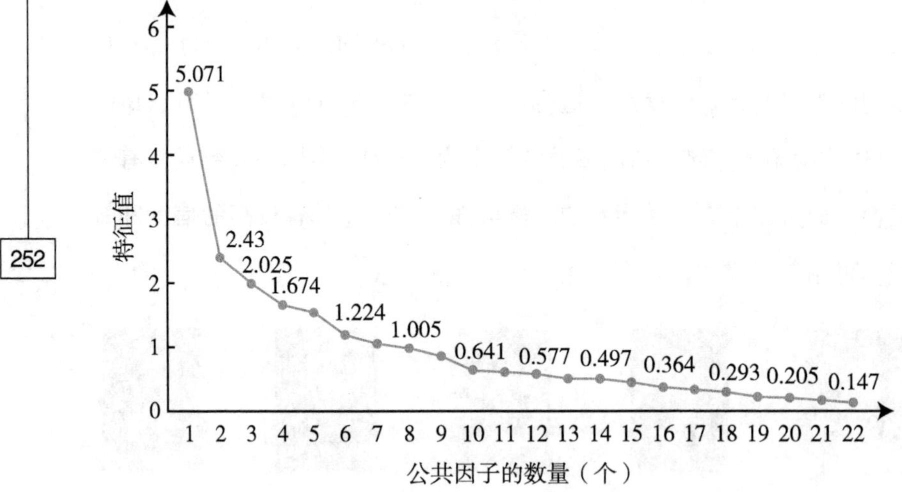

图12－5 碎石图

首先，通过主成分分析法和最大方差旋转法对各个因子进行成分提取（见表12－2），可以看到大致分为6个公共因子并且每个题项所被提取的载荷值均在0.5以上，说明提取的载荷值情况良好，即题项的因子载荷比较好。其次，根据每个公共因子所包含内容，可以将公共因子1命名为“主观颜值”，公共因子2命名为“时尚款式”，公共因子3命名为“样式注重度”，公共因子4命名为“偏好有彩色”，公共因子5命名为“无彩色＆简约基础款”，公共因子6命名为“是否偏好中性款”。

表12-2 因子分析

指标	因子载荷系数					
	因子1	因子2	因子3	因子4	因子5	因子6
主观颜值	0.625	-0.004	0.177	0.095	0.058	-0.062
曾有人夸过您漂亮/帅气	0.734	0.21	0.222	-0.027	0.079	0.057
您对自身颜值满意度较高	0.905	0.07	0.021	0.059	-0.032	-0.047
你对自身颜值很有自信	0.836	0.19	0.004	0.067	-0.096	0.01
您的穿衣风格比较偏向时尚	0.37	0.498	0.375	0.169	0.045	-0.009
比起能穿就好，您更注重衣服样式	0.196	0.263	0.635	0.119	-0.056	-0.082
比起衣服的质量，您更注重衣服的样式	0.034	0.154	0.853	0.083	-0.103	-0.075
比起穿起来舒适的，您更喜欢时尚的衣服	0.169	0.079	0.852	0.008	-0.07	0.121
您购买衣服会偏向暖色系（黄、橙、红等）	0.043	0.127	0.074	0.878	-0.003	0.153
您购买衣服会偏向冷色系（淡紫、浅绿、乳白等）	0.191	-0.022	0.107	0.622	0.155	0.111
您购买衣服会偏向中性色（黑、白、灰等）	0.207	-0.109	-0.064	-0.181	0.617	0.208
您的衣服都紧跟流行趋势	0.081	0.562	0.405	0.273	-0.109	-0.129
您喜欢有设计感的衣服	0.091	0.778	-0.038	-0.025	0.045	-0.01
您不太偏爱颜色鲜亮的衣服	0.018	-0.107	-0.051	-0.883	0.117	-0.078
您偏爱高冷款式，特立独行	0.128	0.593	0.179	-0.169	0.042	0.181
您喜欢男女混穿的服装款式	-0.027	0.248	0.032	0.163	-0.017	0.847
您喜欢男女性差较为明显的款式	0.061	0.035	0.078	-0.169	0.115	-0.872
您喜欢简约大方的服装款式	0.066	0.261	-0.136	0.134	0.677	-0.043

续表

指标	因子载荷系数					
	因子1	因子2	因子3	因子4	因子5	因子6
您比较关注新潮的街拍款式	0.056	0.719	0.136	0.234	-0.104	0.062
您追求炫酷的款式	0.131	0.533	0.344	0.135	-0.092	0.302
您不太喜欢款式暴露的服装	-0.168	-0.15	0.149	0.006	0.675	-0.113
您偏爱大众基础款式	-0.038	-0.041	-0.196	0.036	0.683	-0.146
特征根值（旋转前）	5.071	2.43	2.025	1.674	1.578	1.224
方差解释率(%)(旋转前)	23.050	11.044	9.205	7.608	7.173	5.563
累积方差解释率(%)(旋转前)	23.050	34.094	43.299	50.908	58.080	63.643
特征根值(旋转后)	2.823	2.701	2.523	2.288	1.887	1.779
方差解释率(%)(旋转后)	12.833	12.278	11.467	10.401	8.578	8.086
累积方差解释率(%)(旋转后)	12.833	25.111	36.579	46.980	55.558	63.643
KMO值	0.711	—	—	—	—	—

12.4.3.2 消费者颜值与购物偏好的相关性分析

利用SPSS软件对数据进行处理，得到了消费者颜值与购物偏好各维度的相关关系（见表12-3）。

表12-3 各假设与客观颜值的相关性分析

项目		偏好时尚款式	样式关注度	偏好有彩色的服装	无彩色和简约基础款	是否偏好中性款	时尚型服装风格
颜值	皮尔逊相关性	0.381**	0.299**	0.175*	-0.025	0.086	0.381*
	个案数	133	133	133	133	133	133

注：*表示置信度为90%，**表示置信度为95%，***表示置信度为99%。

①除消费者颜值与购物偏好“无彩色和简约基础款”及与偏好“中性款”相关系数分别为-0.025及0.086（相关系数接近于0），

呈无相关性之外，消费者颜值与购物偏好的其他各维度均显著正相关。这可能是由于实验数据收集到的照片大多是经过修图、美化、美妆的证件照，产生了样本上的偏差，最终导致相关性分析不显著。

②消费者颜值与其购物偏好之间存在一定相关性，颜值越高的人，在购买服装时更倾向于偏时尚风格的服装，并且对服装的样式也更为在意。这是因为颜值消费者通常注重自我的印象管理，非常关注他人对自己的印象评价。为了展现自我个性，获得他人的关注，这类年轻消费者通过不断的颜值消费来提升自我的颜值，从而达到提升自我价值的目的。

12.4.3.3　主观颜值与客观颜值相关性分析

通过相关性分析，得出主观颜值与客观颜值之间呈显著相关，且相关系数为0.432（见表12-4）。说明实验中利用DCNN得到的颜值打分，与个人主观上对自己颜值的认知较一致。进而，未来电商企业可利用基于深度卷积神经网络的颜值估计算法，动态、实时、精准地洞察消费者在购物、交友等生活方面的兴趣偏好，从而做出精准的营销策略。

表12-4　主观颜值与客观颜值相关性分析

项目		主观颜值	客观颜值分数
主观颜值	皮尔逊相关性	1	0.432**
	个案数	133	133
客观颜值分数	皮尔逊相关性	0.432**	1
	个案数	133	133

注：* 表示置信度为90%，** 表示置信度为95%，*** 表示置信度为99%。

12.5　本章小结

从社会发展趋势来看，人脸颜值越发影响个人生活，故设计一个自动化的颜值估计算法显得尤其重要。本章采用深度学习方法对人脸颜值估计算法进行研究，利用 DCNN 进行多尺度特征提取和多层次特征分类计算，科学、客观地给出人脸颜值的描述。由于调研所用的照片源于学生的证件照，存在美化、修图以及像素质量等问题。这一定程度上导致通过深度学习的颜值估计算法程序获得的客观颜值分数，与自身认知的主观颜值分数相关性不高。

人脸颜值研究仍处于发展阶段，而 DCNN 提取图像特征的能力近年来才兴起，因此基于深度学习的人脸颜值估计算法研究仍面临许多挑战。未来的研究工作将进一步对深度学习特征进行研究及分析，通过改进卷积神经网络结构和优化 softmax 损失函数，使网络所得特征更加满足线性子空间约束。并且采用更多的实验数据集，细化颜值分类，从而使人脸颜值估计算法更加精确。

第 13 章　结论与展望

13.1　研究结论

本书第 3 章基于已有的渠道差异化竞争和供应链协调文献，研究了具有需求不确定性和短生命周期销售特性的易逝品供应链，构建了以 CVaR 为风险测度标准的零售商决策目标函数，给出了单销售期下该供应链中风险规避零售商与风险中性制造商之间的订货决策与协调问题，制造商为了避免双重边际效应和激励零售商增加订货，给予零售商销售期末每单位未售出产品以价格补贴的政策。研究结果表明，价格补贴策略下风险规避零售商的最优订货量关于风险规避值单调递减，关于批发价单调递增：零售商的风险规避 η 值会对零售商条件风险值产生先负向后正向的影响：对任意固定的批发价 w，当一定条件成立时，制造商愿意单方面提高价格补贴值。研究还表明，考虑制造商与零售商双方对风险规避程度有信息不对称的情形下，零售商为了提高自身利益，有虚报高自身风险规避值的动机。但零售商虚假地报低自身风险规避值会带来利益损失。本章的最后，以数值分析的方式探讨了各参数对供应链系统运作效率的影响程度。

第 4、第 5、第 6 章在修正基础模型的基础上，主要探讨了供应链多渠道间基于产品差异化的竞争策略与合作模式。考虑以标准产品、替代性产品和定制化产品来差异化的多渠道对渠道协调的影响，研究了存在转移支付的横向合作模式下的渠道间合作机制，并通过数值试验进行了验证。其中，第 4 章研究了基于价格竞争的双渠道供应链模型，模型中制造商分别通过传统零售渠道和网络直销渠道销售替代性产品，考虑到制造商在市场上的领导地位，制造商与传统零售商之间采用斯塔克伯格博弈竞争策略，探讨了拥有双渠道供应链的制造商分别采取利润整合和利润分割战略时供应链各参与方的定价策略，分析了需求函数参数变化对供应链上决策者定价决策的影响。算例分析表明，制造商采取利润整合战略有利于提高其所在供应链的利润，采取利润分割战略能够激励传统零售商维持原有的分销渠道。第 5 章和第 6 章分别基于横向定制和纵向定制策略，以强势制造商和传统零售商组成的单一传统零售渠道为基础，建立了标准产品的基础需求模型，分析了不同参数影响情形下的供应链均衡决策，在单一传统零售渠道模型基础上拓展到提供定制化产品的多渠道 Hotelling 需求模型，给出了供应链分散决策下斯塔克伯格博弈的均衡决策，证明了制造商渠道选择以及开展定制化竞争策略的条件。如果制造商向零售商提供一定的转移支付，能够得到双方利润帕累托改进的条件。

第 7 章从消费者低碳偏好角度分析协调机制优化供应商产能决策的问题，构建集中决策和分散决策两种情形下的低碳供应链成员决策模型，比较分析两种情形下最优产能准备量。设计两种协调机制扩大供应商产能准备量，一种是预订合同，零售商在供应商产能确定前确定承诺订购量 m；另一种是成本分摊合同，与供应商共同承担单位产能准备成本 C_p，在考虑供应商自愿履行合同机制情况下，研究成本分摊系数 ζ 以及承诺订购量 m 对最优供应商产能准备量 K、低碳产品营销努力水平 r 和低碳供应链利润的影响，比较两种合同对于供应商产能投资的激励效果，实现供应链系统的协调。

第 8 章从动态角度出发，运用线性控制理论构建二级库存系统控制模型，引入区块链技术影响下的校正因子，设计二级库存系统控制模型的系统结构图，利用传递函数、时域响应分析方法、频域响应曲线和白噪声放大曲线分析比较顾客固定需求和随机需求信号输入下区块链技术对控制系统的动态响应特性。量化区块链技术对供应链系统中牛鞭效应的影响，描述了不同需求下订单量和库存的动态响应，探究了区块链技术影响下的信息校正因子对牛鞭效应的抑制作用。

第 9 章生鲜农产品易腐、易变质等特点，使其生命周期短、不易保存，仓储及物流运输过程中损失巨大。而生产过程的季节性、区域性，以及市场需求的波动增加了电子零售渠道仓储配送的困难。生鲜农产品电商要真正发展起来，需要满足“鲜”的要求，即生鲜农产品从采摘到直达消费者手中，必须保证零库存状态，所以一般消费性产品或耐用品的仓储配送管理难以适应生鲜农产品电商化的发展。通过总结生鲜农产品仓储配送管理现状，并根据现今生鲜农产品电商运营模式，提出了围绕中心城市的区域型生鲜农产品仓储配送模式，从而完善生鲜农产品供应链，实现生鲜农产品电商零售化。

第 10 章选取时变价格产品作为研究对象，按照由浅入深、逐级推进的思路，选取三种不同的市场运作环境（整合型、批发策略下、退货策略下的供应链），对供应链上供应商和销售商企业的订货决策行为进行建模分析，并证明供应链成员期望利润函数对订货量的凹性，给出了系统绩效整体最优的必要条件。以优化整体供应链系统为目标，考察如何使供销双方获得最大的期望利润。以单供应商和单销售商组成的分散式决策系统为例，设计了适宜参数下的最优退货策略来协调供应商与销售商双方的利润分配，使供应链绩效实现最大化。运用 MATLAB 应用软件的数学分析、画图功能对这三种供应链协调策略下的模型进行了算例分析。通过对三种模型最优订货量和供应链期望利润的横向比较，得出了一些便于时变价格产品企业管理者决策的结论。研究表明，适宜退货比例系数下的退货契约可以确保分散式系统的供应链协调，且具有协调利润可任意分割的特点。

第 11 章针对电商背景下双渠道供应链中产能不足的问题，通过报童模型进行建模、MATLAB 应用软件进行数值仿真，使用博弈论、最优化理论、共享经济理论等方法，阐述了双渠道供应链中产能分配和订货的问题。使用产能共享的方法来解决产能不足的问题，分别讨论了集中式决策与分散式决策下的订货策略，并进一步研究了应急情况下的双渠道供应链，得到了集中式决策下供应链的利润和零售商的订购量均比分散式决策时要大，只有当零售商缺货损失的变化超过一定幅度时，才有必要对原生产计划进行适当调整来协调双渠道供应链。对以往供应链产能分配策略的研究进行拓展与完善，并进一步考虑供应链面临突发事件时的情况，具有现实指导和借鉴意义。

第 12 章围绕面部特征提取方法，提出基于深度卷积神经网络的颜值估计算法，并以梁玲玉、罗洛林等（2018）提出的 SCUT - FBP5500 作为此模型算法的多样化基准数据库。首先，对人脸图像进行预处理(检测、对齐、归一化等)；其次，利用 DCNN 提取图像脸部特征，标记脸部图像，并测试脸部图像的深度学习图像，将网络参数限制在有利于进一步学习的区域并防止深层网络降至局部最小值；再次，在初始化深层网络后，利用标记的人脸图像特征作为深度网络的输入再次训练；最后，在面部的特征训练结束后，提取图像，并使用回归分析算法评估消费者客观颜值，构建消费者颜值与偏好相关性模型。为充分发挥卷积神经网络提取特征的能力，提出适合优化的人脸识别损失函数。

13.2　后续研究展望

随着移动互联网时代的日新月异，越来越多的高端人士与年轻人除了用电脑进行网购之外，以手机网购为主要形式的移动商务渠道渐渐成了必不可少的新型网购渠道，它提供了一种全新的购物体验方式；并且随着移动支付技术的进一步成熟，移动电商的市场前景变得越来越广阔，移动电商渠道势必会对传统零售渠道、网络直销渠道带来冲击。因而，未来有必要研究基于移动电商渠道的定制产品多渠道分销与协调问题，探讨新型移动电商渠道对定制产品定价和市场份额的影响，寻找缓解渠道冲突的协调策略。

此外，本书研究的问题都是以制造商为主导的供应链系统，该系统中制造商议价能力及规模都显著高于其零售商，因此零售商向上游订货时呈现风险规避的特性。而像国美、苏宁这类大型零售商，它们作为传统零售商，自建供应链运营平台，具备了线上、线下双向服务的功能，拥有了全国零售、物流、服务网络优势。他们所售产品的制造商其议价能力及规模相对较小，显现出制造商具有风险规避而零售商具有风险中性的特性。对以大型零售商为主导的供应链的协调机制有待进一步深入研究。与此同时，供应链实践中，订货决策与契约设计问题往往是多期的，在多期情况下制造商对价格补贴的定价及其相应的协调机制，也是进一步研究的方向。

参考文献

[1] 陈长彬，陈功玉. 理性看待电子商务环境下企业供应链管理[J]. 商业研究，2002，253（17）：122－124.

[2] 孟晓明. 电子商务供应链管理与传统供应链管理的比较[J]. 中国管理信息化，2006，9（3）：53－56.

[3] 宋华. 电子商务环境下的供应链管理变革[J]. 商业经济与管理，2003，146（12）：4－7.

[4] 冯耕中. 现代物流与供应链管理[M]. 西安：西安交通大学出版社，2003.

[5] 庄品，王宁生. 供应链协调机制研究[J]. 工业技术经济，2004，23（3）：71－73.

[6] MALONE T W. Modeling coordination in organization and markets [J]. Management Science，1987，33（10）：1317－1332.

[7] HEWITT F. Supply chain redesign [J]. The International Journal of Logistics Management，1994，5（2）：1－9.

[8] ROMAMO P. Coordination and integration mechanisms to manage logistics processes across supply networks [J]. Journal of Purchasing and Supply Management，2003，9（3）：119－134.

[9] SIMATUPANG T M，WRIGHT A C，SRIDHARAN R. The knowledge of coordination for supply chain integration [J]. Business Process Management，2002，8（3）：289－308.

[10] CROCK K J. Vertical integration and the strategic use of private information [J]. The Bell Journal of Economics, 1983, 411 (14): 236 - 248.

[11] BLAIR B F, LEWIS T R. Optimal retail contracts with asymmetric information and moral hazard [J]. The Rand Journal of Economics, 1994, 25 (2): 284 - 296.

[12] ROMANO R E. Double moral bazard and resale price maintenance [J]. The Rand Journal of Economics, 1994, 25 (3): 455 - 466.

[13] JEULAND A P, SHUGAN S M. Management channel profits [J]. Marketing Science, 1983, 2 (3): 239 - 272.

[14] LAL R, STAELIN R. An approach for developing an optimal discount pricing policy [J]. Management Science, 1984, 30 (12): 1524 - 1539.

[15] PASTERNACK B A. Optimal pricing and return policies for perishable commodities [J]. Marketing Science, 1985, 4 (2): 166 - 176.

[16] LAL R. Improving channel coordination through franchising [J]. Marketing Science, 1990, 9 (4): 299 - 318.

[17] WENG Z K. Channel coordination and quantity discounts [J]. Management Science, 1995, 41 (9): 1509 - 1522.

[18] BALASUBRAMANIAN S. Mail versus mall: a strategic analysis of competition between direct marketers and conventional retailers [J]. Marketing Science, 1998, 17 (3): 181 - 195.

[19] LAL R, SARVARY M. When and how is the internet likely to decrease price competition? [J]. Marketing Science, 1999, 18 (4): 485 - 503.

[20] CHIANG W K, CHHAJED D, HESS J D. Direct marketing, indi-

rect profits: a strategic analysis of dual – channel supply – chain design [J]. Management Science, 2003, 49 (1): 1 –20.

[21] PARK S Y, KEH H T. Modeling hybrid distribution channel: a game theoretical analysis [J]. Journal Retailing and Consumer Service, 2003, 10 (2): 155 –167.

[22] CATTANI K, GILLAND W, HEESE H S. Boiling frogs: pricing strategies for a manufacturer adding a direct channel that competes with the traditional channel [J]. Production and Operations Management, 2006, 15 (1): 40 –56.

[23] LIU Y, ZHANG Z J. Research note – the benefits of personalized pricing in a channel [J]. Marketing Science, 2006, 25 (1): 97 –105.

[24] KURATA H, YAO D Q, LIU J J. Pricing policies under direct vs. Indirect channel competition and national vs. Store brand competition [J]. European Journal of Operational Research, 2007, 180 (1): 262 –281.

[25] ARYA A, MITTENDORF B, SAPPINGTON DEM. The bright side of supplier encroachment [J]. Marketing Science, 2007, 26 (5): 651 –659.

[26] ARYA A, MITTENDORF B, YOON D H. Friction in related – party trade when a rival is also a customer [J]. Management Science, 2008, 54 (11): 1850 –1860.

[27] CAI G, ZHANG Z G, ZHANG M. Game theoretical perspectives on dual – channel supply chain competition with price discounts and pricing schemes [J]. International Journal of Production Economics, 2009, 117 (1): 80 –96.

[28] XIAO T J, CHOI T M. Purchasing choices and channel structure

strategies for a two - echelon system with risk - averse players [J]. International Journal of Production Economics, 2009, 120 (1): 54 - 65.

[29] RHEE B, PARK S Y. Online stores as a new direct channel and emerging hybrid channel system [R]. Working Paper, HKUST, 2000.

[30] TSAY A A, AGRAWAL N. Channel conflict and coordination in the e - commerce age [J]. Production and Operation Management, 2004b, 13 (1): 93 - 110.

[31] YAO D Q, LIU J J. Competitive pricing of mixed retail and e - tail distribution channels [J]. Omega, 2005, 33 (3): 235 - 247.

[32] YAN R, PEI Z. Retail services and firm profit in a dual - channel market [J]. Journal of Retailing and Consumer Services, 2009, 16 (4): 306 - 314.

[33] BERNSTEIN F, SONG J S, ZHENG X. Free riding in a multi - channel supply chain [J]. Naval Research Logistics, 2009, 56 (8): 745 - 765.

[34] YAO D Q, YUE X, LIU J. Vertical cost information sharing in a supply chain with value - adding retailers [J]. Omega, 2005, 33 (3): 235 - 247.

[35] MUKHOPADHYAY S K, YAO D Q, YUE X. Information sharing of value - adding retailer in a mixed channel hi - tech supply chain [J]. Journal of Business Research, 2008, 61 (9): 950 - 958.

[36] AGGARWAL P K, MOINZADEH K. Order expedition in multi - echelon production/distribution systems [J]. IIE Transactions, 1994, 26 (2): 86 - 96.

[37] GRAHOVAC J, CHAKRAVARTY A. Sharing and lateral transshipment of inventory in a supply chain with expensive low – demand items [J]. Management Science, 2001, 47 (4): 580 – 595.

[38] CHIANG W K, MONAHAN G E. Managing inventory in a two – echelon dual – channel supply chain [J]. European Journal of Operational Research, 2005, 162 (2): 325 – 341.

[39] AXSATER S, OLSSON F, TYDESJO P. Heuristics for handling direct upstream demand in two – echelon distribution inventory systems [J]. International Journal of Production Economics, 2007, 108 (1 – 2): 266 – 270.

[40] ZHAO H, CAO Y. The role of e – tailor inventory policy on e – tailer pricing and profitability [J]. Journal of Retailing, 2004, 80 (3): 207 – 219.

[41] BOYACI T. Competitive stocking and coordination in a multiple – channel distribution system [J]. IIE Transactions, 2005, 37 (5): 407 – 427.

[42] 夏海洋，黄培清. 混合分销渠道结构下短生命周期产品供应链库存策略分析 [J]. 中国管理科学，2007，15 (2)：70 – 75.

[43] 许传永，梁樑，苟清龙. 一类两层双渠道供应链的库存系统优化与协调 [J]. 预测，2009，28 (4)：66 – 70.

[44] SEIFERTA R W, THONEMANNB U W, SIEKE M A. Integrating direct and indirect sales channels under decentralized decision – making [J]. International Journal of Production Economics, 2006, 103 (1): 209 – 229.

[45] 王小龙，刘丽文. 竞争型双渠道供应链协调问题研究 [J]. 系统工程学报，2009，24 (4)：430 – 437.

[46] YANO C A, GILBERT S M. Coordinated pricing and production/procurement decisions: a review [M]. Managing Business Interfaces, 2005: 65 - 103.

[47] ELMAGHRABY W, KESKINOCAK P. Dynamic pricing in the presence of inventory considerations: research overview, current practices and future directions [J]. Management Science, 2003, 49 (10): 1287 - 1309.

[48] CHEN H, WU O Q, YAO D. Optimal pricing and replenishment in a single - product inventory system [R]. Technical Report, 2004, IEOR Columbia.

[49] WU O Q, CHEN H. Optimal control and equilibrium behavior of production - inventory systems [J]. Management Science, 2010, 56 (8): 1362 - 1379.

[50] TAYLOR T A. Supply chain coordination under channel rebates with sales effort effects [J]. Management Science, 2002, 48 (8): 992 - 1007.

[51] KRISHNAN H, KAPUSCINSKI R, BUTZ D A. Coordination contracts for decentralized supply chain with retailer promotional effort [J]. Management Science, 2004, 50 (1): 48 - 63.

[52] WANG Y, OERCHAK Y. Supply chain coordination when demand is shelf - space dependent [J]. Manufacturing and Service Operation Management, 2001, 58 (3): 82 - 87.

[53] LI S X, HUANG Z, ZHU J, et al.. Cooperative advertising, game theory and manufacturer - retailer supply chains [J]. Omega, 2002, 30 (5): 347 - 357.

[54] NETESSINE S, RUDI N. Supply chain structures on the internet and the role of marketing operations interaction [M] //Handbook of quantitative supply chain analysis: modeling in the ebusiness era. SIMCHI – LEVI D, WU S D, SHEN M, Eds. Kluwer, 2004.

[55] 张菊亮，陈剑. 销售商的努力影响需求变化的供应链的合约 [J]. 中国管理科学，2004，12 (4)：50 – 56.

[56] YAN R. Pricing, Advertising and direct retailing on the internet [D]. Milwaukee: The University of Wisconsin – Milwaukee, 2006.

[57] 曲道钢，郭亚军. 分销商需求与其努力相关时混合渠道供应链协调研究 [J]. 中国管理科学，2008，16 (3)：89 – 94.

[58] 陈树桢，熊中楷，梁喜. 补偿激励下双渠道供应链协调的合同设计 [J]. 中国管理科学，2009，17 (1)：64 – 75.

[59] CHEN F Y, CHEN J, XIAO Y B. Optimal control of selling channels for an online retailer with cost – per – click payments and seasonal products [J]. Production and Operations Management, 2007, 16 (3): 292 – 305.

[60] XIAO Y B, CHEN F Y, CHEN J. Optimal inventory and dynamic admission policies for a retailer of seasonal products with affiliate programs and drop – shipping [J]. Naval Research Logistics, 2009, 56 (4): 300 – 317.

[61] ROHM A J, SWAMINATHAN V A. Typology of online shoppers based on shopping motivations [J]. Journal of Business Research, 2004, 57 (7): 748 – 757.

[62] YAN R, PEI Z. Retail service and firm profit in a dual – channel market [J]. Journal of Retailing and Consumer Services, 2009, 16 (4): 306 – 314.

[63] HU W, LI Y. Retail service for mixed retail and e - tail channels [J]. Annals of Operations Research, 2012, 192 (1): 151 - 171.

[64] KUMAR N, RUAN R. On manufacturers complementing the traditional retail channel with a direct online channel [J]. Quantitative Marketing and Economics, 2006, 4 (3): 289 - 323.

[65] CHIANG W K. Product availability in competitive and cooperative dual - channel distribution with stock - out based substitution [J]. European Journal of Operational Research, 2010, 200 (1): 111 - 126.

[66] BALIGH H H, RICHARTZ L E. An analysis of vertical market structures [J]. Management Science, 1964, 10 (4): 667 - 689.

[67] BLUMENFIELD D E, BURNS L D, DILTZ J D, et al. . Analyzing tradeoffs between transportation, production and inventory costs on freight networks [J]. Transportation Research, 1985, 19 (5): 361 - 380.

[68] JAIKUMAR R, RANGAN V K. Price discounting in multi - echelon distribution systems [J]. Engineering Costs and Production Economics, 1990, 19 (1 - 3): 341 - 349.

[69] RANGAN V K, JAIKUMAR R. Integrating distribution strategy and tactics: a model and an application [J]. Management Science, 1991, 37 (11): 1377 - 1389.

[70] COHEN M A, AGRAWAL N, AGRAWAL V, et al. . Analysis of distribution strategies in the industrial paper and plastics industry [J]. Operations Research, 1995, 43 (1): 6 - 18.

[71] RHEE B. A hybrid channel system in competition with net - only di-

rect marketers [R]. Working Paper, 2001, HKUST.

[72] CHIANG W K, MONAHAN G E. Managing inventories in a two - echelon dual - channel supply chain [J]. European Journal of Operational Research, 2005, 162 (2): 325 -341.

[73] BELL D R, WANG Y, PADMANABHAN V. An explanation for partial forward integration: why manufacturers become marketers [R]. Working Paper, The Wharton School, University of Pennsylvania, 2002.

[74] WANG Y, BELL D R, PADMANABHAN V. Manufacturer - owned retail stores [J]. Marketing Letters, 2009, 20 (2): 107 -124.

[75] CAI G. Channel selection and coordination in dual - channel supply chains [J]. Journal of Retailing, 2010, 86 (1): 22 -36.

[76] GULATI R, GARINO J. Get the right mix of bricks & clicks [J]. Harvard Business Review, 2000, 78 (3): 107 -114.

[77] ZETTELMEYER F. Expanding to the internet: pricing and communications strategies when firms compete on multiple channels [J]. Journal of Marketing Research, 2000, 37 (3): 292 -308.

[78] PAUWELS K, LEEFLANG PS H, TEERLING M L, et al.. Does online information drive offline revenues: only for specific products and consumer segments! [J]. Journal of Retailing, 2011, 87 (1): 1 -17.

[79] BERNSTEIN F, SONG J, ZHENG X. Bricks - and - mortar vs. clicks - and - mortar: an equilibrium analysis [J]. European Journal of Operational Research, 2008, 187 (3): 671 -690.

[80] OFEK E, KATONA Z, SARVARY M. "Bricks and clicks": the impact of product returns on the strategies of multichannel retailers

[J]. Marketing Science, 2011, 30 (1): 42 - 60.

[81] DEWAN R, JING B, SEIDMANN A. Adoption of internet - based product customization and pricing strategies [J]. Journal of Management Information Systems, 2000, 17 (2): 9 - 28.

[82] DEWAN R, JING B, SEIDMANN A. Product customization and price competition on the internet [J]. Management Science, 2003, 49 (8): 1055 - 1070.

[83] SYAM B, RUAN R, HESS J D. Customized products: a competitive analysis [J]. Marketing Science, 2005, 24 (4): 569 - 584.

[84] SYAM N B, KUMAR N. On customized goods, standard goods and competition [J]. Marketing Science, 2006, 25 (5): 525 - 537.

[85] ALPTEKINÕGLU A, CORBETT C J. Mass customization vs. Mass production: variety and price competition [J]. Manufacturing & Service Operations Management, 2004, 10 (2): 204 - 217.

[86] MENDELSON H, PARLAKTURK A K. Product - line competition customization vs. Proliferation [J]. Management Science, 2008, 54 (12): 2039 - 2053.

[87] DRAGANSKA M, JAIN D C. Consumer preferences and product - line pricing strategies: an empirical analysis [J]. Marketing Science, 2006, 25 (2): 164 - 174.

[88] XIA N, RAJAGOPALAN S. Standard vs. custom products: variety, lead time and price competition [J]. Marketing Science, 2009, 28 (5): 887 - 900.

[89] MENDELSON H, PARLAKTURK A K. Competitive customization [J]. Manufacturing & Service Operations Management, 2008, 10 (3): 377 - 390.

[90] ALPTEKINOĞLU A, CORBETT C J. Leadtime – variety tradeoff in product differentiation [J]. Manufacturing & Service Operations Management, 2010, 12 (4): 569 – 582.

[91] CATTANI K D, DAHAN E, SCHMIDT G M. Lowest cost may not lower total cost: using "spackling" to smooth mass – customized production [J]. Production and Operations Management, 2010, 19 (5): 531 – 545.

[92] JIANG K, LEE H L, SEIFERT R W. Satisfying customer preferences via mass customization and mass production [J]. IIE Transactions, 2006, 38 (1): 25 – 38.

[93] KOTHA S. Mass customization: implementing the emerging paradigm for competitive advantage [J]. Strategic Management Journal, 1995, 16 (S1): 21 – 42.

[94] SALOP S. Monopolistic competition with outside goods [J]. The Bell Journal of Economics, 1979, 10 (1): 141 – 156.

[95] HEESE H S, SWAMINATHAN J M. Product line design with component commonality and design investments [J]. Manufacturing & Service Operations Management, 2006, 8 (2): 206 – 219.

[96] CHEN X, SIM M, SIMCHI – LEVI D, et al.. Risk aversion in inventory management [J]. Operations Research, 2007, 55 (5): 828 – 842.

[97] TSAY A A. Managing retailer channel overstock: markdown money and return policies [J]. Journal of Retailing, 2001, 77 (4): 457 – 492.

[98] TSAY A A. Risk sensitivity in distribution channel partnerships: implications for manufacturer return policies [J]. Journal of Retailing, 2002, 78 (2): 147 – 160.

[99] CHEN J. Returns with wholesale - price - discount contract in a newsvendor problem [J]. International Journal of Production Economics, 2011, 130 (1): 104 - 111.

[100] GURNANIA H, SHARMAB A, GREWAL D. Optimal returns policy under demand uncertainty [J]. Journal of Retailing, 2010, 86 (2): 137 - 147.

[101] GOTOH J, TAKANO Y. Newsvendor solutions via conditional value - at - risk minimization [J]. European Journal of Operational Research, 2007, 179 (1): 80 - 96.

[102] CHEN F Y, XU M, ZHANG G. Technical note - a risk - averse newsvendor under the cvar decision criterion [J]. Operations Research, 2009, 57 (4): 1040 - 1044.

[103] CHIU C H, CHOI T M, LI X. Supply chain coordination with risk sensitive retailer under target sales rebate [J]. Automatica, 2011, 47 (8): 1617 - 1625.

[104] 熊恒庆，施和平. 零售商风险厌恶下的订货时机分析 [J]. 工业工程与管理，2011，16 (4): 21 - 27.

[105] EECKHOUDT L, GOLLIER C, SCHLESINGER H. The risk - averse (and prudent) newsboy [J]. Management Science, 1995, 41 (5): 786 - 794.

[106] AGRAWAL V, SESHADRI S. Impact of uncertainty and risk aversion on price and order quantity in the newsvendor problem [J]. Manufacturing and Service Operations Management, 2000, 2 (4): 410 - 423.

[107] MARTINEZ - DE - ALBÉNIZ V, SIMCHI - LEVI D. Mean - variance trade - offsin supply contracts [J]. Naval Research Logistics,

2003, 53 (7): 603 - 616.

[108] CHOI T M, CHIU C H. Mean - downside - riskand mean - variance newsvendor models: implications for sustainable fashion retailing [J]. International Journal of Production Economics, 2012, 135 (2): 552 - 560.

[109] ROCKAFELLAR R T, URYASEV S. Optimization of conditional value - at - risk [J]. The Journal of Risk, 2000, 2 (3): 21 - 41.

[110] ROCKAFELLAR R T, URYASEV S. Conditional value - at - risk for general loss distributions [J]. Journal of Banking and Finance, 2002, 26 (7): 1443 - 1471.

[111] 林强，叶飞，陈晓明. 随机弹性需求条件下基于 CVaR 与收益共享契约的供应链决策模型 [J]. 系统工程理论与实践, 2011, 31 (12): 2296 - 2307.

[112] CACHON G P. The allocation of inventory risk in a supply chain: push, pull and advance - purchase discount contracts [J]. Management Science, 2004, 50 (2): 222 - 238.

[113] DONG L, ZHU K. Two - wholesale - price contracts: push, pull and advance - purchase discount contracts [J]. Manufacturing & Service Operations Management, 2007, 9 (3): 291 - 311.

[114] NASH J F. The bargaining problem [J]. Econometrica, 1950, 18 (2): 155 - 162.

[115] FUDENBERG D, TIROLE J. Game theory [M]. Cambridge, MA: MIT Press, 1991.

[116] PALMER J. Gateway's gains [J]. Barron's Chicopee, 2002, 84 (48): 12 - 14.

[117] BRYNJOLFSSON E, SMITH M D. Frictionless commerce? a comparison of internet and conventional retalers [J]. Management Science, 2000, 46 (4): 563 -585.

[118] 肖剑，但斌，张旭梅，等. 双渠道供应链中制造商与零售商的服务合作定价策略 [J]. 系统工程理论与实践，2010，30 (12): 2204 -2205.

[119] HENDERSHOTT T, ZHANG J. A model of direct and intermediated sales [J]. Journal of Economics & Management Strategy, 2006, 15 (2): 279 -316.

[120] INGENE C A, PARRY M E. Coordination and manufacturer profit maximization: the multiple retailer channel [J]. Journal of Retailing, 1995, 71 (2): 129 -151.

[121] MCGUIRE T W, STAELIN R. An industry equilibrium analysis of downstream vertical integration [J]. Marketing Science, 1983, 2 (2): 161 -191.

[122] BANDY OPAD HYAYS, DIVAKAR S. Incorporating balance of power in channel decision structure theory and empirical application [J]. Journal of Retailing and Consumer Services, 1999, 6 (2): 79 -89.

[123] DAUGHETY A F. Beneficial concentration [J]. The American Economics Review, 1990, 80 (5): 1231 -1237.

[124] RAO U, SWAMINATHAN J, ZHANG J. Managing multi - product inventory systems with setup costs using downward conversion [J]. IIE Transactions, 2004, 36 (1): 59 -71.

[125] NETESSINE S, RUDI N. Centralized and competitive inventory models with demand substitution [J]. Operations Research, 2003,

51 (2): 329 - 335.

[126] 肖剑，但斌，张旭梅，等. 双渠道供应链电子渠道与零售商合作策略研究 [J]. 系统工程学报，2009，24 (6): 645 -674.

[127] 王虹，周晶. 竞争和风险规避对双渠道供应链决策的影响 [J]. 管理科学，2010，23 (1): 12 -15.

[128] 陈远高，刘南. 存在差异性产品的双渠道供应链协调研究 [J]. 管理工程学报，2011，25 (2): 241 -243.

[129] CHOI S C. Price competition in a duopoly common retailer channel [J]. Journal of Retailing，1996，72 (2): 117 -134.

[130] 晏妮娜，黄小原，刘兵，等. 电子市场环境中供应链双渠道主从对策模型 [J]. 中国管理科学，2007，15 (3): 99 -101.

[131] 阮本超. 汽车零部件零售商自有品牌对零售商制造商影响博弈分析 [D]. 西安：长安大学，2009.

[132] 陈云，王浣尘，沈惠璋. 互联网环境下双渠道零售商的定价策略研究 [J]. 管理工程学报，2008，22 (1): 34 -39.

[133] ZHU Q，COTE R P. Integrating green supply chain management into an embryonic eco - industrial development: a case study of the guit and group [J]. Journal of Cleaner Production，2004，12 (8 - 10): 1025 -1035.

[134] ZHOU Y J，BAO M J，CHEN X H，et al.. Co - op advertising and emission reduction cost sharing contracts and coordination in low - carbon supply chain based on fairness concerns [J]. Journal of Cleaner Production，2016，133 (10): 402 -413.

[135] JACOBS B W，SINGHAL V R，SUBRAMANIAN R. An empirical investigation of environmental performance and the market value of the firm [J]. Journal of Operations Management，2010，28 (5):

430 -441.

[136] CACHON G P. Supply chain design and the cost of green - house gas emissions [R]. Working Paper: The Wharton School, University of Pennsylvania, 2011.

[137] BENJAAFAR S, LI Y, DASKIN M. Carbon footprint and the management of supply chains: insights from simple models [J]. IEEE Transactions on Automation Science and Engineering, 2013, 10 (1): 99 -116.

[138] 李友东，赵道致，夏良杰. 低碳供应链纵向减排合作下的政府补贴策略 [J]. 运筹与管理，2014，23 (4)：141.

[139] 李友东，谢鑫鹏，营刚. 两种分成契约下供应链企业合作减排决策机制研究 [J]. 管理学，2016，24 (3)：61 -70.

[140] SWAMI S, SHAH J. Channel coordination in green supply chain management [J]. Journal of the Operational Research Society, 2013, 64 (3): 336 -351.

[141] XIA L J, HE L F. Game theoretic analysis of carbon emission reduction and sales promotion in dyadic supply chain in presence of consumers' lowearbon awareness [J]. Discrete Dynamics in Nature and Society, 2014 (2): 1 -13.

[142] 刘云龙，黄承锋，侯忠伟. 考虑消费者低碳偏好的双渠道供应链竞争策略研究 [J]. 重庆交通大学学报（自然科学版），2016，35 (6)：168 -170 +176.

[143] 刘名武，吴开兰，许茂增. 面向消费者低碳偏好的供应链减排成本分摊与协调 [J]. 工业工程与管理，2016，21 (4)：50 -57.

[144] 刘基良，刘名武，陈弘. 消费者低碳偏好下的组合产品供应链

定价策略［J］. 数学的实践与认识，2017，47（24）：57－66.

［145］CACHON G P，LARIVIERE M A. Contracting to assure supply：how to share demand forecasts in a supply chain［J］. Management Science，2001，47（5）：629－646.

［146］TOMLIN B. Capacity investments in supply chains：sharing the gain rather than sharing the pain［J］. Manufacturing and Service Operations Management，2003，5（4）：317－333.

［147］徐最，朱道立，朱文贵. 补偿契约模式下的供应链产能投资研究［J］. 科技导报，2007（7）：71－76.

［148］JIN M，WU D S. Capacity reservation contracts for high－tech industry［J］. European Journal of Operational Research，2007，176（3）：1659－1677.

［149］孔融，董明，刘少轩. 考虑产能投资分担的供应链契约协调研究［J］. 上海交通大学学报，2012，46（12）：1994－1998.

［150］石丹，李勇建. 不同激励机制下供应商产能投资问题研究［J］. 系统工程理论与实践，2015，35（1）：86－94.

［151］陈志松. 考虑产能与工艺约束的人造板绿色供应链协调机制分析［J］. 世界林业研究，2016，29（6）：85－90.

［152］YANG F，SHAN F F，JIN M Y. Capacity investment under cost sharing contracts［J］. International Journal of Production Economics，2017，191：278－285.

［153］鄢冬瑾，曾伟，王红卫. 风险厌恶下的重大工程供应商培育激励机制分析［J］. 系统工程学报，2017，32（3）：325－334.

［154］MENG C，HU B，SON Y J. Capacity reservation for a decentralized supply chain under resource competition：a game theoretic approach［C］//Proceedings of the Winter Simulation Conference

2014. IEEE, 2014: 2036 -2047.

[155] TANG Z. A study on capacity allocation scheme with seasonal demand [J]. International Joumnal of Production Research, 2015, 53 (15): 4538 -4552.

[156] BOULAKSIL Y, FRANSOO J C, TAN T. Capacity reservation and utilization for a manufacturer with uncertain capacity and demand [J]. OR Spectrum, 2017, 39 (3): 689 -709.

[157] GUO L, WU X. Capacity sharing between competitors [J]. Management Science, 2018, 64 (8): 3554 -3573.

[158] WU X, KOUVELIS P, MATSUO H. Horizontal capacity coordination for risk management and flexibility: pay ex ante or commit a fraction of ex post demand? [J]. Manufacturing & Service Operations Management, 2013, 15 (3): 458 -472.

[159] WU X, KOUVELIS P, MATSUO H, et al.. Horizontal coordinating contracts in the semiconductor industry [J]. European Journal of Operational Research, 2014, 37 (3): 887 -897.

[160] ROELS G, TANG C S. Win - win capacity allocation contracts in coproduction and codistribution alliances [J]. Management Science, 2017, 63 (3): 861 -881.

[161] LI Q Y, ZHOU J H. A horizontal capacity reservation game under asymmetric information [J]. International Journal of Production Research, 2018, 57 (4): 1 -16.

[162] 吴璐，郭强. 产能不对称情形下的竞争企业的共享合同选择 [J]. 工业工程与管理，2019，24 (5): 146 -153，169.

[163] 李翀，刘思峰，方志耕，等. 供应链网络系统的牛鞭效应时滞因素分析与库存控制策略研究 [J]. 中国管理科学，2013，21

(2): 107 - 113.

[164] 焦捷, 赵子倩, 张九陆, 等. 宜花: 鲜花、商业与科技的相遇 [J]. 清华管理评论, 2019 (5): 100 - 108.

[165] 李宁. 新型冠状病毒肺炎疫情应急供应链协同管理研究 [J]. 卫生经济研究, 2020, 37 (4): 7 - 9.

[166] BABICH V, HILARY G. Distributed ledgers and operations: what operations management researchers should know about blockchain technology [J]. Manufacturing & Service Operations Management, 2020, 22 (2): 223 - 240.

[167] PERBOLI G, MUSSO S, ROSANO M, et al.. Blockchain in logistics and supply chain: a lean approach for designing real - world use cases [J]. IEEE Access, 2018, 6 (1): 62018 - 62028.

[168] CHOI T M, WEN X, SUN X, et al.. The mean - variance approach for global supply chain risk analysis with air logistics in the blockchain technology era [J]. Transportation Research Part E: logistics and Transportation Review, 2019, 127: 178 - 191.

[169] COLE R, STEVENSON M, AITKEN J, et al.. Blockchain technology: implications for operations and supply chain management [J]. Supply Chain Management, 2019, 24 (4): 469 - 483.

[170] WAMBA S F, QUEIROZ M M. Blockchain in the operations and supply chain management: benefits, challenges and future research opportunities [R]. International Journal of Information Management, 2020.

[171] KSHETRI N. Blockchain's roles in meeting key supply chain management objectives [J]. International Journal of Information Management, 2018, 39 (4): 80 - 89.

[172] WANG Y, HAN J H, BEYNONDAVIES P, et al.. Understanding block chain technology for future supply chains: a systematic literature review and research agenda [J]. Supply Chain Management, 2019, 24 (1): 62-84.

[173] TIJAN E, AKSENTIJEVIC S, IVANIC K, et al.. Blockchain technology implementation in logistics [J]. Sustainability, 2019, 11 (4): 1185.

[174] KAMBLE S S, GUNASEKARAN A, ARHA H, et al.. Understanding the blockchain technology adoption in supply chains-indian context [J]. International Journal of Production Research, 2019, 57 (7): 2009-2033.

[175] 张钦，达庆利，沈厚才. 在ARIMA (0, 1, 1) 需求下的牛鞭效应与信息共享的评价 [J]. 中国管理科学, 2001, 9 (6): 2-7.

[176] 刘红，王平. 基于不同预测技术的供应链牛鞭效应分析 [J]. 系统工程理论与实践, 2007, 27 (7): 26-33.

[177] 代宏砚，周伟华，陈志康. 多级供应链中库存不准确性对牛鞭效应的影响 [J]. 管理工程学报, 2013, 27 (2): 195-201.

[178] DEJONCKHEERE J, DISNEY S M, LAMBRECHT M R, et al.. Measuring and avoiding the bullwhip effect: a control theoretic approach [J]. European Journal of Operational Research, 2003, 147 (3): 567-590.

[179] HOBERG K, BRADLEY J R, THONEMANN U W. Analyzing the effect of the inventory policy on order and inventory variability with linear control theory [J]. European Journal of Operational Research, 2007, 176 (3): 1620-1642.

[180] HOBERG K, THONEMANN U W. Modeling and analyzing information delays in supply chains using transfer functions [J]. International Journal of Production Economics, 2014, 156 (10): 132 - 145.

[181] 唐亮，靖可. H_ ∞鲁棒控制下动态供应链系统牛鞭效应优化 [J]. 系统工程理论与实践，2012，32 (1)：155 - 163.

[182] 李卓群，梁美婷. 不确定需求影响下动态供应链库存策略选择 [J]. 工业工程与管理，2018，23 (4)：23 - 29.

[183] HU Q. Bullwhip effect in a supply chain model with multiple delivery delays [J]. Operations Research Letters, 2019, 47 (1): 36 - 40.

[184] 赵川，揭海华，王珏，等. 基于反馈控制的牛鞭效应自补偿对多级库存系统的影响 [J]. 系统工程理论与实践，2018，38 (7)：1750 - 1758.

[185] DEJONCKHEERE J, DISNEY S M, LAMBRECHT M R, et al.. The impact of information enrichment on the bullwhip effect in supply chains: a control engineering perspective [J]. European Journal of Operational Research, 2004, 153 (3): 727 - 750.

[186] 胡寿松. 自动控制原理（第四版）[M]. 北京：科学出版社，2001.

[187] 彭海容. 尼尔森发布《中国生鲜电商行业发展白皮书》[J]. 中国食品，2015 (23)：94 - 96.

[188] LUGOSI L, BATTERSBY A. Transport and storage of vaccines in hungary [J]. Bulletin of the World Health Oganization, 1990, 68 (4): 431 - 437.

[189] JAMES C, EVANS J A. Effects of freezing and packing methods on

shrinkage of ham in frozen storage [J]. Journal of Food Science, 1973, 38 (2).

[190] ARAMYAN L H, LANSINK A, VAN DER VORST J G, et al.. Performance measurement in agri-food supply chains: a case study [J]. Supply Chain Management, 2007, 12 (4): 304-315.

[191] GARCIA R A. Research on synergetic management system for cloud service of agri-product logistics [J]. Food Control, 2010, 21 (2): 112-121.

[192] JIANG M L, SHU H. A model and prototype implementation for tracing agricultural batch products along the food chain [J]. Food Control, 2010, 21 (2): 112-121.

[193] 胡冰川. 生鲜农产品电子商务发展与趋势分析 [J]. 农村金融研究, 2013 (8): 15-18.

[194] 吴传淑. 国外生鲜电商发展模式探析 [J]. 世界农业, 2015 (5): 136-138, 150.

[195] 洪涛. O2O 创新呈现本地化和社交化趋势 [N]. 中国商报, 2015-01-21 (06).

[196] 王艳玮, 王拖拖, 常莹莹. 生鲜农产品网上超市物流配送模式选择研究 [J]. 经济与管理, 2013, 27 (4): 69-74.

[197] 甘小冰, 钱丽玲, 马利军, 等. 电子商务环境下两极生鲜供应链的协调与优化 [J]. 系统管理学报, 2013, 22 (5): 655-664.

[198] GANESHAN R, HARRISON T P. An introduction to supply chain management [R/OL]. [2020-12-18]. Penn State University. URL: http://silmaril.smeal.psu.edu/misc/supply_chain_intro.html.

[199] STEVENS G C. Integrating the supply chain [J]. International

Journal of Physical Distribution and Materials Management, 1989, 19 (8): 3 -8.

[200] STALK G, EVENS P, SHULMAN L E. Competing on capabilities – the new rules of corporate strategy [J]. Harvard Business Review, 1992, 70 (2): 57 -69.

[201] 陈剑，蔡连侨. 供应链建模与优化 [J]. 系统工程理论与实践，2001，21 (6): 26 -33.

[202] 陈剑，黄朔. 供应链结构进展 [J]. 系统工程学报，2002，17 (3): 246 -251.

[203] STEPHEN R, POIRIER C. Supply chain optimization [M]. San Francisco: Berrett – Koehler Publishers, 1996.

[204] 杨友麒. 供应链管理的优化——当前国际企业竞争力的焦点 [J]. 现代化工，1999，19 (5): 6 -10.

[205] LEE H L, WHANG S. Decentralized mufti – echelon supply chains: incentives and information [J]. Management Science, 1999, 45 (5): 633 -640.

[206] LEE L H, SO K C, TANG C S. The value of information sharing in a two – level supply chain [J]. Management Science, 2000, 46 (5): 626 -643.

[207] WENG Z K. The power of coordinated decisions for short – life – cycle products in manufacturing and distribution supply chain [J]. IIE Transactions, 1999, 31 (11): 1037 -1049.

[208] SPENGLER J J. Vertical integration and antitrust policy [J]. The Journal of Political Economy, 1950, 58 (4): 347 -352.

[209] LARIVIERE M A, PORTEUS E. Selling to the newsvendor: an analysis of price – only contracts [J]. Manufacturing and Service

Operations Management, 2001, 3 (4): 293 – 305.

[210] CVSA V, GILBERT S M. Strategic commitment versus postponement in a two – tier supply chain [J]. European Journal of Operational Research, 2002, 141 (3): 526 – 543.

[211] WANG C X. Supply chain coordination annual meeting of the decision sciences in b2b electronic marketplaces [M]. Proceedings of the 32nd, San Francisco, CA: [s. n.], 2002.

[212] PASTERNACK B A. Optimal pricing and return policies for perishable commodities [J]. Marketing Science, 1985, 4 (2): 166 – 176.

[213] PADMANABHAN V, PNG I P L. Manufacturer's returns policies and retail competition [J]. Marketing Science, 1997, 16 (1): 81 – 94.

[214] EMMONS H, GILBERT S M. Returns policies in pricing and inventory decisions for catalogue goods [J]. Management Science, 1998, 44 (2): 276 – 283.

[215] MANTRALA M K, RAMAN K. Demand uncertainty and supplier's returns policies for a mufti – store style – good retailer [J]. European Journal of Operational Research, 1999, 115 (2): 270 – 284.

[216] MOSTARD J, KOSTER R, TEUNTER R. The distribution – free newsboy problem with resalable returns [J]. Social Science Electronic Publishing, 2003, 97 (3): 329 – 342.

[217] 姚忠. 退货策略在单周期产品供应链管理中的作用 [J]. 系统工程理论与实践, 2003, 23 (6): 69 – 73.

[218] CACHON G P. Supply chain coordination with contracts [C] // Handbooks in operations research and management science: Supply chain management. STEVE GRAVES, TON DE KOK. North – Holland, 2004.

[219] DANA J, SPIER K. Revenue sharing and vertical in the video rental industry [J]. The Journal of Industrial Economics, 2001, 49 (3): 223 -245.

[220] PASTERNACK B A. Using revenue sharing to achieve channel coordination for a newsboy type inventory mode [M] //Supply chain management: models, applications and research direction. Springer, Boston, MA, 2002: 117 -136.

[221] JEULAND A P, SHUGAN S M. Managing channel profits [J]. Marketing Science, 1983, 2 (3): 239 -272.

[222] CARUTH D L, HANDLOGTEN - CARUTH G D. Compensating sales personnel [J]. The American Salesman, 2002, 47 (4): 6 -15.

[223] LI C, KOUVELIS P. Flexible and risk - sharing supply contracts under price uncertainty [J]. Management Science, 1999, 45 (10): 1378 -1398.

[224] TSAY A. Quantity - flexibility contract and supplier - customer incentives [J]. Management Science, 1999, 45 (10): 1339 -1358.

[225] PLAMBECK E L, TAYLOR T A. Sell the plant? the impact of contract manufacturing on innovation, capacity and profitability [R]. Stanford University and Columbia University, Working Paper, 2003.

[226] BARNES - SCHUSTER D, BASSOK Y, ANUPINDI R. Supply contracts with options: flexibility, information and coordination [R]. Stern School of Business, New York University, Working Paper, 2002.

[227] BURNETAS A, GILBERT S M, SMITH C. Quantity discount in

single period supply contracts with asymmetric demand information [J]. IIE Transactions, 2007, 39 (5): 465 -479.

[228] WANG Q, WU Z. Improving a supplier's quantity discount gain from many different buyers [J]. IIE Transactions, 2000, 32 (11): 1071 -1079.

[229] LEE H L, PADMANABHAN V, TAYLOR T A, et al.. Price protection in the personal computer industry [J]. Management Science, 2000, 46 (4): 467 -482.

[230] WANG C X. A general framework of supply chain contract models [C]. Decision Sciences Institute 2002 Annual Meeting Proceedings, 2002: 431 -436.

[231] CACHON G P, LARIVIERE M. Supply chain coordination with revenue sharing: strengths and limitations [R]. University of Pennsylvania, Working Paper, 2000.

[232] 陈一君. 基于供应链管理的联合定价决策模型探讨 [J]. 四川工业学院学报, 2003, 22 (1): 91 -93.

[233] 刘斌. 一类短生命周期产品供应链的协调机制与建模 [D]. 南京: 南京航空航天大学, 2005.

[234] 张志涌, 杨祖樱, 等. MATLAB 教程 [M]. 北京: 北京航空航天大学出版社, 2006.

后　记

高大的梧桐依然挺拔，绚丽的石榴花依然芬芳。2013 年我来到西安科技大学这所梦幻的知识殿堂工作，到现在已经七年。书稿成稿之际，那些曾经的激动、期待、忐忑、惶恐、焦虑、感激历历在目，在此我感谢七年来帮助过我的老师、团队、兄弟姐妹及父母。

首先感谢我的导师孙林岩教授。孙老师知识渊博，理论功底扎实、学术意识强、为人正直，他以认真求实的科学态度引导我真正走入了科学研究的领域。攻读博士学位期间，他提供机会让我去台湾交通大学交流学习、去圣地亚哥和香港开学术会议、参加自然科学基金项目和陕汽服务战略转型项目等，这既让我增长了理论知识，又在实践中锻炼了自己，使我受益无穷。他的正直朴实、处事谦虚、态度和蔼以及对我科研、生活的悉心关怀，让我铭记在心。

其次感谢西安交通大学管理学院工业工程系的吴锋教授、李刚教授、高杰教授，以及西安科技大学管理学院王新平院长、孙林辉教授、袁晓芳副教授、张巍老师、陈华老师、雷卫东老师、张喆老师等团队成员。他们对我书稿的选题、研究设计、建模提供了很多宝贵的意见。感谢管理学院众多的国内外名师、教授，他们的精彩授课和讲座丰富了我在经济管理与研究方面方法论的知识，拓展了我的研究视野和思路。特别感谢工业工程系的李刚教授，李老师就电子商务环境下的多渠道供应链管理做的精彩报告让我有机会能够分享该领域的研究经验和心得，并对我的选题做了细致的指导和建议，让我获益良多。

最后要感谢我的家人，感谢我的父母多年的养育和无私付出。在我读博期间及参加工作后，一直无微不至地关心和支持着我。来自他们背后的支持、分享和关爱是我前进的永远动力。再次感谢他们！

吴安波

2021 年 5 月 18 日